王阳明全集

全译本

石玉　译著

五

天津出版传媒集团
天津古籍出版社

本册目录

卷之十六　别录八

卷之十七　别录九

卷之十八　别录十

卷之十六　别录八

公移一

提督南赣军务，征横水、桶冈、三浰

巡抚南赣钦奉敕谕通行各属

正德十二年正月

节该钦奉敕谕："江西、福建、广东、湖广各布政司地方交界去处，累有盗贼生发。因地连各境，事无统属，特命尔前去巡抚江西南安、赣州，福建汀州、漳州，广东南雄、韶州、惠州、潮州各府，及湖广郴州地方，安抚军民，修理城池，禁革奸弊，一应地方贼情，军马钱粮事宜，小则径自区画，大则奏请定夺。但有盗贼生发，即便严督各该兵备、守御、守巡，并各军卫有司设法剿捕，选委廉能属官，密切体访。及签所在大户并被害之家，有智力人丁，多方追袭，量加犒赏。或募知因之人，阴为乡导；或购贼徒，自相斩捕；或听胁从并亡命窝主人等，自首免罪。其军卫有司官员中政务修举者，量加旌奖，其有贪残畏缩误事者，径自拿问发落。尔风宪大臣，须廉正刚果，肃清奸弊，以副朝廷之委任。钦此。”钦遵。

译文

接到皇上的一道圣旨，说：“江西、福建、广东、湖广各个布政司交界的地方，屡次发生盗贼出没的事情。因为地处各境交界的地方，各区的事务没有统辖隶属关系，特命令你前去巡查抚绥江西的南安、赣州，福建的汀州、漳州，广东的南雄、韶州、惠州、潮州各府以及湖广的郴州等地方，安抚那里的官兵百姓，修筑城墙，疏浚护城河，查禁作奸犯科之人，革除地方上的弊政，一切行动都要依据地方盗贼猖獗的严重程度和军队、战马、钱粮等事务的完备程度，小事你可以依照实际情况自行处理，大事则务必要上奏等待上面的决定。若是一旦发生盗贼出没的事件，便要严格督促各兵备官、守御官、守巡官以及各军队卫所的相关部门共同思谋良策剿灭盗贼，并挑选那些为人廉洁、能力强的下属官员秘密地察访。那在籍的富豪大户以及受盗贼劫掠的人家中有谋略能力的人，去多方面追袭盗贼了，则酌情给予奖赏；或者招募那些知道盗贼内情的人，私下里让他们作向导；或者收买盗贼当中的成员，使他们相互残杀逮捕；或者任凭那些被胁迫的盗贼以及逃亡的贼首向官府自首，只要自首就免除他们的罪过。那些军队卫所各部门的官员中事务处理及时得当的，可以酌情给予褒奖；若有贪污、残暴、畏惧瑟缩延误时机的，可以直接对他们进行捉拿问话并加以处置。你是端正风纪法度的御史大臣，必须要廉洁刚正，办事果断，清除奸诈狡猾之徒，革除地方上的弊端，以担负起朝廷对你的委托，钦此！”我谨遵皇上的圣旨。

照得抚属地方，界连四省，山溪峻险，林木茂深，盗贼潜处其间，不时出没剽劫，东追则西窜，南捕则北奔，各省巡捕等官，彼此推调观望，不肯协力追剿，遂至延蔓日多。当职猥以菲才，滥膺重寄，大惧职业瘝废，仰负朝廷委托。为照前项地方，延袤广远，未能遍历其间。绥抚之方，随时殊制；攻守之策，因地异宜。若非的确询访，难以臆见裁度。为此仰钞案回司，著落当该官吏，照依案验内事理，即行本司该道分巡、分守、兵备、守备等官，并所属大小衙门各该官吏，公同逐一会议：要见即今各处城堡关隘，有无坚完；军兵民快，曾否操练；某处贼方猖獗，作何擒剿；某处贼已退散，作何抚缉；某贼怙终，必须扑灭；某贼被诱，尚可招徕；何等人役，堪为乡导；何等大户，可令追袭。军不足恃，或须别募精强；财不足用，或可别为经画。某处或有闲田，可兴屯以足食；某处或多浮费，可节省以供军。何地须添塞堡，以断贼之往来；何地堪建城邑，以扼贼之要害。姑息隐忍，固非久安之图；会举夹攻，果得万全之策。一应足财养兵弭寇安民之术，皆宜悉心计虑，折衷推求。山川道路之险易，必须亲切画图；贼垒民居之错杂，皆可按实开注。近者一月以里，远者一月以外，凡有所见，备写揭帖，各另呈来，以凭采择。非独以匡当职之不逮，亦将以验各官之所存，务来实用，毋事虚言。

译文

我按照旨意前去巡抚这个地方，此地方四省交界，山谷深远，地势险峻，森林生长茂盛，盗贼隐藏在这崇山峻岭之中，时常出山行凶抢劫掠夺。我军向东边追杀盗贼，盗贼则往西边逃窜；向南边捕杀，盗贼则又逃到北边，各省的巡捕官等，相互推诿张望，不愿意协助进剿，以致使盗匪蔓延，日渐增多。我才疏学浅，却担此重任，十分担心这安抚地方的工作半途而废，从而上负朝廷对我寄予的重托。我详细考察了前面所说的地方，这些地方广袤千里，相距甚远，所以没有能够一一考察。我认为安抚地方的方略要能够根据具体情况而制定；进攻和坚守的策略，要能够根据各地的实际情况而确定；若手非深入实际调查了解，难以凭借着主观想象去裁决断定。所以希望誊抄案文，带回到任所，进行具体落实，依照这道圣旨的内容要求，本司道内的分巡官、分守官、兵备官、守备官等以及下属大小府衙的各个官吏，要立即共同展开各个会议：也就是现今各地的城堡、关卡、要冲，防守是否坚固牢靠；官兵捕快，对他们是否进行过训练；某地方的盗匪最近行为猖獗，应当有什么良方妙计来剿杀盗匪。某地方的盗匪已经逃走了，应当有什么良策对地方上进行安抚，缉拿盗匪；某些盗匪冥顽不化，必须消灭；某些盗贼是被诱骗成盗匪的，尚且能够进行招安；什么样的人能够作为剿杀盗匪的向导；什么样的富豪大户，可以命他们对盗匪进行追剿。军队力量不够，或者还要另想办法招募精兵；经费不足够使用，还要想什么办法进行解决。某些地方或许还有荒闲的田地，可以屯田用来保证粮食的供给；某些地方不必要的开支浪费过大，可以厉行节约，来保证军队的供给。什么地方需要增建堡垒，用来截断盗匪来往的路线；什么地方应当建造城邑，来控制盗匪的要害。姑息迁就，原本就不是长治久安的策略；各地联合夹攻，应当有一个剿灭盗匪的万全之策。一切积聚财富，供养训练士兵，消灭盗匪，安抚百姓的方略，都应当进行全面认真的思考和研究，从而在全面分析综合的比较中寻找适中的策略。山脉河流的分布以及险峻平坦的程度，必须要亲自指导绘图；盗匪的堡垒和百姓住宅相互混杂在一地的，都应当根据实际调查把详情报告上来。距离调查地近的要一个月内完成，距离调查地远的可以超过一个月完成，但凡在这之外还有新的发现，或是新的见解，都请写报告派人送上来，以便作为抉择的参考。这些并不只是要弥补我不能到各地具体考察的不足，也是要通过这些来检验级官员是否有名副其实的业绩勤劳。以上所述各事，务必请注意它们的实用性，而不要有弄虚作假之言。

各该官吏俱要守法奉公，长廉远耻，祛患卫民，竭诚报国。毋以各省而分彼此，务须协力以济艰难，果有忠勇清勤绩行显著者，旌劝自有常典，当职不敢蔽贤；其或奸贪畏缩志行卑污者，黜罚亦有明条，当职亦不敢同恶。深惟昧劣，庶赖匡襄，凡我有官，各宜知悉。

译文

各级官员都要遵纪守法、心怀朝廷，有廉耻之心，能够为百姓服务，为国尽忠。千万不要由于省籍的不同而分彼此，千万要请各方同舟共济，渡过难关，若是有忠勇清廉勤于公务表现突出的，要依照国家的法令进行表彰，我哪里敢蒙蔽你们的贤能；若是有奸诈狡猾，贪赃枉法，胆小退缩，操行恶劣的，要开除公职进行法办也有明文规定，我也不敢与这些人同流合污。我深感自己智短才疏，恳切希望大家能够同心协力，但凡是我辖下的各级官员，各自都务必要了解这些情况。

选拣民兵

照得府属地方，界连四省，山谷险隘，林木茂深。盗贼所盘，三居其一，乘间劫掠，大为民患。本院缪当巡抚，专以弭盗安民为职。钦奉敕谕："一应军马钱粮事宜，得以径自区画。"莅任以来，甫及旬日，虽未遍历各属，且就赣州一府观之，财用耗竭，兵力脆寡。卫所军丁，止存故籍；府县机快，半应虚文。御寇之方，百无足恃，以此例彼，余亦可知。夫以羸卒而当强寇，犹驱群羊而攻猛虎，必有所不敢矣。是以每遇盗贼猖獗，辄复会奏请兵，非调土军，即倩狼达。往返之际，辄已经年；縻费所需，动逾数万。逮至集兵举事，即已魍魉潜形，曾无可剿之贼；稍俟班师旋旅，则又鼠狐聚党，复皆不轨之群。良由素不练兵，倚人成事，是以机宜屡失，备御益弛。征发无救于疮痍，供馈适增其荼毒。群盗习知其然，愈肆无惮。百姓谓莫可恃，竞亦从非。

译文

了解到我要巡查安抚的这个地方，位于四省交界处，那里崇山峻岭，关口险要，森林茂盛。盗匪隐藏在深山之中，占据了三分之一的地方，趁机骚扰掠劫，成为当地百姓的一大祸害。我原本是鄙陋之人，却错误地担任巡抚这样的要职，我的职责就是要消灭盗匪，安抚百姓。皇上给我的圣旨说："一切军事、战马、钱粮等方面的事务，全部都可以直接酌情处理。"我自从上任以来，已经有十多天了，虽然没有将所管辖的地方考察个遍，但是就拿赣州一府的情况来看，钱财等各种物资就几乎快消耗完了，兵力羸弱且少。卫所的兵员，只有之前的兵册还保留着；府县的巡捕，多半只有一些空额虚设。抵御贼寇的方略，没有哪一项是能够依靠凭借的，以赣州一府的情况来推测，其他府的情况也能够知晓了。那用老弱的士兵去抵挡强蛮的贼寇，就好像是驱赶柔弱的羊群去进攻猛虎一样，必然会有许多的顾虑而不敢进击。这样一来，每当遇上贼寇盗匪活动猖獗的时候，就要集体上奏请求派兵剿盗，若不调动地方部队，就要请派勇猛的狼兵来助剿。往来期间，所花费的时间就差不多要一年；消耗的资财，动不动就超数万之多。等到聚集了部队准备进剿的时候，盗匪又像怪物一样隐没了行迹，造成没有要进剿的贼匪的境况；可等到不久部队调走之后，盗匪就又像老鼠狐狸一样聚集成团，又变成了非法的盗匪之徒。其根源就在于平常不注重练兵，要依靠外来援兵来才能够抵抗匪盗，所以造成这样进剿的大好时机常常错过，各处的守卫越来越松弛。征调兵力物资无法拯救百姓，对百姓的供应补给的需求反而在一定程度上加重了对他们的危害。众盗匪都已经习惯地知道这一规律了，所以更加地没有忌惮。老百姓没有什么能够依靠的，争相加入到了为非作歹的行列。

夫事缓则坐纵乌合，势急乃动调狼兵，一皆苟且之谋，此岂可常之策？古之善用兵者，驱市人而使战，假吕戍以兴师。岂以一州八府之地，遂无奋勇敢战之夫？事豫则立，人存政举。近据江西分巡岭北道兵备副使杨璋呈，将所属各县机快，通行拣选，委官统领操练，即其处分，当亦渐胜于前。但此等机快，止可护守城郭，堤备关隘，至于捣巢深入，摧锋陷阵，恐亦未堪。为此案仰四省各兵备官，于各属弩手、打手、机快等项，挑选骁勇绝群、胆力出众之士，每县多或十余人，少或八九辈，务求魁杰异材，缺则悬赏召募。大约江西、福建二兵备，各以五六百名为率；广东、湖广二兵备，各以四五百名为率。中间若有力能扛鼎、勇敌千人者，优其廪气，署为将领。召募犒赏等费，皆查各属商税赃罚等银支给。各县机快，除南赣兵备已行编选外，余四兵备仍于每县原额数内拣选精壮可用者，量留三分之二，就委该县能官统练，专以守城防隘为事；其余一分拣退疲弱不堪者，免其著役，止出工食，追解该道，以益召募犒赏之费。所募精兵，专随各兵备官屯扎，别选素有胆略属官员分队统押。教习之方，随材异技；器械之备，因地异宜。日逐操演，听候征调。各官常加考校，以核其进止金鼓之节。本院间一调遣，以习其往来道途之勤。资装素具，遇警即发，声东击西，举动由己，运机设伏，呼吸从心。如此，则各县屯戍之兵，既足以护防守截，而兵备募召之士，又可以应变出奇。盗贼渐知所畏而格心，平良益有所恃而无恐，然后声罪之义克振，抚绥之仁可施。弭盗之方，斯惟其要。本院所见如此，其间尚有知虑未周，措置犹缺者，又在各官酌量润色，务在尽善，期于可久。亮爱民忧国之心既无不同，则拯溺救焚之图自不容缓。案至即便举行。或有政务相妨，未能一一亲诣，先行各属，精为选发。先将召募所得姓名，及措置支费银粮，陆续呈报。事完之日，通造文册，以凭查考。

译文

事情不紧急，就放任盗匪聚集在一起，事情情势紧急，就请求调派狼兵部队，这都是一时的谋略，难道能够当作经常使用的对策吗？古时候善于用兵的人，驱使着市井之民来组织战斗，借助老百姓来进行战争。难道一州八府这样大的地方，就没有敢于勇敢战斗的人吗？事情预先筹划，就能够成功，只要有人在，荒废的政事也能够弥补过来。最近根据江西管辖的岭北道兵备副使杨璋的报告说，打算将对所管辖各县的巡捕进行挑选，并委派官员统一领导进行操练，我立刻批示同意，认为这样逐渐地就可以比先前状况好，但是这样的巡捕，只能够用来守卫城池以及堤岸，关卡、险要之地，至于捣毁贼寇盗匪的老窝，冲锋陷阵，恐怕还无法承担这样的重任。为此发布公文，仰仗四省各兵备官从他们的弓箭手、打手、巡捕军等部门中挑选骁勇善战、能力出众、胆略力量超群的人，每个县多的可以选十多人，少的可以选八九个，务必是身材魁梧、才能杰出的人才，若是没有，就出具赏令、招人应征。大约江西、福建二兵备官，各自挑选了五六百名作为表率；广东、湖广二兵备官，各自挑选了四五百名作为表率。若是他们中间有力大无穷能扛鼎、勇猛无边能敌千人的勇士，优待他们的天赋，委任他们为将官。招募以及奖赏等费用，全部都从各地的商税、收缴赃物、罚款等项收入中支出。各县的巡捕，除南安、赣州兵备已经选编外，其余的四个兵备仍旧要在每县原来的名额内挑选强壮可使用的人才，酌情留下原来人数的三分之二，委派该县有能力的官员统率训练，专门用他们来防守城池和要塞；其余的三分之一，挑出辞退那些疲累瘦弱不堪的人，免除他们的兵役义务，停止给他们工资，把他们遣回到各自所在的区道，用来增加招募犒赏的费用。所招募的精兵，专门跟随各兵备长官屯扎，另外还要选择一些平常表现出有胆略的官员进行分别统领。至于教育训练的方法，则要根据不同的人才，教给他们不同的技巧；器械的训练，应根据不同的地形，使用不同的器械。应当天天操练，听候征调派遣。各级官员都应当加强考核，以便检查队伍的击鼓鸣金的训练情况。我也将从中调遣，让队伍习惯往来途中的艰苦。物资装备平日就准备好，若是遇到有什么紧急事件发生，就能够立刻投入战斗，采用声东击西、出奇制胜的策略，行动可由自己决定；运用军械，设法伏击，从容战斗。这样一来，那么各县的守军，就足够防守本地，拦截盗匪；而兵备官招募来的勇士，又能够根据具体的形势随机应变，出奇制胜。盗匪逐渐了解这种情况就会有所畏惧并收敛他们胡作非为的歹心，遵纪守法的老百姓也能够更加有所依靠而没有什么值得担忧的了，这样声讨罪行的仁义能够振奋，实施安抚百姓的仁政就可以施行。这才是消除盗匪的主要方略和关键所在。我所想到的就是这些，当中还有考虑得不周到、采取措施不完全的地方，各级官员可以酌情增补，务必要使方案更加完善，期效更长一些；大家爱民忧国的心，没有什么不一样，那么实施拯民于水深火热之中的方略就刻不容缓了。公文送到以后，就要按照计划立刻执行。若有的公务繁忙，不能够亲自一一下达命令的，先下达到各个下属部门，精简后有选择地发布。先登记招募来的人的姓名，以及推行措施所要花费的钱财、粮资，都要一项一项地报告上来。等这些事情都办完的时候，再统一登记造册，凭此来检查核对。

十家牌法告谕各府父老子弟

本院奉命巡抚是方，惟欲剪除盗贼，安养小民。所限才力短浅，智虑不及，虽挟爱民之心，未有爱民之政。父老子弟，凡可以匡我之不逮，苟有益于民者，皆有以告我，我当商度其可，以次举行。今为此牌，似亦烦劳。尔众中间固多诗书礼义之家，吾亦岂忍以狡诈待尔良民？便欲防奸革弊，以保安尔良善，则又不得不然，父老子弟，其体此意。自今各家务要父慈子孝，兄爱弟敬，夫和妇随，长惠幼顺。小心以奉官法，勤谨以办国课，恭俭以守家业，谦和以处乡里。心要平恕，毋得轻意忿争；事要舍忍，毋得辄兴词讼。

译文

我遵奉上级的命令来巡查安抚地方，只想要能够消灭盗匪，使老百姓安顿长养。不过因为自己才疏学浅，智力平常，很多事情考虑得还不够周全。虽然有爱惜百姓的心愿，但是却没有爱惜百姓的政绩；父老兄弟们，但凡是能够匡正我的不足，而对老百姓有利的，都请告诉我，我到时会与人商量它的可行性，然后再在实际中推行。如今做这样一种家牌法，似乎也是麻烦大家。你们中间原本不少就是出身自知书达理的家族，我难道能够忍心用狡猾欺妄的方式来对待你们这些安分守己的良善百姓吗？家牌法主要是为了便于预防奸诈、革除时弊，以保护你们这些安分守己的百姓，因此又不得不这样去做，父老兄弟们，请理解我这样做的良苦用心。从现在开始，各家各户务必做到：做父母的要仁慈，做儿女的要孝顺，做兄长的要爱护兄弟，做兄弟的要敬重兄长，夫妻之间要恩爱，年长者要仁慈，年幼者要恭顺。谨慎地遵循国家的法令，勤劳郑重地完成国家的课税，恭顺勤俭地守住家业，谦虚和睦地与邻里相处。心平气静，不能轻易发怒而引发争执；遇到事情要互相忍让，不能够动不动就打官司。

见善互相劝勉，有恶互相惩戒。务兴礼让之风，以成敦厚之俗。吾愧德政未敷，而徒以言教。父老子弟，其勉体吾意，毋忽！

译文

看到良善的行为要相互勉励，看到恶劣的行为要相互惩治告诫，务必让礼仪谦让的风气盛行起来，以养成朴实厚重的风俗。我为自己没有广布德政而只是用言辞来开导各位父老兄弟而惭愧。父老兄弟们，请你们能够体察我的用意，千万不要忽略啊！

轮牌人每日仍将告谕省晓各家一番。

十家牌式

某县某坊

某人某籍

某人某籍

某人某籍

某人某籍

某人某籍

某人某籍

某人某籍

某人某籍

某人某籍

某人某籍

右甲尾某人

右甲头某人。

译文

轮牌的人每天还要将告谕向各家通晓一遍。

十家牌的格式：

某某县某某坊；

某某人某某户籍；某某人某某户籍；

某某人某某户籍；某某人某某户籍；

某某人某某户籍；某某人某某户籍；

某某人某某户籍；某某人某某户籍；

某某人某某户籍；某某人某某户籍；

右甲尾某某人；右甲首某某人。

此牌就仰同牌十家轮日收掌，每日酉牌时分，持牌到各家，照粉牌查审：某家今夜少某人，往某处，干某事，某日当回；某家今夜多某人，是某姓名，从某处来，干某事。务要审问的确，乃通报各家知会。若事有可疑，即行报官。如或隐蔽，事发，十家同罪。

译文

家牌法就是依仗牌式上的十家按日轮流来收管，每天酉时，拿着牌到各家各户，按照牌上的要求进行检查询问：某某家当晚少了某某人，去往了某某地方，去干某某事，某某日应当回来；某某家当晚多了某某人，叫某某姓名，从某某地方来，来干某某事。务必都要检查询问准确，然后再把情况通告给牌上各家知情。若是发现什么值得怀疑的地方，就请立刻报告给官府，若是隐瞒事情的真相，那么十家就会一同治罪。

各家牌式：

某县某坊民户某人。

某坊都里长某下，甲首。军户则云，某所总旗小旗某下。匠户则云，某里甲下，某色匠。客户则云，原籍某处，某里甲下，某色人，见作何生理，当某处差役，有寄庄田在本县某都，原买某人田，亲征保主人某某。若官户则云，某衙门，某官下，舍人，舍余。

译文

各家牌的格式：

某某县某某坊民户某某人。

某某坊都里长某某之下，为甲首。若是军户，就写某某所总旗小旗某某之下。若是匠户，就写某某里甲下，某某工匠。客户则写，原籍某某地方，某某里甲下，某某色人，现做某某生计，在某某地方当差，有庄田在本县的某某地方，原本买的是某某的田地，做证担保的是某某人。若是官户，则写某某衙门，某某官管辖下的某某舍人，某某舍余。

若客户不报写庄田在牌者，日后来告有庄田，皆不准。不报写原籍里甲，即系来历不明，即须查究。

男子几丁

某（某项官，见任，致仕，在京听选，或在家。）某（某处生员，吏典。）

某（治何生业，成丁，未成丁，或往何处经营。）某（见当某差役。）

某（有何技能，或患废疾。）　　　　某

某　　　　　　　　　　　　某

见在家几丁。若人丁多者，牌许增阔，量添行格填写。

一、妇女几口

一、门面屋几间（系自己屋，或典赁某人屋。）

一、寄歇客人（某人系某处人，到此作何生理，一名名开写浮票写帖，客去则揭票，无则云无。）

译文

若是客户不上报田宅登记在牌的，日后再来说明有田宅的，一律都不准许。不报写原籍里甲的，即被视为是来历不明，必须要按照规定进行深查严究。

男子几个

某某（担任某某官职，现任某某，致仕某某，在京城听候遣用，或者在家。）某某（某某处生员，吏典。）

某某（治某某生计，成丁，未成丁，或往某某处经营。）

某某（现当某某差役。）

某某（有什么专长，或患某种疾病。）

某某

某某

某某

如今在家的有几个人丁，若是人丁多的，家牌允许加大，酌情添行按照格式来填写。

一、女性有几口。

一、门面房屋几间（哪个是属于自己的房屋，或租用某某人的房屋。）

一、寄住的客人（某某人是某某地方的，到这里做某某生计，一项项地填写在添加的单据上，客人走了，就把那单据撕下，没有什么客人就写无。）

案行各分巡道督编十家牌

照得本院巡抚地方，盗贼充斥，因念御对之策，必以治内为先。顾莅事未久，尚昧土俗，永惟抚缉之宜，懵然未有所措。访得所属军民之家，多有规图小利，寄住来历不明之人，同为狡伪欺窃之事。甚者私通峯贼，而与之传递消息；窝藏奸宄而为之盘据夤缘。盗贼不靖，职此其由。合就行令所属府县，在城居民，每家各置一牌，备写门户、籍贯，及人丁多寡之数，有无寄住暂宿之人，揭于各家门首，以凭官府查考。仍编十家为一牌，开列各户姓名，背写本院告谕，日轮一家，沿门按牌审察动静，但有面目生疏之人，踪迹可疑之事，即行报官究理。或有隐匿，十家连罪。如此，庶居民不敢纵恶，而奸伪无所潜形。为此仰抄案回道，即行各属府县，着落各掌印官，照依颁去牌式，沿街逐巷，挨次编排，务在一月之内了事。该道亦要严加督察，期于着实施行，毋使虚应故事。仍令各将编置过人户姓名造册缴院，以凭查考。非但因事以别勤惰，且将旌罚以示劝惩。

译文

按照我巡察的地方，贼匪猖獗，到处横行，因为考虑到抵御外患的良策，必须要以治理整顿内部来作为突破口。我因为上任以来没多久，还不熟悉辖区内的风土民情，一直在考虑缉拿盗匪、安抚民众的方略，茫茫然而没有具体可行的办法。我访查了解到辖区内的军民户，大多数都希望能够得到一点点好处，因此家里常常寄宿着一些来历不明的人，他们和盗匪一样，狡猾奸诈，欺压良善的老百姓，干一些偷盗之事；更严重的甚至与峯贼私下里联络，与他们传递消息；窝藏作奸犯科的人而让他们攀附盗匪。盗匪不能够得到清除，我们的官职又怎么能够当下去呢。如今命令所属区的各府县，在城镇居民中，每家各自设置一牌，牌上写明户主、籍贯以及家庭人口的多少，有没有寄住或暂住在家里的人员，把牌挂在该家的门前，以备官府来进行调查考证。仍旧把十家编为一牌，把各户的户主姓名写在上面，牌的反面，则写上我的告示，一天轮换一家，按牌上面提供的情况到各家进行监督检查；若是发现有面目生疏的人，或者形迹可疑的事情，要立刻向官府报告追查。若是有隐瞒实情不报的，那么该牌上的十家都要一起接受处罚。这样一来，普通百姓不敢对坏人坏事有所放纵宽容，而那些作奸犯科的人也就没有地方能够躲藏了。因此应该立刻向各道发布文件，要求所在管辖的府县马上着手推行，各级主要负责的官员要按照要求，挨家挨户地依次编写挂牌，务必要在一个月的时间内完成这项任务。各道也要严加督促，希望能够让这项措施落到实处，千万不能够只把它当作差事，作表面的应付。所以还要命令各地把编置到牌里的户主姓名登记造册，呈送到我这里，以备以后进行检查。不但要按照干这件事的表现区别出勤于政务和惰于政务的官员，而且要根据其具体表现给予相应的奖赏或是相应的惩罚。

告谕各府父老子弟

告谕父老子弟，今兵荒之余，困苦良甚，其各休养生息，相勉于善。父慈子孝，兄友弟恭，夫和妇从，长惠幼顺，勤俭以守家业，谦和以处乡里。心要平恕，毋怀险谲；事贵含忍，毋轻斗争。父老子弟曾见有温良逊让、卑己尊人而人不敬爱者乎？曾见有凶狠贪暴、利己侵人而人不疾怨者乎？夫嚣讼之人争利而未必得利，求伸而未必能伸，外见疾于官府，内破败其家业，上辱父祖，下累儿孙，何苦而为此乎？此邦之俗，争利健讼，故吾言恳恳于此。吾愧无德政，而徒以言教，父老其勉听吾言，各训戒其子弟，毋忽！

译文

告诫父老兄弟，在这兵荒马乱的余暇，大家已经十分困苦不堪了，应当各自休养生息，用善心德行来相互勉励。父辈对子女慈爱，子女对父辈孝顺，兄长对兄弟友善，兄弟对兄长谦恭，夫妻之间恩爱相从，长者慈善，年轻者恭顺，勤俭持家，以谦逊的态度与邻里相处，心情平和不发怒，不要怀有歹毒奸诈的心肠；做事贵在忍让，不要轻易争斗。父老兄弟们，有哪一位见过温顺谦让、降低自己尊重他人的人而得不到人们的敬爱呢？有哪一位曾经见过生性凶残、心狠手毒、贪婪成性、损人利己的人而免受人们的痛恨呢？那些奸诈而好争讼的人在诉讼中争取好处却未必能够得到，要想伸张自己需求的人却不一定能够得到伸张，对外给官府留下了不好的印象，对内损害他的家业，对上让父母、祖先遭受侮辱，对下牵连儿孙后代，何苦要这样去做呢？本地的风俗中有好争利、喜欢打官司等方面的不良风气，所以我在这里恳切地谆谆教诫大家。我为我没有显著的德政而只能够用言论来教诫父老兄弟们而惭愧，请各位父老尽量听从我的良言，各自训诫警示你们的子弟亲人，千万不要有所疏忽！

剿捕漳寇方略牌

正月

据福建、广东布按二司参议等官张简等各呈剿捕事宜，已经行仰遵照案验施行。所有方略恐致泄露，不欲备开案内。为此另行牌仰广东岭东、福建汀、漳等处兵备佥事顾应祥、胡琏，密切会同守巡、纪功、赞画等官，于公文至日，便可扬言。

译文

根据福建、广东的布政司、按察司的参议等官及张简等人分别呈送的有关剿灭盗匪事宜的报告，已经遵照圣旨下达命令执行。所有各种剿杀的实施方略和办法担心会导致泄露，所以不准备把那些措施写到公文之中。只好以令牌出示给广东岭东，福建汀州、漳州等地方的兵备佥事顾应祥、胡琏，密切配合守巡、纪功、赞画等官员，等到公文一到，便可宣扬。

本院新有明文，谓：天气向暖，农务方新，兼之山路崎险，林木蓊翳，若雨水洊至，瘴雾骤兴，军马深入，实亦非便。莫若于要紧地方，量留打手机兵，操练堤备。其余军马，逐渐抽回，待秋收之后，风气凉冷，然后三省会兵齐进。或宣示远近，或晓谕下人，此声既扬，却乃大飨军士，阳若犒劳给赏，为散军之状；实则感激众心，作兴士气。一面亦将不甚紧关人马抽放一处两处，以信其事，其实所散人马，亦可不远而复。预遣间谍，探贼虚实，有间可乘，即便赍糗衔枚，连夜速发。当此之时，却须舍却身家，有死无生，有进无退。若一念转动，便成大害。劲卒当前，重兵继后，伺至其地，鼓噪而入。仍戒当先之士，惟在摧锋破阵，不许斩取首级。后继重兵，止许另分五六十骑，沿途收斩；其余亦不得辄乱行次，违者就便以军法斩首。重兵之后，纪功、赞画等官各率数队，相继而进，严整行伍，务令鼓噪之声连亘不绝，使诸贼逃遁山谷者闻之，不得复聚。若贼首未尽，探其所如，分兵速蹑，不得稍缓，使贼复得为计。已获渠魁，其余解散党与，平日罪恶不大，可招纳者，还与招纳，不得贪功，一概屠戮。乘胜之余，尤要振兵肃旅如初，遇敌不得恃胜懈驰，恐生他虞。归途仍将已破贼巢悉与扫荡，经过寨堡村落，务禁摽掠。宜抚恤者，即加抚恤；宜处分者，即与处分。毋速一时之归，复遗他日之悔。本院奉命而来，专以节制四省沿边军职为务。即今进兵一应机宜，悉宜禀听本院，庶几事有总领，举动齐一。授去方略，敢有故违，悉以军法论处。各官知会之后，即连名开具遵依揭帖，密切回报。

译文

我有新的明文规定，说：天气正在逐渐转暖，农活正在展开，又兼山势险峻，道路艰险，树木茂密葱绿，若是又下起雨来，那么瘴气必定会突然间变得更浓，兵马深入到这些地方，实在是十分的不方便。不如在地势以及位置险要的地方适量地驻留一些打手、持械的士兵，进行训练防备。其余的军马则应当渐渐地撤回去，等到秋收过后，天气变得凉爽，然后再会合三省兵力，齐心协力进剿。或者明确表示自己队伍的远近，或者通晓告知自己的部下，这样风声已经放出去了，却丰盛地犒劳队伍，表面上对军队进行犒劳赏赐，使队伍表现出散漫无军纪的状态，实际上则是鼓舞士兵的斗志，激励队伍的士气。一面也将没有分配到重大任务的士兵，抽调到另外的一两个地方，来让他人相信传言，实际上那些抽调的人马，也能够在不太远的地方立即返回。然后再派遣间谍，深入到盗匪的内部，探听他们的虚实，若是有机可乘，就带足粮食、口中衔着枚，秘密地趁夜快速前往。在这关键时刻，需要抛却身家性命，面向死亡不抱有生的希望，只能前进不能后退。若是有一点念想松动，便会酿成大祸。精锐部队冲在前头，大部队随后而来，趁机到达预定位置，击鼓呐喊着冲进去。同时仍然要告诫先头部队，他们的战斗意图只是在于摧毁盗匪的锐气，打乱他们的部署，不要多去斩杀盗匪的首级；后面的大部队，只允许另外派分出五六十骑兵沿途斩杀盗匪；剩余的队伍不能够擅自行动，违反的就按照军法斩首。在大部队之后，纪功、赞画等官各自率领几支队伍同时并进，严肃整顿队伍，务必让叫喊的声音雄浑而不断绝，要让其他逃到深山中的盗匪都能够听到，使盗匪不敢再重新汇聚起来。若是盗匪的首领没有清除完，就盯探盗匪首领逃到了什么地方，并迅速地派兵追踪，不能有所迟缓，以捉拿盗匪首领为上策。等到抓到了盗匪的首领，其余的溃散的贼匪，对于那些平日罪恶不大能够进行招安的，就进行招安；不能贪恋自己的战功而一律诛杀。趁着取得胜利空余，尤其要注意鼓舞士气，整顿队伍，就像是刚刚与盗匪相遇时那样；遭遇到敌人不能够因为初胜而产生骄傲轻敌的松懈情绪，否则恐怕会生出其他的不测。在凯旋的途中，仍然要把那些已经被攻破的盗匪的老巢，全部都再次给予清除，沿途经过寨垒村庄的时候，务必要严禁抢劫等不法行为的发生。应该嘉奖的就要嘉奖，应该处罚的就要处罚；千万不要因为急于一时返回，而造成为将来留下祸患的悔恨。我奉命前来，专门以控制调遣四省边境的军事长官为主要任务。如今一切进剿盗匪军事行动事务，全部都应当听从我的命令，任何的事情，都应该有统一的领导，从而使各方面的行动能够保持协调一致。传达进剿盗匪的策略，胆敢有故意违抗的，全部都以军法论处。各级官员知道了这个策略之后，应该立刻联名写出怎样执行这个策略的办法报告，密切地派人把详尽情况报告给我。

案行广东福建领兵官进剿事宜

据福建、广东按察司等衙门备呈到院，看得两省剿捕事宜，设施布置，颇已详备。诚使诸将齐心，军士用命，并举夹攻，已有必克之势。但事干各省，举动难一，顿兵既久，变故旋生，则谋算机宜，旬日顿异，亦难各守初议，执为定说。

译文

依据福建、广东按察司等衙门守备呈送给我的报告，能够看得出来两省对剿杀盗匪这一重任的准备情况，各种设施以及安排，都已经做了比较详细的说明。如果各位将领能够齐心协力，士兵能够勇敢作战，各地同时合击夹攻，已经有了必定能够把盗匪剿灭的趋势了。可是进剿盗匪的事情，涉及几个省，各个地方步调不容易做到协调一致，军兵停顿的时间长了，变故很快就会发生，那么谋略等方面的事宜，十天左右就会发生很大的变化，也很难再依照当初制定的策略行事，这也是很普通的道理了。

照得福建军务整缉既久，兼有海沧、演城、政和诸处打手，足可济事。诸将咸有以功赎罪之心，意气颇锐，当道亦皆协谋并力，期收克捷之功，利在速战。若当集谋之始，掩贼不备，奋击而前，成功可必。今既旷日持久，声势彰闻，各巢贼党，必有连络纠合，阻阱设械以御我师，其为奸党，当亦日加险密。至于今日，已为持久之师，且宜示以宽懈，待间而发，而犹执其乘机之说，张皇于外，以坚贼志，是谓知吾卒之可击，而不知敌之未可击也。

译文

福建的军务，已经整顿准备了很长时间了，同时还有海沧、演城、政和等地的打手，足能够对战胜盗匪的事情有所济助。众位将领全部都有戴罪立功的心愿，士气高昂，当地的地方官府也通力合作，希望能够大功告成，发挥速战速决的长处。若是从当初集体商议剿匪策略时开始，趁着盗匪没有防备，奋勇杀敌，向前冲锋，那么剿灭盗匪是必定能够办得到的。现在准备了这么久，剿匪的声势已经显露出来了，各个地方的盗匪必定会相互通风报信，纠集在一起，构筑陷阱，增设器械来抵御我军的进攻。那些奸诈狡猾之徒，自然也会更加地提高警惕。再者我们的队伍已经是持续了很长时间的疲劳的队伍，现在的办法最恰当的是向盗匪暗示我们的队伍处于松懈状态，等待有利时机再发动进攻，而将坚持等候战机再行进攻的策略张扬于外界，使盗匪坚定他们的防守意志，也就是向盗匪暗示，他们能够战胜我们的队伍，而他们的力量则是不能够被击败的。

广东之兵，集谋稍缓，声威未震，意在倚重狼达土军，然后举事，利于持久，是亦慎重周悉之谋。诸贼闻之，虽相结聚，尚候土兵之集，以卜战期，其备必犹懈驰。若因而形之以缓，乘此机候，正可奋怯为勇，变弱为强，而犹执其持重之说，必候土军之至，以坐失事机，是徒知吾卒之未可击，而不知敌之正可击也。

译文

广东的队伍，集中起来统一谋划稍微迟缓一点，声势威力没有能够震动盗匪，意图是在于依靠地方狼兵，然后向盗匪发动进攻，其长处在于能够和盗匪进行持久的作战，这也是慎重周密的用兵之道。盗匪听到要消灭他们的消息，虽然都已经聚集在了一起，但是尚且还要观察地方狼兵集结的动静，然后再估算进军的日期，他们的准备必定会十分的松懈。若是根据这种情况，我们再制造缓慢进军的表象，然后趁此机会，正可以变怯弱为勇敢，变弱小为强大。但是若仍坚持依靠精锐部队的作战道理，一定要等待地方狼兵的到来，从而失去有利的战机，这是只明白我们的队伍未发动进攻，而不明白敌人正是可以击溃的时候啊！

善用兵者，因形而借胜于敌，故其战胜不复，而应形于无穷。胜负之算，间不容发，乌可执滞？除江西南赣地方，凡通贼关隘，已行兵备副使杨璋委官提备截杀，及将进剿方略，各另差人封付福建佥事胡琏，广东佥事顾应祥，会同守巡等官，密切遵依行事外。仰抄案回司，即行各官，务要同心协德，乘间而动，毋得各守一见，縻军偾事。一应进止，不必呈禀，以致误事。领军等官，随机应变，就便施行，一面呈报。如复彼此偏执，失误军机，定行从重参拿，决不轻贷。其军马、钱粮、纪功、给赏等项，已行有成规，不再更定。

译文

善于用兵的人，常常能够根据具体情况给对手制造可以取胜的假象，所以对手不能够再取得胜利而穷于应付不断变化的战争形势。胜负的机遇显现时，情势危急，难道允许停顿吗？除了江西南赣一地外，但凡是通向盗匪之地的关卡之地，都已经命令兵备副使杨璋委派官兵防备截断，并将这些地方的剿匪策略，另外分别派人密封交付给福建佥事胡琏，广东佥事顾应祥，联合当地防守的官员，切实按照这个方案开展行动，同时向官府中的同僚传达。务必请他们同心同德，趁机出动，不要固执己见，各自为政，从而使军队受到牵制不能灵活运作耽误了剿匪大事。具体的该怎样进军退兵，没有必要一一请示，以免贻误了战机，各级的指挥官员，应当能够根据战局的具体变化，自己决定采取切实可行的措施，同时向上级汇报。若是墨守成规，贻误战机的，定会从重处罚捉拿，决不轻易宽赦饶恕，其他如兵马、财粮、纪功、奖赏等各项事宜，全部都按照以前的规定或以往的做法来办理，不再另行规定。

案行漳南道守巡官戴罪督兵剿贼

据福建漳南道右参政艾洪等呈：准左参政陈策、副使唐泽手本，该三司遵依议委各职，随军纪功，运谋经略，依蒙前诣南靖县小溪中营驻扎，查理军情，审验功次。大约贼众以四分为率：一分就擒，一分听抚，俱已审验查处明白；一分远遁广东境界，一分深藏本处山谷。狼子野心，绝岩峻岭，易以计破，难以兵碎，必须通将调募见在官军二万二千余名，再加议处，减冗兵以省费，留精兵以守险，待贼饥疲，随加抚剿，庶几军饷不缺，农业不废。节据各哨委官连日禀报，各贼恃居险阻，公然拒敌官军，不听招抚，合无继处本省钱粮，以坚自守之谋，催请广东狼兵，以助夹攻之计等因。

译文

依据福建漳南道右参政艾洪等人的报告说："要求批准左参政陈策、副使唐泽的报告。本地的三司依照决议委派各职，跟随队伍，记录军功，运筹帷幄，执行先前的命令，在南靖县小溪这个地方驻扎，调查了解队伍的情况，审查核对各军的功绩。大概盗贼分成了四个部分：一部分被捉拿，一部分听从安抚，全部都已经审查清楚；一部分逃到了广东境内，一部分逃窜到了本地的深山老林。盗贼居心险恶，占据危岩险峻的位置，适宜用计谋来击破盗匪，而很难直接用军事力量来粉碎盗匪，必须统一调遣招募现存的官兵二万二千多名，再进行商议制定策略，裁减多余的士兵来节省军费开支，留下精锐士兵来守护那些险要的地方，等到盗匪缺粮而又十分困难的时候，再趁机对他们进行安抚或围剿，这样，各队伍军饷不缺，当地的农业也不会遭到破坏。根据各哨委任的官员近来报告，各处的盗贼凭借着他们险峻的位置，公然抵制官军，不听从招安抚绥，我们心里合计着本省的钱粮难以维持长期围困盗匪所需的费用，围困的策略也很难继续坚持下去，因此想要请求广东狼兵前来援助，与我们一道合力夹击盗匪。"等等情况。

随据参政陈策等呈：据镇海卫指挥高伟呈，指挥覃桓，县丞纪镛，被大伞贼众突出，马陷深泥，被伤身死等因到院。

译文

随后根据参政官陈策等人送来的报告说："依据镇海卫指挥高伟报告说，指挥官覃桓、县丞纪镛遭遇到盗贼大伞状阵势的突击，马受到惊吓陷入深泥中，他们受伤身亡。"等等情况报告给我。

簿查先据参政陈策等呈，已经批各官酌量事机，公同会议：如是贼虽据险而守，尚可出其不趋，掩其不备，则用邓艾破蜀之策，从间道以出奇；若果贼已盘据得地，可以计困，难以兵克，则用充国破羌之谋，减冗兵以省费。务在防隐祸于显利之中，绝深奸于意料之外，万全无失。佥谋皆同，然后呈来定夺去后。

译文

我翻阅查看先前参政官陈策等人的报告，已经命令各级官员视情况来处理问题，多加商讨研究：若是那些盗匪据险防守，还能够出其不意，乘其不备，则用邓艾破蜀的策略，抄小路进攻来创造奇迹；若是盗匪果然已经占据了地盘并驻扎牢固，可以用计谋来围困，难以用军事力量来直接攻破，就只能用充国破袭羌兵的谋略，裁撤冗兵，以节减开支。务必要在明显有利于我军的情况下消除各种隐患，杜绝隐藏在我们内部的意想不到的奸细，做到万无一失，等到大家意见基本统一后再报告上来，由我来做出裁定。

今据前因，参照指挥高伟，既奉差委督哨，自合与覃桓等相度机宜，协谋并进，却乃孤军轻率，中贼奸计，虽称督兵救援，先亦颇有斩获，终是功微罪大，难以赎准。广东通判陈策，指挥黄春，千百户陈洪、郑芳等，既与覃桓等面议夹攻，眼见毁败，略不应援，挫损军威，坏事匪细，俱属违法。各该领兵守备、兵备、守巡等官，督提欠严，亦属有违，合就通行参究；但在紧急用人之际，姑且记罪，查勘督剿。

译文

如今根据报告，指挥官高伟本已经奉命指挥哨兵，自己却和覃桓等人一起谋划，协商一块儿领兵出击，却造成孤军作战，误中了盗匪设下的圈套，虽然声称是指挥部队前去救援友军，并且起初的时候也还杀死抓获了不少盗匪，但毕竟是功劳小罪过大，实在是难以免除罪责。广东通判陈策，指挥黄春，千百户陈洪、郑芳等人既然已经和覃桓等人商量好了联合夹击攻打盗匪，眼看覃桓战败遭受挫折，却不去救援，使得夹攻受挫，军队的威严遭到损坏，酿成的损失不小，都属于违背军法的行为。该地各指挥队伍的守备、兵备、守巡等官员，监督欠缺严格，也有过错，所有这些，都应当追究责任，进行处罚。但当前正处于急需用人的时候，暂且把这些过错记下，调查督促进剿盗匪。

及查添调狼兵一节，案查该省节呈：兵粮预备已久，惟俟克日进攻。

今始成军而出，一遇小挫，辄求济师。况动调狼兵，往返数月，非但临渴掘井，缓不及事，兼据见在官兵二千有余，数已不少。兵贵善用，岂在徒多？况称粮饷缺乏，正宜减兵省费，安可益军匮财？

译文

要求调派广东狼兵的事情，按照调查报告说：兵粮已经准备好很长时间了，只等待命令就能够发起进攻。但刚刚整军出征的时候，稍一遇到点小挫折，就要求给队伍增加援兵。何况调用广东狼兵，来回需要数月之久，这无异于是临渴挖井，于战事并没有什么帮助，就凭现在两千多官兵，数量也已经不少了。带兵重要的是要善于用兵，难道数量越多越好吗？何况如今粮饷匮乏，正应当裁减士兵，节约费用，哪里还能够扩充军队的数目来消耗有限的粮饷呢？

除广东坐视官员及应否动调狼兵另行查议外。仰抄案回道，查勘指挥覃桓，县丞纪镛，是否领兵夹攻，被伤身死；各官原领军兵若干，见在若干，其指挥仲钦，推官胡宁道、知事曾瑶、知县施祥等，缘何不行策应，是否畏避退缩？俱要备查明白，从实开报。其覃桓等所统军兵，就仰高伟管领，戴罪杀贼，立功自赎。仍仰福建布政司作急查处，堪以动支银两，就呈镇巡衙门知会，差官领解军前接济，一面备数呈来，以凭查考，不许稽迟，致误军机。各该官员俱要奋勇协心，乘机进剿。毋顿兵遥制，以失机宜；毋坐待狼兵，以自懈驰。务须连营犄角，以壮我军之威；更休迭出，以蓄我军之锐。多方以误贼人之谋，分攻以疲贼人之守。扫荡巢穴，靖安地方，则东隅可收于桑榆，大捷不计其小挫。事完之日，通查功罪呈来，以凭酌量参奏。

译文

除了广东坐视不救的官员，以及是否应该调用广东狼兵的事情需要另行调查议论之外，还要将文件抄回各道，调查指挥官覃桓、县丞纪镛是否有带兵夹攻盗匪，是不是受伤身亡的事实；各指挥官原本统领的有多少士兵，现在还有多少士兵？指挥官仲钦、推官胡宁道、知事曾瑶，知县施祥等人，为什么不来策应，是否是害怕逃避、退缩不前？这些都要一一调查清楚，如实向我汇报。那覃桓统领的属兵就由高伟统率，戴罪杀敌，立功补过，并命福建布政司紧急调查能够调拨的银两还有多少，并呈送镇巡衙门了解，差派官员将其解运到部队以救济部队急用。同时要呈送几份报告，以备查考，不能有所延迟，以耽误军机。该地的各级官员都要振奋勇猛、同心协力，趁机进剿，不要按兵不动，在远处遥控指挥军队，从而坐失剿贼的良机；也不要坐等广东狼兵，而让自己的队伍变得意志松懈。军队驻扎务必要形成犄角之势，以壮大我军的声威；要注意保养部队，不要轻易出兵迎敌，以积蓄我军的锐气。要能够从多个角度，去扰乱盗匪的计划；要进行轮流进攻，让盗匪疲于防守。从而扫荡盗匪的老巢，安定地方，那么早上的损失到晚上就可以补回来了，取得大的胜利就没有必要再计较小的挫折和失败。等到攻破盗匪，安定地方的任务完成的时候，便要全面考查每个人的功过，并把报告呈送上来，以便我能够依据实际情况向上级进行汇报。

案行领兵官搜剿余贼

据福建左参政陈策、副使唐泽会案呈：准漳南道参政艾洪、佥事胡琏手本，督据委官指挥徐麒等呈称，督领军兵，粘踪追贼，至象湖山贼寨，连营拒守，遵奉本院密谕，佯言犒众退兵，俟秋再举，密切部勒诸军，乘懈奋击云云。除将擒斩功次，审验监候枭挂外，呈乞照详等因到院。

译文

根据福建左参政陈策、副使唐泽联合报告说：准漳南道参政艾洪、佥事胡琏上文书，监察根据下属官指挥使徐麟等的报告说，他们率领部队对盗贼进行跟踪追击，追到象湖山这个盗贼老窝，搭起了营房，对象湖山进行围守，依照您的指示，假装说是犒劳大家，撤退守军，等到秋天的时候再来进剿，暗中则要求各个队伍，趁着盗贼松懈的时候发起猛烈进攻等等。除此之外，还针对擒获斩首贼匪的功绩安排，审查验明那些打算秋后处斩、枭首示众的盗贼情况，请求详尽给予指导等等情况，报告给了我。

卷查先准兵部咨，前事已经备行福建、广东二省漳南、岭东二道守巡、兵备、守备等官钦遵，调兵上紧相机剿抚，并将进兵方略，行仰各官密切遵照施行，敢有故违，悉以军法论处去后。

译文

先查考了过去的文件，前头的那件事已经要求福建、广东两省的漳南、岭东两道的守巡、兵备、守备等官遵守，立刻调兵，根据时机进剿盗匪，安抚百姓，并把用兵的策略，告知给各级指挥官，让他们密切配合，遵照执行，若是有敢于故意违抗的，则以军法论处。

续据福建右、按二司守巡漳南道右参政等官艾洪等呈："据委指挥高伟呈称，督同指挥等官覃桓等领兵克期夹攻，不意大贼众突出，陷入深泥，被伤身死；广东官兵在彼坐视，不行策救。"呈详到院。参看得各官顿兵日久，老师费财，致此败衄，显是不奉节制，故违方略，正行查勘参提间，随据广东按察司等衙门佥事顾应祥等官会呈前事，开称："约会福建官兵克期进攻间，爪探福建官军被大伞贼徒杀死指挥覃桓等情，各职随即统兵策应，当获贼人一名，审系贼首罗圣钦，执称余贼潜入箭灌巢内。率领官兵直抵地名白上村，遇贼交战，斩获贼级，俘获贼属"等因，呈报前来。

译文

随后根据福建布政司、按察司的守巡漳南道右参政等官及艾洪等官员报告说："根据委任的指挥官高伟报告说，督同指挥官覃桓等官员，指挥队伍按照计划好的时间来夹攻盗匪，可是没想到，大量的盗贼突然出现，他们深陷于泥潭之中，受伤身亡；广东的官兵在他们负责防守的位置坐视不理，不想办法进行救助"。详细的情况呈报给我。又了解到各指挥官屯兵的时间越来越长，驻屯部队消耗大量的财富，以至于造成这样的惨败；显然是由于不听从调遣的缘故，因而违背作战计划，正想要调查以便处置的时候，随即广东按察司等衙门佥事顾应祥等官员联合报告前面提到的事，他们称："和福建官兵都已经协商好了，按时进攻中，派出的密探报告说福建的官兵遭到大伞的盗匪袭击，指挥官覃桓等人牺牲，各级指挥官立刻统兵设法去接应，抓到了一名盗贼，经审查，他是盗匪的一个头头，叫罗圣钦，坚称其他的盗贼都已经逃入到了盗匪的老巢箭灌。于是率领官兵直接到达了一个名叫白上村的地方，我军在这里与盗匪相遇，发生了激战，杀死了不少盗匪，也俘虏了不少贼人的家属。”等等情况，全部都前来呈报给我。

看得象湖、箭灌最为峻绝，诸巢贼首悉遁其间，贼之精悍尽聚于此。自来兵卒所不能攻，今各官虽有前挫，随能密遵方略，奋勇协力，竟破难克之寨，以收桑榆之功，计其大捷，足盖小挫。但象湖虽破，而可塘犹存；贼首颇已就擒，而余猾尚多逃遁。若不乘此机会速行剿扑，薙草存根，恐复滋蔓；狡兔入穴，获之益难。除将功次另行查奏外，为此仰抄案回道，查照先行方略，乘此胜锋，急攻可塘，破竹之势，不可复缓。

译文

察看到象湖、箭灌这些地方最是险峻，各地方的盗贼头子都逃到了这些地方，盗贼的精锐力量，也都聚集在了这里。这里向来官军没有方法攻占它，当前各官，虽然遭受了一些挫折，但是还能够执行作战方案，齐心协力，奋勇杀敌，竟然攻破了这些难于围攻的山寨，算是挽救了损失，取得了很大的胜利，足能够弥补之前那些小的失败。象湖虽然已经被我们攻破，而可塘还存在；很多盗匪的头目已经被我们捉拿，但那些余下的狡猾的盗贼仍然还在逃窜中，若是不趁此破敌的大好机会，迅速将剩余的盗匪剿灭的话，那就会像是薙草一样，只要它的根还存在，就仍然能够滋生蔓延；就好像是狡猾的兔子进入了洞穴，要再想捕获它就更难了。除了要对将士的战功登记核对之外，为此还要抄录一份送往各道，按照之前的作战策略，应当乘胜猛攻可塘，以势如破竹的速度行动，不能够再迟缓了。

仍一面分兵搜斩余猾，毋令复聚为奸。罪恶未稔，可招纳者，还与招纳，毋纵贪功，一概屠戮。务收一篑之功，勿为九仞之弃。

译文

同时仍然要分派队伍搜查铲除剩余的盗匪，让他们不能够再聚集起来胡作非为。对于那些罪行不大的盗贼还能够招纳的，就招纳，不要纵容士兵贪图功利，一概屠杀。务必请战斗到最后，不要让前功尽弃，功亏一篑。

本院即日自漳州起程，前来各营督战，仍与各官备历已破诸贼巢垒，共议经久之策。抄案。

译文

我从今天开始，从漳州起程，前往各个部队进行督战，还将会和各指挥官一道去察看被士兵们攻破的盗匪的老巢，与大家一块协商治理这些地方，想出使这些地方能够长治久安的良策。把这文件抄录下来。

奖励福建守巡漳南道广东守巡岭东道领兵官

据福建参政陈策、艾洪，副使唐泽，佥事胡琏，都指挥佥事李胤，广东参议张简，佥事顾应祥，都指挥佥事杨懋各呈称："据委官知府通判等官钟湘、徐玑等，率领军兵夹攻象湖、可塘、箭灌、大伞等处贼巢，前后擒斩贼首詹师富、罗宗旺等共计一千五百余名颗，及俘获贼属牛马器械等数"到院。看得象湖、箭灌诸寨，皆系极险最深贼巢，自来官兵所不能下，今各官乃能运谋设策，协力夹攻，旬月之间，擒斩贼首，扫荡巢穴，谋勇显著，功劳可嘉。除将功次查奏外，通合先行奖励。为此牌仰汀州府上杭县，即便动支商税银两，买办彩段银花羊酒，委官分投领赍，备用鼓乐，迎送各官处，用旌勤劳，以明奖励之典。其余领哨有功官员知府钟湘等，就行该道照依定去赏格，酌量轻重，径自支给官钱，买办花红等项，一体赏劳。仍具由加报，以资查考。

译文

根据福建参政陈策、艾洪，副使唐泽，佥事胡琏，都指挥佥事李胤，广东参议张简，佥事顾应祥，都指挥佥事杨懋等人报告说："根据委派的官员，即知府通官钟湘、徐玑等官员，指挥将士，一起夹攻象湖、可塘、箭灌、大伞等地方的盗贼老巢，先后活捉并斩杀盗匪脑袋詹师富、罗宗旺等共计一千五百余名颗，缴获了贼人的牛、马、器械等很多的战利品。”到衙门。查看到象湖、箭灌等山寨，都是十分险峻的地方，是盗匪最为坚固的巢穴，是官军从来都没有办法攻破的地方。如今各个官员都能够运筹帷幄，制订出切实可行的方案，同心协力，相互夹击，一个月的时间内，就活捉并斩杀盗贼的脑袋，扫荡了盗贼的老巢，谋略高超，英勇无比，其功劳十分值得嘉奖！除了要将各位的功劳按照次序查实上奏外，还应当先进行集体的表彰奖励。因而命令汀州府的上杭县，立即从商税中拿出一部分银两作为开支，购买彩色的绸缎，准备好花银，购置羊肉和美酒，派官员分别办理好，要用鼓乐，送到各官员驻扎的地方，插上彩旗，挂上旌表，来表明奖赏的隆重。其他各级有功的官员知府钟湘等人，就在该道依照过去的惯例进行赏赐，按照战功进行奖赏，则直接从各自的官府财政中支取赏赐的钱物，置办花红等项，进行统一赏赐。这些花费，仍然要一项一项地记录清楚，向上汇报，以方便检查核对。

告谕新民

尔等各安生理，父老教训子弟，头目人等抚缉下人，俱要勤尔农业，守尔门户，爱尔身命，保尔室家，孝顺尔父母，抚养尔子孙。无有为善而不蒙福，无有为恶而不受殃。毋以众暴寡，毋以强凌弱。尔等务兴礼义之习，永为良善之民。子弟群小中或有不遵教诲，出外生事为非者，父老头目即与执送官府，明正典刑，一则彰明尔等为善去恶之诚，一则剪除莨莠，免致延蔓，贻累尔等良善。

译文

你们都要各自安心自己现如今的生活，年长的人要教育年轻的人，地方上的领头人要注意安抚普通的百姓，你们都要勤于你们的农耕，保卫你们的关口，爱惜你们的生命，保护好你们的家室，孝敬你们的父母，抚养你们的后代。没有谁做善事而上天不赐给他福气的，没有谁做坏事而不遭受灾祸的。不要凭借着人多来欺负人少，不要凭借着强大来欺凌弱小。你们务必要使礼仪的风尚兴起来，永远做诚实善良的百姓。同辈或者是晚辈中若是有不听从教诲的，有外出惹是生非或是胡作非为的，父老兄弟、地方首领，都可以立刻将他押送官府，对他用刑处罚，让他能够知道是非，这一方面能够使你们从善去恶的诚意发扬光大，另一方面又能够清除那些心术不正、为非作歹之徒，不至于使那些没落的社会风气蔓延开来，使你们善良的百姓受到他们的连累和危害。

吾今奉命巡抚是方，惟欲尔等小民安居乐业，共享太平。所恨才识短浅，虽怀爱民之心，未有爱民之政。近因督征象湖、可塘诸处贼巢，悉已擒斩扫荡，驻军于此，当兹春耕，甚欲亲至尔等所居乡村，面问疾苦，又恐跟随人众，或至劳扰尔民，特遣官耆谕告，及以布匹颁赐父老头目人等，见吾勤勤抚恤之心。余人众多，不能遍及，各宜体悉此意。

译文

我如今遵奉上级的指示，巡查安抚这些地方，只希望你们普通的百姓，能够安居乐业，共享天下太平的日子。所悔恨的是我才疏学浅，见识寡陋浅薄，虽然内心怀有爱惜百姓的心肠，但是却没有爱惜百姓的政绩。最近因为指挥征讨象湖、可塘等地方盗贼的老巢，如今这些老巢全部都被捣毁，盗贼被斩杀或被活捉，在这一带驻扎军队，正赶上你们春天耕种时候，我很想亲自到你们所居住的村庄当面向你们了解生活疾苦，又担心跟随我的人员太多，或者会打搅到你们，让你们劳民伤财，所以我特派官员向你们说明我的意思，并将布匹颁发赏赐给长者和地方上的首领人等，来昭示我勤勤恳恳抚慰百姓的心情。因为人数众多，告示无法发到每个人的手中，谨恳望大家都能够体察知晓我的愿望。

钦奉敕谕切责失机官员通行各属

照得本院于本年六月十五日节该钦奉敕："近该巡按福建监察御史程昌奏，今年正月内，被漳州南靖地方流贼杀死领军指挥覃桓、县丞纪镛，射死军人打手一十五名。参称指挥高伟、参政陈策、艾洪、副使唐泽、佥事胡琏、都指挥李胤失机误事，俱各有罪。及称尔膺兹重寄，责亦难辞等因，下兵部议，谓前项贼情，自去年七月已敕彼处抚巡等官，相机抚剿，日久未见成功；今反堕贼计，丧师失事。欲将高伟、陈策等姑免提问，各令住俸，戴罪杀贼，并降敕切责，令尔立效赎罪。朕皆从之。敕至，尔宜亲诣潮、漳二府地方，申严号令，详审机宜，督同守巡领军等官，调集官军民快打手人役，攒运粮饷，指授方略，随贼向往，设法剿捕。其福建、广东、江西官员，悉听尔节制，有急督令互相策应，约会夹攻，不许自分彼此，执拗误事。如有不用令，及迟误供军者，宜照原奉敕内事理，径自拿问施行。事有应与两广并江西巡抚等官议处者，公同计议而行，务要处置得宜，贼徒殄灭，以靖地方。钦此。"钦遵外。

译文

我在今年六月十五日，接到皇帝的圣旨，圣旨说："最近你巡察的地方中，福建监察御史程昌上奏说，今年正月内，漳州南靖一带流窜的盗贼杀死了军队指挥官覃桓、县丞纪镛，射死士兵、打手十五名。奏折指出，指挥官高伟、参政陈策、艾洪，副使唐泽，佥事胡琏，都指挥李胤坐失良机，延误了剿灭盗贼的大事，他们都有罪过。又指出你承担剿灭盗贼的重任，所以罪责也难以推脱。把这份奏折交兵部复议，兵部说前面提到的有关盗匪的情况，在去年七月就已经通知该处巡抚等官，要求他们要相机行事，剿灭盗匪，安抚百姓，可是时间过了那么久，还是没有取得成功；如今反倒中了盗匪的诡计，丧失官兵，造成事故。想暂且不对高伟、陈策等提请审讯，而分别给予他们停俸处分，并命令他们戴罪剿杀盗贼，并降旨批评你，命令你戴罪立功以赎罪。这些，我全部都批准，等敕令一到，你应当亲自前往潮州、漳州二府，严格地申明号令，详尽地了解情况，把握战机，督促指挥守巡、领军等官调集捕快、打手、民工等运输粮饷，对他们讲授作战的方法策略，并依据盗贼的动向，设法剿捕盗贼。福建、广东、江西的各级官员都会听命于你，受你的节制，若是遇有紧急情况，便督促各地来相互接应，商量好如何夹击盗贼，不能够自立门户，有你我之见，若是固执己见，必定会误事。若是有不听从命令以及延缓军队供给的，便应当按照原来敕令中所规定的原则进行处理，可以直接捉拿，提取审问，实行处罚。遇有需要和两广及江西巡抚等官员商议的事时，理应当和他们商量好后再采取具体行动，各项措施，务必得法，从而消灭盗匪，让地方上得以安定。钦此！”我接到旨意后，便立刻照办。

照得本院于本年正月十六日抵赣莅事，当据福建参政陈策、佥事胡琏等呈：“为急报贼情事，已经密具方略，行各官遵照，约会广东官兵，克期夹攻。”随据各官呈称，指挥覃桓、县丞纪镛，在广东大伞地方，遇贼突出，抵战身死。又称象湖可塘等寨，系极高绝险，自来官兵所不能攻，乞添调狼兵，俟秋再举等因”到院。参看各官顿兵不进，致此败衄，显是不奉节制，故违方略，正宜协愤同奋，因败求胜，岂可辄自退阻，尚调狼兵，坐失机会！本院即于当日选兵二千，自赣起程，进军汀州。一面督令各官密照方略，火速进剿，立功自赎，一面查勘失事缘由，另行参奏间。

译文

我于今年正月十六到江西赴任工作，当时根据福建参政陈策、佥事胡琏等人呈送报告说：“为了紧急通报盗贼的情况，并已经周密地拟订了具体的方案，要求各级官员一定要遵循照办，约好与广东官兵一道，在约定的日期夹攻盗贼。”随后，又有几个官员呈送报告说：“指挥官覃桓，县丞纪镛，在广东的大伞，与盗匪偶然相遇，英勇抵抗，战死身亡。又说象湖、可塘等处山寨都设置在极高的险要处，到这里来的官兵没有哪个能够攻破的，要求再抽调狼兵，等到秋天的时候再发起进攻等等情况。”到官府。了解到各级指挥官全部都按兵不动，才导致了那样的惨败，这主要是由于不听调遣，所以违背了作战计划，正应当齐心协力共同作战，由败转胜，哪能够擅自退却，寄希望于调集狼兵而坐失战机呢。我在收到报告当天就派了两千士兵，从江西启程，进驻汀州，一面命令各级指挥官员，按照拟订好的策略，迅速进行围剿盗贼，各自立功赎罪，一边调查导致之前失败的原因，另行向上汇报。

随据各官续呈，遵奉本院纸牌密谕，佯言犒众班师，乘贼怠弛，衔枚直捣，攻破象湖等寨。又经行令各官，乘此胜锋，速攻可塘，破竹之势，不可复缓，仍一面分兵搜擒余猾，毋令复聚为奸。本院亦自汀州进军上杭，期至贼寨，亲自督战。随据各官复呈，为捷音事，开称："攻破贼巢三十余处，擒斩首从贼人一千四百二十余名颗，俘获贼属五百七十余名口，烧毁房屋二千余间，夺获牛马赃仗无算。即今余党，悉愿听抚，出给告示，招抚得胁从贼人一千二百三十五名，家口二千八百二十八名口，乞要班师等因。"已经具本奏报去后。

译文

这期间又收到一些指挥官的报告，报告上面说："依照我的密牌告示，假装犒劳军队，把军队撤走，趁着盗贼懈怠放松警戒的时候，衔枚行军，迅速出击，攻破了象湖等山寨。"又命令各指挥官员，趁此胜利的士气，迅速地攻下可塘，势如破竹的气势下，不能够再有所迟缓，所以一面派兵搜索捉拿剩余的盗贼，使他们不能再聚集在一起胡作非为。我也率领部队从汀州到上杭，按期到达盗贼寨前，亲自督促士兵作战。随后又有官员呈送报告，为的是胜利的消息，上面说："攻破盗匪老巢三十多处，杀死或活捉盗匪一千四百二十多人，俘虏盗匪五百七十多人，烧毁盗匪的房屋两千多间，收缴牛、马等赃物无数。如今其他残存的盗匪都愿意听从官府的命令，于是张贴告示，安抚招安获得被迫从贼人员一千二百三十五名，此外还有他们的家眷二千八百二十八名，乞求班师撤军等等情况。"将以上这些情况向上汇报。

今奉敕谕切责，不胜惶恐待罪，然犹幸其因人成事，偶获收功，愧虽难当，罪或可免。随又访得各贼徒党尚多逃遁，诸巢余孽又复萌芽，果尔，则忧患方兴，罪累日重。深思其故，恐是各官急于成功，不能扫荡，或是惮于久役，为此隐瞒。本院闻此，实切惭惧，即欲遵奉敕谕事理，亲至漳州体勘查处。但今南赣盗贼猖獗，方奉钦依来剿，师期紧迫，军马钱粮，必须调度，势难远出。又前项事情，出于传闻，未委虚的，合行查勘。为此仰抄捧回司，照依备奉敕谕，及查照先今案验内事理，即委本司公正堂上官一员，会同守巡该道官，亲诣漳州地方，督同知府等官，将已破贼巢逐一查勘，前项强贼，曾否尽绝，所获贼首，是否真正，徒党有无逃遁，余孽有无萌芽，是否各官苟且隐瞒，惟复别贼各另生发。若贼首果已擒获，巢穴果已扫荡，是实取具，各官不致遗患，重甘结状，具由呈来。如或有所规避欺蔽，俱要明白声说，以凭参究施行。若有脱漏残党，或是别项流贼，乘间啸聚，事出意外，亦要从实开报，就将防剿机宜，作急议处停当，相机行事，一面呈来定夺。无得畏难推咎，以致贻患地方。国典具存，取罪愈大，俱无违错迟延。

译文

如今接到敕谕，陛下对我的批评切中要害，我不胜惶恐，等待治罪，然而还算幸运，我虽然感到十分羞愧，但仍希望将功折过。随后又查访到，各地的盗贼，有很多还在逃窜中，一些盗贼的老巢又重新聚集起来了盗贼，若是真的这样，那么忧患就又要出现了，我们的罪过也将会一天一天地加重，我仔细思考了导致这种状况的原因。这恐怕是因为各级指挥官员急于求成，没有能够将盗贼彻底剿清，或者这是因为害怕长年累月的征战，因而隐瞒真情没有据实上报。我听到这些情况，既感到惭愧，更感到害怕，便立即想按照圣旨上面说的，亲自前往漳州，调查处理这些事情。可是如今南赣一带的盗贼非常的猖狂，正按照圣上的指示前去进剿，军队作战期限很是紧急，军马、粮饷都必须要跟着作相应的调动，形势确实让我难以脱身离开。再就是前面谈到的那件事情，出自传闻，还没有能够了解到真实的情况，应当再进行调查。如今令把此文立刻抄回，并遵照皇上的圣旨，再次调查这个事件的情况，并派我部门中一名公正无私的在职官员连同守卫该道的官员前往漳州，督促他们将同知府等官员一道，把已经攻破的盗贼巢穴一一进行检查，核对清楚之前围剿的凶悍盗贼是否真的全部都被清除了；所活捉的盗贼头目，身份是否都是真的；盗贼是否向远处逃窜；余贼势力是否有再萌生；是否有各级官员暂时隐瞒事情真相的情况；其他地方的盗贼是否各自有新的动向。若是盗匪的头目果然已被活捉，盗贼的老巢果然已被肃清，就实事求是地获取证据，各位官员不要留下祸患，重新撰写文书，将具体详情报告上来。若是有故意躲避和欺骗的行为，全部都要明明白白地交代清楚，以方便按照实际情况追究责任。若是有漏网的盗贼或者是其他的流窜贼匪，乘着间隙呼啸着聚集在一起，或者又发生了什么出乎意料的事情，也都要如实写明向上汇报。并将防守和进剿的具体计划，赶紧商议作相应的调整，依据情况进行具体处置，也要将情况向上汇报，听从上级的裁决。不能够以各种困难为借口而推脱自己的过失，从而导致给当地带来灾难。国家的典章制度就放在那里，不管犯下的罪责多大，法律的审判从没有延迟的。

兵符节制

五月

先据该道具呈计处武备以便经久事，议将原选听调人役，如宁都杀手廖仲器之属，尽行查出，顶补各县选退机兵，通拘赣城操演，以备征调，已经批仰施行去后。看得习战之方，莫要于行伍；治众之法，莫先于分数。所据各兵既集，部曲行伍，合先预定。为此仰抄案回道，照依定去分数，将调集各兵，每二十五人编为一伍，伍有小甲；五十人为一队，队有总甲；二百人为一哨，哨有长、协哨二人；四百人为一营，营有官、有参谋二人；一千二百人为一阵，阵有偏将；二千四百人为一军，军有副将、偏将无定员，临阵而设。小甲于各伍之中选材力优者为之，总甲于小甲之中选材力优者为之，哨长于千百户义官之中选材识优者为之。副将得以罚偏将，偏将得以罚营官，营官得以罚哨长，哨长得以罚总甲，总甲得以罚小甲，小甲得以罚伍众。务使上下相维，大小相承，如身之使臂，臂之使指，自然举动齐一，治众如寡，庶几有制之兵矣。编选既定，仍每五人给一牌，备列同伍二十五人姓名，使之连络习熟，谓之伍符。每队各置两牌，编立字号，一付总甲，一藏本院，谓之队符。每哨各置两牌，编立字号，一付哨长，一藏本院，谓之哨符。每营各置两牌，编立字号，一付营官，一藏本院，谓之营符。凡遇征调，发符比号而行，以防奸伪。其诸缉养训练之方，旗鼓进退之节，要皆逐一讲求，务济实用，以收成绩。事完备造花名手册送院，以凭查考发遣。

译文

先前根据各道呈送报告，谈及的是怎样对待武装的问题，其目的是让各地的武装力量能够时刻都可以承担赋予它的重任。建议将原来选派出来准备听候调遣的人员，如宁都杀手廖仲器之类的人物，全部都抽调出来，用来替补各县挑选裁退撤的机械兵，把他们全部都送到赣城进行操练，以防备日后调用所需，我已经批准同意照此来办理。后来又多处查看，得知让士兵熟习作战的方法，没有比军队更合适的；治理众人的方法，没有比划分编排更先进的。它所依照的是各地士兵都已经集中的现实结果，部属行列都已事先预定要怎样编排。所以各道都要把此文抄回，依照定制进行编定部队。将调集到一起的士兵，每二十五人编为一伍，每伍有小甲；五十人组成一队，每队有总甲；每二百人为一哨，每哨有哨长，协哨长两名；每四百人为一营，每营有营官、参谋两名；每一千二百人为一阵，每阵有偏将，每二千四百人为一军，每军设副将、偏将，名额不定，会按照临时的需要来进行设置。小甲从队伍的优秀成员中选出，总甲从小甲中选出优秀成员来担任，哨长从千百户义官中选出优秀的人来担任。副将能够处罚偏将，偏将能够处罚营官，营官能够处罚哨长，哨长能够处罚总甲，总甲能够处罚小甲，小甲能够处罚队伍中的成员。务必要使上下关系相互维持这种统属关系，上一级节制下一级，就好像是身躯使唤手臂，手臂使唤手指，整个过程浑然一体，整齐划一，管理众多的人就和管理少数人是一样的，全靠军队的建制。编选若是已经定好了，那么每五个人发一副牌，上面写着同伍的二十五个人的姓名，使他们相互联系熟悉，这种牌，管它叫伍符。每个队伍各自设两副牌，上面编写字号，一副牌交给总甲，一副牌放到我的衙门，这种牌叫它队符。每个哨所各自设两副牌，上面编写字号，一副牌交给哨长保存，一副牌放到我的衙门，这种牌叫它哨符。每个营各自设置两牌，上面编写字号，一副牌由营官保管，一副牌放到我的衙门，这种牌叫它营符。但凡是遇有征调的时候，由我发符调遣，接符的人必须要仔细检查对照，以防备一些奸诈之人用假的兵符来调遣部队。其他诸如管理部队、训练士兵的方法，旗子摇动、战鼓声响表达进退的方法，全部都要逐一讲清，务必讲究实际作用，以便收到显著的效果。编选的事情办完之后，要将编选士兵的名单登记造册送到我衙门，以方便参考。

预整操练

案照先经批仰将听调人役，查拘操演，以备征调。即今兵威士气，已觉渐有可观，但诸色人内尚有遗才，亦合通拘操演。看得龙南等县捕盗老人叶秀芳等部下兵众，亦多经战阵，况各役向化日久，皆有竭忠报效之心。但其勇力虽有，而节制未谙；向慕虽诚，而情意未洽；一时调用，亦恐兵违将意，将拂士情。信义既未交孚，心志岂能齐一？为此仰抄案回道，通将所属向化义民人等悉行查出，照依先行定去分数，行令各选部下骁勇之士，多者二三百人，少者一百人，或五十人，顺从其便，分定班次。各役若无别故，自行统领，或有事故相妨，许令推选亲属为众所服者代领，前来赣城，皆于教场内操演。除耕种之月，放令归农，其余农隙，俱要轮班上操。仍于教场起盖营房，使各有栖息之地；人给口粮，使皆无供馈之劳。效有功勤者，厚加犒赏；违犯约束者，时与惩戒。如此则号令素习，自然如身臂手指之便；恩义素行，自然兴父兄子弟之爱，居则有礼，动则有威，以是征诛，将无不可矣。

依据原来的指示，要把那些服役人员按照编选后的建制，开展训练，以备听候调遣，如今军威和士气，全都已经感觉到有所改观，但是在形形色色的人员中，还有很多的人才，也应当把他们集中起来组织训练。了解到龙南等县追捕土匪的老人叶秀芳等下级民兵，也经历了多次战斗，他们归附军队的心愿由来已久，全部都有尽忠竭力报效国家的赤诚之心。可是他们尽管有勇气与力量，但对于听从调遣等方面的制度还不十分熟悉；向往归附的心情虽然十分诚恳，可是这种队伍与我们队伍间的关系还不怎么融洽；一时间想要调用他们，也担心他们的士兵可能会违背指挥官的意志，指挥官们也可能会辜负士兵的热情。相互的信任、情义还没有能够达到那种十分密切的地步，想法又怎么会统一呢？为此，希望各道速抄此文回道，要求将管辖区内的那些向往归附部队的民兵全部都挑选出来，依照先前的办法去把他们编排成队伍，下令他们各自挑选他们勇敢的士兵，多的可以达二三百人，少的可以一百人，或者五十人，顺应他们的要求，分别确定好行次。各部若是没有其他的原因，那么就由他们自己来指挥管理，若是有什么情形妨碍这种指挥管理，那么就准许推选士兵中众望所归的亲近属下来代为指挥，率领他们到赣城来，全部都到教场内进行操练。除农忙耕种的时候，让他们回去劳作之外，剩余的农闲时间，全部都要让他们轮班进行训练。还要在训练场附近起造营房，让他们都有能够休息的地方；并向他们提供口粮，使他们不必为饮食而操心。勤勤恳恳，成绩突出者，要给予重赏；违犯纪律的，要经常进行批评教育。只有这样，他们才会熟悉各种号令，指挥他们，自然就像身体带动手臂、手臂带动手指那样运用自如了；时常对他们施行恩义，自然也就能够使父慈子孝、兄友弟恭的礼仪之风兴盛起来，闲居的时候则表现出礼让，外出的时候则表现出威严，就凭借着这些，他们行军作战，诛讨盗贼，将没有哪一项不能胜任的了。

选募将领牌

看得所属地方，盗贼充斥，一应抚剿事宜，各该兵备等官，既以地方责任，势难频来面议。若专以公文往来，非惟事情不能该悉，兼恐机宜多致泄漏。为此牌仰郴州兵备道即于所属军卫有司官，或义官耆老，推选素有胆略，才堪将领，熟知贼寨险夷，备晓盗情向背，忠慎周密，可相信任者一二人，前来军门，凡遇地方机务，即与密切商度，往来计议，庶几事可周悉，机无疏虞。

译文

了解到我所管辖的地方有很多的盗贼，一切措施都要能够符合围剿盗匪的事务，各地的兵备等指挥官员，既然担当着维护地方的重任，势必难以常来和我一起面谈。若是专门用公文的方式来进行这种联系，又害怕不能够全部了解详情，另外还担心这些机密的事情可能会被泄露出去。因而向郴州兵备道发布牌令，命令该兵备道所管辖的军、卫、司各级官员或者年老退休的官员，推选出那些有胆略、有才干的将领，既通晓熟悉盗贼山寨各种情况，又为人忠诚谨慎、办事周密，值得信赖的一两个人到我这里来，但凡是遇与各地有关的机密政务，我就和他们密切商议。如此商谈，那么就能够详尽地了解情况了，也就不必再担心机密会被泄露出去了。

批留岭北道杨璋给由呈

据副使杨璋呈给由事。看得朝廷设官，本因保障，臣子尽职，匪专给由。副使杨璋才力精敏，识见练达，久在军中，习知戎务。见今盗贼猖炽，方尔请兵会剿，一应军马钱粮，皆倚赞画，方有次弟。若因给由，遽尔轻动，更代之人，岂免事多，生疏交承之际，必至弊乘间隙，遂有出柙之虞，何益噬脐之悔。仰本官勿以循例给由为急，惟以效忠尽职为先，益展谋猷，仍旧供职。地方安靖，足申体国之勤；懋绩彰闻，岂俟天曹之考。仍行抚按衙门知会呈缴。

根据副使杨璋呈送来的履历报告，谈的是依照有关规定申请离职的事情。我想朝廷设置各种官职，原本是要保障国家的运行；臣子能够恪尽职守，并不单是为了候选升迁。副使杨璋，才思敏捷，精力过人，见多识广，办事练达，长期在军中供职，通晓如何处理有关军事政务的问题。如今盗贼猖獗，正值调集其他地方的兵力进行联合剿杀，一切有关军事方面的事务以及钱粮的供给等，都需要倚重他来帮助筹划，这样剿贼事宜才能够有条不紊地进行下去。若是由于候选升迁就轻易地进行人事变动，接替的新人，难免会因生疏而产生事务繁忙的情况。在生疏交接的时间里，一定会有混乱乘虚而入，到时会有猛虎出栏般的忧虑，遭受重大的损失后，即使再后悔也晚了。希望副使杨璋不要援引之前的惯例，急切地要求离任，而应该把为朝廷尽忠、为自己尽职放在优先考虑的地位，来充分地发挥自己的聪明才智，仍然照旧担任原来的职务。地方安宁了，足能够表明体念国家的勤劳；功绩卓著，难道还用等待朝廷吏部来检测考查吗。你的情况仍然通知抚按衙门上报呈缴。

批广东韶州府留兵防守申

看得本院募兵选士，欲弭盗安民，正恐地利不能齐一，措置或有未周，故期各官酌量润色，务求尽善可久。今据该府各县所呈，非惟不能弭盗，而适以启盗；非徒不能安民，而又以扰民。此岂本院立法之初意哉？行仰各县掌印官，务体本院立法不得已之意，各要酌量事势，通融审处，苟无不尽之心，自无难处之事。兵法谓："守则不足，攻则有余。"今各县所留之兵，止于防守；而兵备所选之士，将以剿袭。防守之兵，虽老弱皆可以备数，而张威剿袭之士，非精锐不可以摧锋而陷阵。况各县所留尚有三分之二，而兵备所取止得三分之一，其于大势未便亏损。今取三分之一，而遂以为地方不复可守，假使原数止此，亦将别无措置之方耶？又况剿袭之兵既集，则兵威日振，声东击西，倏来忽往，贼将瞻前顾后，自然不敢轻出，各县防守愈易为力，此于事理亦皆明白易见。各官类皆狃于因循，惮于振作，惟知取私便之为利，而不知妨大计之为害。宜各除去偏小之见，共为公溥之谋。若复推调迟延，夹攻在迩，已经奏有成命，苟误军机，定以军法从事。

译文

我招募军队挑选士兵，其目的是剿灭盗匪、安抚百姓，正在担心各个地方的利益关系不同而导致行动不能够统一，采取的各种措施或许有的还不周全，所以希望各级官员能够根据实际情况来酌情补充，务必要使各种措施得以完善，能够长久地执行下去。如今根据各府县呈送的报告表明，现在的一些做法不但没有能够起到消灭盗贼的作用，反而是帮助了盗贼；一些措施的执行非但没有能够安抚百姓，反倒是扰乱了百姓。这难道是我制订各种规章制度的初衷吗？如今要求各县的官员，务必要体谅到我制订各种规章法度确实是因为形势所逼。各官员都要依照具体的情况，仔细地来考虑，灵活地按照各种规章法度来办事，若是有尽职尽责的志向，自然也就没有什么难以处理的事情。兵法上说："守则力量不足，攻则力量有余。"如今各县留驻的兵力，都只在于防守；而兵备所挑选的士兵将会用来进攻作战。用来防守的士兵，尽管老弱病残但是还能够作为后备力量，而那些声张威势、围剿进攻的兵士，不是精锐力量是不能够进行冲锋陷阵的。何况如今各县所留守的力量还有原来的三分之二，而兵备所抽调的只有原来力量的三分之一，从大的形势来看，留守的力量没有减少多少。现在因为从中抽调三分之一，而就认为地方难以进行防守，如果原来的力量就是如此，那么就没有什么能够防守的办法吗？何况如今进剿盗贼的队伍都已经集中，军威一天比一天高涨，我军声东击西，忽来忽去，盗贼们瞻前顾后，自然不敢轻举妄动，各县的防守压力也就变得轻松了许多，这些道理，都是很明白地摆着的。（官员）你们都承袭过去的旧的观念，自己不求振作起来，只知道贪图一地的方便，维护地方上的小利益，而不懂得妨碍大政方针所带来的危害。你们应该抛弃狭隘的地方观念，而为共同的利益谋划。若是你们再推延调兵，夹攻盗匪已经是迫在眉睫，我已经向皇上汇报，得到了指示，若是胆敢延误了军机的，一定会以军法来严惩。

咨报湖广巡抚右副都御史秦防贼奔窜

八月

准巡抚湖广都御史秦咨云云，已经一体钦遵施行。续据江西岭北道副使杨璋，看得朱广寨等处，系桂阳、乐平二县界内贼奔要路，今夹攻在迩，要行各道预发精兵把截。又经备行广东、湖广各官，起集骁勇机快，父子乡兵，选委素有能干官员统领，各于贼行要路，昼夜严加把截。或遇前贼奔逃，就便详察险易，相机截捕。或先于朱广、鱼黄贼所潜逃诸山寨，多张疑兵，使贼不敢奔往。务要虑出万全，不得堕贼奸计。各道仍须分投爪探，出奇设伏，先事预防，但得贼中虚实，差人飞报军门。大抵防寇如水，四面提防既固，但有一处渗漏，必致并力溃决。贼所奔逃，尚恐不止前项诸处，仍行各道，再加询访，但有罅隙，即便行文知会，互相关防，必使皆无蚁穴之漏，庶可全收草薙之功。

译文

根据巡抚湖广都御史递来的公文说，已经按照上级的指示进行了部署施行。随后根据江西岭北道副使杨漳查看了解到，朱广寨等地，是桂阳、乐平两县境内盗贼的必经之路，如今夹攻盗贼已经迫在眉睫，要求各道要预先派精兵把守要道进行拦截，又命令广东、湖广各地的官员，务必要集中勇略超群的巡捕，或是以前的地方民兵，任命那些向来精明强干的官员指挥，分别在盗匪必然要经过的重要地段，日日夜夜地严加把守。若是遇到桂阳、乐平逃窜的盗贼，就仔细侦查难易状况，趁机拦截捕捉他们。若是桂阳、乐平的盗贼比朱广、鱼黄等地的盗贼先逃到山寨时，便要多设疑兵，让盗匪不敢逃往那些山寨当中，务必要想出万全的策略，不要上了盗贼的当。各道仍然需要派出密探，出其不意地设法潜伏到盗贼当中去，先要好好地保存自己，一旦刺探到盗贼的真实情况，就派人将消息火速送到部队指挥部门。防御盗贼就大概和防御水患是一个道理，四边的堤坝固然十分坚固，但若是有一个地方存在渗漏，就必然会使整个堤坝崩溃决堤。盗贼所要奔跑逃窜的地方，恐怕并不只前面谈到的那些地方，仍然命令各道要一再地巡查了解，若是查到某处对盗贼有机可乘，就要立刻呈文上报，设法互相关照防守，必须使阵线杜绝像蚁穴那样的漏洞，这样才能够立下将盗贼斩尽杀绝的功劳。

今准前因，为照前项各贼屡经夹攻，狡猾有素，今闻大举，预将妻子搬寄，此亦势所必有。照得咨开，龚福全、李斌皆已搬送妻子，近往桶冈亲识人家。除行岭北道密行擒拿。一面行文湖广各官，将前项窝户姓名密切知会，或住近桂阳，或住近上犹，就仰各该守把官兵相机剿捕外，拟合咨报云云。

译文

如今查明了盗贼逃窜的原因，是因为盗贼多次遭到我们的夹攻，变得更加狡猾了，如今听到我们将要大举进攻，便事先将妻子和孩子都搬迁到了其他地方，这也是迫于形势。有公文说："龚福全、李斌等都已经将妻儿迁走了，把他们安置在附近的桶冈山亲朋好友的家里。"除命令岭北道按照命令秘密捕杀盗贼之外，一面向湖广的官员发公文，要求将那些窝藏盗贼的住户调查清楚，并秘密向我报告。有的窝户在桂阳的附近，有的窝户在上犹的附近。除了希望各地把守的官员能够依据情况剿捕盗匪外，还要拟写公文，向上进行汇报。

钦奉敕谕提督军务新命通行各属

九月

正德十二年九月十一日，节该钦奉敕谕："江西南安、赣州地方，与福建汀、漳二府，广东南、韶、潮、惠四府，及湖广郴州桂阳县壤地相接，山岭相连，其间盗贼不时生发，东追则西窜，南捕则北奔。盖因地方各省事无统属，彼此推调，难为处置。先年以此之故，尝设有都御史一员，巡抚前项地方，就令督剿盗贼。但责任不专，类多因循苟且，不能申明赏罚，以励人心，致令盗贼滋多，地方受祸。今因尔所奏，及该部覆奏事理，特改命尔提督军务，常在赣州或汀州驻扎，仍往前各处抚安军民，修理城池，禁革奸弊，一应军马钱粮事宜，俱听便宜区画，以足军饷。但有盗贼生发，即便严督各该兵备、守备、守巡，并各军卫有司，设法调兵剿杀，不许踵袭旧弊，招抚蒙蔽，重为民患。其管领兵快人等官员，不拘文职武职，若在军前违期，并逗留退缩者，俱听以军法从事。生擒盗贼，鞫问明白，亦听就行斩首示众。斩获贼级，行令各该兵备、守备官即时纪验明白，备行江西按察司造册奏缴，查照南方剿杀蛮贼事例，升赏激劝。仍要选委廉能官员，密切体访，或佥所在大户，并被害之家，及素有智力人丁，多方追袭，量加粮赏。或募知因之人，阴为乡导；或购令贼徒，自相斩捕；或许令胁从并亡命窝主人等，自行出首免罪。皆听尔随宜处置，不必执定一说。其应捕人员，尤要严加戒约，不许妄拿平人，及容贼挟仇攀引，因而吓诈财物，扰害良善。军卫有司官员中政务修举者，量加奖劝；其有贪残畏缩误事者，文职五品以下，武职三品以下，径自拿问发落。事有应与各该镇巡官计议者，亦须计议而行。尔为风宪大臣，受兹新命，尤宜廉能刚果，肃清积弊，以副朝廷委任之意。如违，责亦有所归焉。尔其钦承之，毋忽故敕。钦此！"钦遵，拟合通行。

译文

正德十二年九月十一日，我接到皇上的圣旨，圣旨上面说：“江西的南安、赣州与福建漳州、汀州两府，广东南雄、韶州、潮州、惠州四府以及湖广郴州、桂阳县，存在行政区域交界接壤的关系，这一地带高山峻岭相连接，其间时常有盗贼出没，从东边围剿盗贼，盗贼则往西边逃窜，从南边追剿，他们则又逃到北边。这是由于上述那些地方，全部都分属了不同的省区，各地之间的事务相互没有统属关系，彼此相互推诿，难以办理剿灭盗贼的事情。过去由于这个原因，曾经设立了一个都御史官，巡查安抚上述提到的那些地方，顺便责令他监督指挥剿灭盗贼之事。然而因为职责不专一，很多事情都是得过且过，敷衍塞责，没有能够向军民讲清赏罚制度，并以这种方式来激励军心民心，从而导致盗贼变得越来越多，地方上遭此横祸。如今根据你呈送的奏折中所反映的情况以及兵部奏报的情况，现特改派、任命你来监督军务，平时进驻赣州或汀州，还到上述各个地方去安抚军民，构筑城墙，深挖护城河，并严禁作奸犯科的人和事，清除地方上的时弊，军马、钱粮方面的一应事务，也全部都由你来统筹规划，以保障部队的供应。一旦发生盗匪事件，就要立刻严令督促兵备官、守备官和守巡官，以及各军的卫所、司令部，想办法调集兵力剿杀盗贼，不能够再重蹈过去的覆辙，让招抚百姓的事业遭受损失，让盗贼依旧成为百姓的祸害。那些管理指挥士兵、捕快的官员，无论是文职还是武职，若是有在军务中违犯时间规定，或停留退缩的，一律都按照军法进行处罚。被活捉的盗匪，都要亲自审问清楚，也可就地将他们斩首示众。所斩杀或被捕的盗贼，要命令各兵备官、守备官立刻登记并调查清楚，可先送到江西按察司，再造册上交，并查找依照以往南方进剿盗贼的事例，给予奖赏来表示鼓励，还要任命那些廉洁奉公且有才能的官员，展开秘密调查。或者积聚当地的富豪和被贼匪祸害的人家，以及那些智力、才能都向来出众的人，进行追袭剿杀强盗，并给予适当的奖励。或招募那些了解盗贼情况的人，私下里让他们作为向导。或者收买盗贼成员，让他们自相残杀。或者许诺被胁迫成盗贼的人或窝藏盗贼的人，若自己到官府自首，能够免除他们的罪行。这些都由你依据具体情况来具体办理，没有必要局限于某一种定论。至于那些做捕快差役的人，务必要严加约束。不能够随便捉拿无罪的百姓，以及容许强盗或差役挟持私仇攀咬其他无罪的人，而趁机恐吓勒索财富，以扰乱百姓，让百姓遭殃。军卫哨所、司令部中的官员中勤于政务、各项工作成绩突出的，可以依据情况给予相应的奖赏以资勉励；对那些贪污残暴，畏惧退缩，厌恶军事的官员，文官五品以下，武官三品以下的，你直接派兵捉拿进行处罚。凡是需商议的事情，应当和各地的镇守巡官来商议，然后才能够付诸实施。你作为有功德的大臣，如今又接受了这项新的任命，更应当做到廉洁刚正，以肃清长期以来积聚的弊端，如此才不辜负朝廷对你的任命。若是违背了，也要承担相应的责任。你要好好接受这项任命，千万不要忽视我以往的敕令。钦此！”我接到圣旨，就考虑在各个地方推行。

为此仰抄捧回司，照依案验备奉敕谕内事理，并行该道守巡、兵备、守备等官，及府卫等官，及府、卫、所、县大小衙门，一体钦遵施行。都司呈镇守，布政司呈巡抚，按察司呈巡按衙门，各查照施行。

译文

因此，希望你们能够将圣旨抄录拿到各部门，按照皇上的旨意去办理。圣旨中谈到的各项事情，我命令各道守巡官、兵备官、守备官等以及府、卫所管辖的大小官员和大小衙门，全部都依照圣旨具体去行。都司将公文呈交给镇守，布政司将公文呈交给巡抚，按察司将公文呈交给巡按衙门，依照文件中规定进行落实。

咨报湖广巡抚右副都御史秦夹攻事宜

准巡抚湖广都御史秦咨，内开：“夹攻江西，该分哨道，并把截之路，及各该官军，不无追剿往来过境，必须各给旗号识别，以防错误。凡遇贼势纵横，及攻坚去处，各领哨官即便发兵策应，同舟共济。”又称“各省窝贼之家，今既各有指实，必须从长计处，绝其祸本，以收全功。烦为参酌行止，并将合行事宜咨报，以凭转行各该领兵等官遵守”等因，准此。

译文

依照巡抚湖广都御史秦咨，在他的公函中说：“联合夹攻江西，管辖内的哨道和封锁拦截盗贼的道路以及各哨道统率下的官兵没有不相互追剿往来过境的盗贼的，但必须要分发旗子，用以区别，以避免犯错误。凡是遇到盗贼势力较强的或者攻打他们的防守地时，便要立刻发兵配合作战，同心协力，完成作战。”又称：“各省域窝藏盗贼的家户，如今已经有了比较确切的了解，必须从长远的角度来考虑，以杜绝盗贼这个祸患的根源，来收到预期的功效。烦请您参考，依据情况确定是否要进行夹攻，并且恳请将联合夹攻的事情来函告知，以便把夹攻的事情告诉我管辖下的各级官员，让其遵照执行”等等情况。我同意他的联合夹攻办法。

先该本院访得大庾、南康、上犹三县，近附贼巢，良民村寨甚多，往年大征，不曾分别善恶，给与良民旗号，及拨兵护守，以致狼、土官兵贪功妄杀，玉石不分。亦有一二良民村寨，给与旗号，拨兵护守，又被不才领兵官员并良民寨主受贼重贿，及将有名贼首隐藏其家，事定仍复还巢，至今贻患。及有吉安府龙泉、万安、泰和三县，并南安府所属大庾等三县居民，无籍者往往携带妻女，入輋为盗，行劫则指引道路，征剿则通报消息，尤为可恶。即今闻有大兵夹攻，俱各潜行回家，遇有盘诘，辄称被虏逃归，因而得脱诛戮。若不通行挨究，将来事定，仍复入巢，地方之患，何时可已？就预行上犹等三县，着落当该掌印官员，查出附近贼巢居民村寨通计若干，图画申报，以凭每寨给与良善旗号，临期拔兵护守，仍取各寨主并地方总甲甘结在官。如有应剿贼徒来投，希图隐匿者，许其擒斩送官，照例重赏；容隐者，事发，一寨之人通行坐以奸细重罪。其大庾龙泉等六乡，各给告示晓谕乡村里老人等，但有平昔入輋为盗，即今潜出，许其举首，亦行照例给赏；容隐事发，本家并四邻一体坐罪。如此，庶良善免于玉石俱焚，而盗贼得以根株悉拔。俱经牌仰该道遵照施行外。

译文

先前我查访得知，大庾、南康、上犹三个县周边分布着盗贼窝点，良善老百姓的村寨有很多就在盗贼的老巢附近，往年大规模征剿盗贼，不能够区分出是良善百姓还是盗贼，就发给良善老百姓旗子来作为区分的标志，并派兵进行守护，后来因为狼兵和土兵贪功滥杀，而好坏不分。也有一些良善百姓的村寨，发给了旗子，并派兵进行守护，但是因为一些道德败坏的指挥官以及村寨的寨主，接受了盗贼的双重贿赂，把那些享有恶名的盗贼头目窝藏在他们家里，等到围剿停止，风声稍静的时候，那些头目就又重新回到他们的老巢，以至于到如今，盗贼的祸患仍然无穷。吉安府的龙泉、万安、泰和三县以及南安府管辖的大庾等三县中没有户籍的居民，常常携带着妻子儿女加入畲族，去干盗贼的勾当，进行抢掠的时候他们就为盗贼带路，我们在征讨盗贼的时候，他们就为盗贼通风报信，这些人，实在是太可恶了。如今他们听到我们将要带大军来进行夹击盗贼，他们又都偷偷地回到家里，遇到有人盘问他们的时候，他们就往往称自己是被盗贼劫走，历尽千辛万险才逃回来的，所以能够免罪而不遭到诛杀。若是不挨家挨户地进行查究，等到围剿的风声一过，他们又都重新回到盗贼老巢，地方上的祸患，什么时候才能够结束呢？就先行在上犹等三县落实具体的措施，这些地方的主要官员要负责调查清楚盗贼老巢附近的百姓村寨，并统计出具体的数目，画好地图，然后再向上级报告，依据申报的情况，给这些百姓村寨分发良善百姓的旗号，并在临近进剿日期时，派兵守护这些地方，仍然要把各寨的寨主和当地的总甲送到官府中来好好看管。若是有被围剿的贼徒来投奔村寨，企图隐藏起来的，准许把这样的盗贼擒拿斩杀，或者押送到官府，按照律例给予重赏；若是有收容掩藏他们的人，一旦东窗事发，整个村寨的人都要被判处串通奸细的重罪。其中，大庾、龙泉等六个乡寨，要分别给予告示，让村中老幼都知道，但凡平常有加入拳贼团伙为盗，现在潜逃在外的，准许他们自首以及检举别人，这样也照律例给予赏赐；若是容纳并隐瞒真相，而又被发觉的，那么他的亲族及四邻都要一同牵连，给予处罚。只有这样，那一众良善的百姓才能够避免玉石俱焚的悲惨结局，也就能够将盗匪斩草除根了。如今发布公文，要求各道切实遵照执行。

又据委官知府等官季敩等呈称，依奉本院方略，分兵于上犹、南康等处防遏，被贼两次纠众出攻南安，俱幸我兵克捷。即今贼势略已衰败，若乘此机会，直捣其巢，旬月之间，可期扫荡云云。本院看得三省夹攻事宜，集兵有先后，期约有迟速，如上犹、大庾之贼，江西先与湖广夹攻，止令广东之兵于仁化把截。候广东兵力已齐，听湖广、广东约会夹攻，江西之兵止于大庾把截。通候广东、湖广夹攻已毕，广东之兵移于惠州，江西之兵移于龙南，又行约会夹攻。如此，庶先后有序，事机不失，兵力不竭，粮饷可省。又经移咨贵院查照施行外。

译文

又据任命的官员季敩等知府官员呈送来的报告说，依照您的进剿方案，我们分兵在上犹、南康等地方拦截盗贼，遭遇到盗贼两次集结众人进攻南安，还算幸运，两次都取得了胜利。如今盗贼的势力已经得到减弱。若是乘这个有利的时机，直捣盗贼的老巢，那么十天半个月内，就有希望荡平盗贼的老巢。我具体地研究了三省夹攻盗匪的事务，各省集中兵力有先有后，在约定的时间内，队伍行动有快有慢，比如对于上犹、大庾的盗贼，江西的部队先和湖广的部队一道夹攻，只命令如今的广东部队在仁化一带进行拦截。等到广东的兵力已经齐备，听凭湖广和广东的部队一起按照约定的时间联合夹攻，而江西的兵力则驻扎在大庾防守拦截。等到广东与湖广联合夹击的军事行动完成后，又把广东的兵力移驻到惠州，江西的兵力移驻到龙南，然后广东和江西又一起约定日期联合进行夹攻。若是如此，那么事情进展就十分有秩序，战机不会错过，兵力不会衰竭，粮饷也能够有所节约。如今将公函送到你们府衙，切望能够监督执行。

今准前因，看得官军过境，必须各给旗号识别，以防错误。攻坚去处，必须各领哨官即便发兵策应，庶得成功。持论既极公平，所处又甚详悉。除行领哨等官遵照施行外，惟守备指挥李璋所呈："窝贼之家，传闻之言，未必皆实。"已行该道再行查访，务求的实，拔绝祸源。其进攻次第，惟桶冈一处，该与湖广之兵会合；若长流坑、左溪等处，皆深入南安府所属三县腹心之内，见今不次拥众奔冲，势难止遏。本院欲将前项贼巢，以次相机剿扑，候贵治之兵齐集，会合夹攻桶冈。如此，则江西腹心之害已除，而二省夹攻之举，得以并力从事。拟合移咨前去，烦为查照定处，咨报施行。

译文

如今核查前项事情的原因，了解官兵到一个新地方，必须要分别发给旗号标志，以方便辨认，防止出现什么差错。凡是攻坚苦战的地方，各指挥官必须立即率兵前往接应，那么基本能够取胜了。你的观点极为公正，考虑得也十分详细。除了领哨等官依照执行外，只有守备指挥官李璋在他上呈的报告中说："窝藏盗贼的民户，有很多是以讹传讹的，不一定都是事实。"已经命令统管的各道再进行彻底查访，一定要实事求是，铲除祸根。至于说到进攻的次序，则只有桶冈一带，应当与湖广的队伍会合；如长流坑、左溪等地，都位于南安府所管辖的三个县的腹地，如今再不发兵到这一带去守卫，盗贼的势力就将难以控制。我想将前面谈到的盗贼的老巢，有次序地抓住时机将它踏平，然后再等待与你统领的队伍汇聚，谋划一起夹攻桶冈。若是这样，那么江西的心腹之患就能够解除了。而两省联合夹攻的方法也能够联合起来共同作战。我考虑汇聚兵力，写公文送交给你，恳切地希望你能够认真考虑决定，并来函告知执行的情况。

征剿横水桶冈分委统哨牌

据守把金坑等处领兵县丞舒富等申称："探得各雀贼首闻知湖广土兵将到，集众劫掠，猖炽日甚，凿山开堑，为备益坚。又闻于桶冈后山，陡绝崖壁，结构飞梯，自此直入范阳大山，延袤千里，自来人迹所不能到，今皆搬运粮谷，设有机隘，意在悉力拒战，战而不胜，即奔入此中，截断飞梯，虽有十万之众，亦无所施其力，乞要急为区处等因"到院。随将各雀擒获贼徒，备细研审，亦与所呈略同。

译文

根据把守金坑等地的领兵县丞舒福等人报告说："探听到各个地方峯贼的头目，在已经听到湖广土兵将要到达的消息时，便聚众抢劫掠夺，其气焰越发地嚣张，他们开挖山川，开辟天堑，以便让防守更加地坚固。又探听到桶冈后面的山岭，全是悬崖绝壁，盗贼们在上面架设了过往的飞梯，通过这飞梯能够直接进入范阳大山，这大山连绵数千里，向来是人迹罕至。如今盗贼在搬运粮草，并在深山中进行布防，设置机关，目的在于尽力抵抗，而若是抵抗失败，那就逃到范阳山里去，继而毁坏飞梯，即便是有十万人马，也难以发挥它的威力，期盼能够尽快谋划这件事情，等等情况。"到了官府衙门。随后对活捉的畲族盗贼逐个进行仔细的审问，所得到的结果和报告中所反映的大略相同。

照得先经具题，及备行两省，将各处贼巢以次攻剿。先约湖广官兵，会攻上犹诸贼，未报。但南赣兵力，自来疲弱，为贼所轻，必资湖广土兵，然后行事。贼见土兵未至，必以为夹攻尚远。虽若出其不意，奋兵合击，先以一哨急趋其后，夺其隘口，贼既失势，殆可尽殪。若必俟土兵之至，果如各官所呈，陷贼计中，老师费财，复为他日之患，追悔何及。本院节准兵部咨，题奉钦依："南赣地方贼情，着都御史王守仁自行量调官军，设法剿捕"；及近奉敕谕云云，"俱听军法从事。钦此。"钦遵。除监督守巡官员外，令分投先往上犹、大庾等处调度催督外，本院身督中军，直捣横水大巢。所据各哨官兵，合就分委督发，依期进剿。

译文

按照先前提到的计划以及在两省中展开施行，要将各个地方的贼匪老巢逐个攻破。首先和湖广的官兵约定好，联合夹攻上犹一带的盗贼，还没有发通知。可是南赣的兵力向来都是薄弱的，一向为盗贼所轻视，必须要依靠湖广的土兵，然后才能够行动。盗贼见湖广的土兵还没能够到达，必定会认为江西湖广联合夹攻的时间还远着呢！尽管这样，若是能够出其不意，鼓动士兵齐心协力，英勇出击，首先派一哨兵马迅速地转到盗贼的后面，夺取盗贼的咽喉要地，等到盗贼大势已去的时候，就能够将盗贼全部歼灭了。若是一定要等到湖广的土兵到来，那么将会和很多官员在报告中所反映的一样，中了盗贼的奸计，劳损兵力，消耗军饷，并且又容易招致以后的灾难。等到那个时候后悔也来不及了。我接到兵部转呈的皇帝的圣旨，圣旨上说："我依据南赣一带盗贼猖獗的形势，准许都御史王守仁依据实际需要直接调遣部队，想一切办法来将盗贼剿尽。"以及最近接到皇上口谕，说："一切都按照军法要求，钦此！"我依照圣旨执行。除监督守巡官员以外，还命令士兵分成小组先分别前往上犹、大庾等地进行调度监督，除此之外，我还将亲自率领中军，直接攻打盗贼的横水老巢。各参战哨官士兵，在联合夹攻的时候要按照各自分派的任务，按照规定的时间进行围剿盗贼。

一、仰赣州府知府邢珣，统领后开官兵，自上犹石坑进，由上稍、石溪入磨刀坑，过白封龙，一面分兵搜茶潭、穹井、杞州坑，正兵经过朱坑、旱坑入杨梅村，攻白蓝、横水，与都司许清，指挥谢昶、姚玺，知县王天与等兵会合，共结为一大营。及各选精锐，用乡导兵引，赍干粮三日，四搜附近各山寨，如茶潭、穹井、杞州坑、寨下等处，多方爪探，务期尽绝，互相援应，毋致疏虞。左溪诸贼既尽，然后分哨起营过背乌坑，穿牛角窟，逾梅伏坑，过长流坑，涉果木口，搜芒背，上思顺，过乌地，入上新地、中新地、下新地，攻桶冈峒诸贼，与知府唐淳，指挥余恩、谢昶等兵合势夹击，贼既败散，遂会各营连络犄角，为一大营。各营精锐，开合纵横，分布搜扒，必噍类无遗，候有班师期日，方许回兵。领哨各官及兵快人等，敢有临阵退缩，违犯号令者，仰遵照本院钦奉敕谕内事理，听以军法从事。本官务要竭忠效命，益展才猷，严督诸军，奋勇前进，荡除群丑，以靖地方。如或怠忽乖缪，致有疏虞，国典具存，罪难轻贷。本院即日进屯南康，亲临督战，一应进止机宜，密切差人俱赴营所禀白，牌候事完日缴。

译文

一、命令赣州府知府邢珣，统领后开官兵从上犹石坑进兵，从上稍、石溪到磨刀坑，经过白封龙，一面派出士兵到茶潭、穹井、杞州坑展开搜索，主力则经过朱坑、旱坑进入杨梅村，然后进攻白蓝、横水，与都司许清，指挥谢昶、姚尔，知县王天与等人指挥的队伍汇合，共同组成一个大的营，然后再分别挑选精练勇锐，由向导在前面带路，带够三天的干粮，对附近的各个山寨进行多次搜索，例如茶潭、窎井、杞州坑、寨下等地方，应当多派密探，一定要按期除尽盗贼，各路队伍应当相互支援，互相配合，不能导致一些不必要的失误！等到左溪等地的盗贼都扫清之后，再分兵启程，经过背乌坑，穿过牛角窟，经过梅伏坑，穿过长流坑，渡过果木口，搜索芒背到思顺，经过乌地，进入上新地、中新地、下新地。进攻桶冈峒等地的盗贼，与知府唐淳，指挥余恩、谢昶等指挥下的队伍一道，联合夹攻盗贼。等到盗贼已经失败并开始四处逃散的时候，再联合各个营，形成掎角之势，共为一个大营。并命令各营精兵勇锐，分开合并交错进退自如，分别布置搜索、挖掘，务必不漏掉任何一个盗贼。等到有命令调回军队的时候，才准许把部队撤离，领哨等指挥官员以及士兵巡捕等人，若是有临阵脱逃，违犯军令的，便依照皇帝给我的圣旨中规定的原则进行办理，全部都按照军法进行处置。我必定会竭尽全力，尽忠尽职地办事，充分地展示我的才能和宏伟的计划，严厉地督促各军，奋勇向前，铲除盗贼，以便安定地。若是有玩忽职守，导致失误的，朝廷有相应的法令制度，罪责一定会严厉追究。我的办公地点从今天开始起迁到南康，我要亲自来到前线监督作战，一切适合于进攻防守的策略，都要秘密派人到我的部队指挥部陈述清楚，用文案记录完后，于当日派人呈送到我处。

计开：

安远县新民义官某某等名下打手八百名。乾字营哨长赵某某等名下机兵四百名，弓箭手一队，铳手八名，乡导二十名。火药八十斤，地图一张，军令八十张。号色布一千五百件。兵旗大小九十面。令字蓝绢大旗一面。（奇兵搜扒，用为先导，寻常皆卷，遇各营兵始开。）令字黄绢大旗一面。（正兵行动，用为先导，寻常皆卷，遇各营兵始开。）

译文

各营组成统计开列如下：

安远县普通百姓的义官某某等人手下有打手八百名。乾字营哨所长官赵某某等人手下有机械兵四百名，弓箭手一个队，铳手八名，乡民向导二十名，火药八十斤，地图一张，军令表八十张。旗号服色布一千五百件。令字号的蓝绢大旗九十面。（精兵出袭搜索用它来作为向导，平时都卷起来，碰到各营的士兵的时候才会打开。）令字号的黄绢大旗一面。（主力部队行动的时候，用它来作为向导，平时都卷起来，碰上各营的士兵才会打开。）

军令：失误军机者斩。临阵退缩者斩。违犯号令者斩。经过宿歇去处，敢有搅扰居民，及取人一草一木者斩。扎营起队，取火作食，后时迟慢者照军法治，因而误事者斩。安营住队，常如对敌，不许私相往来，及辄去衣甲器仗，违者照军法治，因而误事者斩。凡安营讫，非给有各队信牌，及非营门而辄出入者皆斩。守门人不举告者同罪。其出营樵牧、汲水、方便，而擅过营门外者杖一百。军中呼号奔走惊众者斩。虽遇贼乘暗攻营，将士辄呼动者斩。军中卒遇火起，除奉军令救火人外，敢有喧呼及擅离本队者斩。军中守夜巡夜之人，每夜各有号色，号色不应者，即便收缚。军中不许私议军机，及妄言祸福休咎，惑乱众心，违者皆斩。凡入贼境哨探，可往而畏难不往，托故推调，及回报不实者斩。军行遇敌人往冲，及有埋伏在傍者，不许辄动，即便整队向贼牢把，相机杀剿，违者斩。军行遇贼乞众降，恐有奸谋，即要驻军严备，一面飞禀中军，令其远退，自缚来投，不许辄与相近。遇有自称官吏及地方里老来迎接者，亦不许辄与相近，即便驻军严备，一面飞禀中军，审实发落，违者皆斩。贼使入营，及来降之人，将士敢与私语，及问贼中事宜，凡漏泄军情者斩。凡临阵对敌，一队失，全伍皆斩。邻队不救，邻队皆斩。贼败追奔，不得太远，一听号令，闻鼓方进，闻金即止，违者斩。贼巢财物，并听杀贼已毕，差官勘验给赏，敢有临阵擅取者斩。乘胜逐贼，不许争取首级；路有遗下金银宝物，不许低头拾取，违者皆斩。

译文

军令如下：泄密、延误军机的人，处以斩首；临阵退缩的人，处以斩首；违犯军队号令的人，处以斩首。在部队安营扎寨的地方，有胆敢骚扰百姓的以及私自拿老百姓东西的，全都处以斩首。安营扎寨或是军令启程出发的时候，烧火做饭的时候，动作迟缓的，一律依照军法治罪，若是因此而误事的，则处以斩首。安营扎寨、军队驻守时，要像往常对阵敌人一样严整有素，不能够私自往来，以及随便乱放衣服、武器，若是有违犯的，一律按照军法进行处罚，若是因为这些而误事的，处以斩首；但凡是在安营扎寨期间，没有发给各队作为凭证的牌子，而在非营房的范围擅自进出的，都要处以斩首。若是出现这种情况，守门的人不举报的，那么同样也处以斩首。有为了出营打樵、牧马、打水、方便，而擅自出营门外的，杖一百。有在军中呼喊奔跑、惊吓众人的斩首。即使遭遇贼人暗地里攻打营地，官兵有呼喊煽动的斩首。军中突然遭遇火灾，除了奉军令进行救火的人以外，胆敢有喧哗呼喊的或是擅自脱离所在军队的，全都处以斩首。军队中晚上值班或是巡逻的，每夜都有该夜的统一的旗号服色，若是旗号服色不同的，就要将他抓起来。军队中不准私自枉议军机，以及胡说什么祸福之类的话，来蛊惑众人，扰乱军心，若是有违犯的，全都处以斩首。凡是要混入到贼窝中打探消息的，但因为贪生怕死而不敢履行职责的，或是找借口进行推诿的，或是回报的情况不属实的，都要处以斩首；行军中若是遇到盗贼的冲袭，或者中了盗贼的埋伏时，千万不要轻举乱动，应立即整顿好队伍，密切关注盗贼的动向，然后再根据情况进行剿杀，违犯的则处以斩首；若是在行军中碰到有众盗贼请求投降的，为了防备其中有奸计，要命令驻防的军队进行严密防范，一边派人火速到主力部队禀报，并令盗贼们退到远处，把自己捆绑好来投降，不能够随意与他们接近；若是碰到有自称是地方官员以及地方上德高望重的人来迎接部队的，也不要随便靠近他们，要命令驻守的军队进行严密防范，一边派人火速到主力部队禀报，调查清楚再作决定，若有违犯的，都要处以斩首。盗贼派遣使人到军营，以及投降过来的盗贼，若是部队中有敢于私自与他们闲谈，或私自向他们打听盗贼中情况，使军事机密泄漏的，都要处以斩首。凡是在与盗贼进行战斗的过程中，若是有某一队失利，那么该队所在的全伍都要被处以斩首；邻队不去救援的，那么将邻队全部处以斩首。盗贼战败逃亡，追赶的军队不要追得太远，一切都要听从号令，听到鼓声才能够追击，听到钲的声音就应当立刻停止追击，若是有违犯的，就处以斩首。盗贼老巢中的财物，要等到已经消灭盗贼的时候，派遣官员检查验收，并给予赏赐，若是有敢在战斗期间擅自据为己有的，都要处以斩首；要乘胜追击逃亡的盗贼，不要贪功贼首；路上有丢失的金银财宝等东西，不许低头捡拾，若是有违犯的，都要处以斩首。

一、仰统兵官汀州府知府唐淳，统领后开官兵，前往南安府，自百步桥、浮江、合村等处进屯聂都；会同把隘推官徐文英，将点集守把乡夫，于内选取堪为乡导者一百名，分引哨路，进袭上关，破下关，乃分兵为三哨：中一大哨逾相见岭，扑密溪，径攻左溪。右一小哨，从下关分道搜丝茅坝，复从中大哨于密溪，进攻左溪。左一小哨自密溪搜羊牯脑山，复自密溪从中大哨进攻左溪。三哨复合为一，与本院会于横水，遂会同守备郏文，知府季敩，指挥余恩、县丞舒富等兵，五营犄角合为一大营。乃各选精锐，用乡导分引，赍干粮二三日，四搜山寨，多方爪探，务期尽绝，互相援应，毋致疏虞。左溪诸贼既尽，听候本院再授方略，然后分哨起营，复自密溪回关田。推官徐文英仍于关田厚集营阵，以待奔窜遗贼，勿轻散动。本官自关田率兵由古亭进屯上保、复自上保历茶坑，由十八磊依期进于木坳，攻桶冈诸贼，与知府邢珣、指挥余恩等兵合势夹击。贼既败散，遂会各营连络犄角为一大营。各选精锐，开合纵横，分布搜扒，必使噍类无遗，候有班师之日，方许回兵。领哨各官及兵快人等敢有临阵退缩违犯号令者，仰既遵照本院云云。

译文

一、命令统兵官汀州府知府唐淳，指挥后卫官兵，前往南安府，从百步桥、浮江、合对等地方进军驻扎聂都；会同把守关隘的推官徐文英一起，从防守关隘的民兵中挑选能够担任向导的人一百名，分别给军队带路，进军袭击上关，攻破下关，然后将军队分成三个哨队：中路为一大哨队，越过相见岭，直扑密溪，然后再直接进攻左溪，右边为一小哨队，从下关分道搜索丝茅坝，然后再和中路大哨一起从密溪进攻左溪。左边为一小哨，从密溪搜索羊牯脑山，然后再从密溪跟中大哨一起进攻左溪。三哨再变成一个整体，和我在横水汇合，然后再会同守备郏文、知府季敩、指挥余恩、县丞舒富等五支队伍，形成掎角之势，变为大营部队。然后各自选出精兵，分别由向导引路，准备好两三天的干粮，多次搜索附近的山寨，并派密探多处探听消息，务必要按照期限将盗贼清除，应当互相支援，不要出现什么漏洞。等到左溪一带的盗贼被清除之后，再等待我发布另外的作战方案。然后分哨起兵，再从密溪回到关田。推官徐文英仍然要在关田设兵严防把守，以等待逃窜的散贼，但是不要轻举妄动。我从关田率兵，由古亭进驻上保。然后再从上保经过茶坑，由十八磊按照期限到达木坳，再进攻桶冈一带的盗贼，与知府邢珣、指挥余恩等人的队伍联合夹击。等到盗贼战败向四处逃散的时候，就将各个部队联络成一体，形成掎角之势。分别挑选精兵，进退自如，分别搜索，务必不要使盗贼漏网。等到能够调回军队的时候，才准许领兵而回。带领部队的各级指挥官以及士兵、捕快等，若是敢有临阵退缩，违抗命令的，便遵照我的号令等等。

计开（云云，下同）：

一、仰南安府知府季敩，统领后开官兵，自南安府石人背进破义安，分兵搜朱雀坑，入西峰；分兵搜狐狸坑进船厂；分兵搜李家坑，屯稳下；分兵搜李坑，遂逾狗脚岭，搜阴木坑，攻左溪。与本院会于横水，遂与守备郏文、知府邢珣、唐淳、指挥余恩、县丞舒富等兵合连为一大营。乃各选精锐，赍干粮三日，用乡导分引，四搜附近山寨，多方爪探，务期尽绝，互相援应，毋致疏虞。左溪诸贼既尽，然后分哨起营，过密溪，搜羊牯脑，逾相见岭，历上关、下关、关田，经古亭，分屯上保、茶坑，断胡芦洞等处贼路，四面设伏，以待桶冈奔贼，为都指挥许清之继，探候缓急，相机应援，必使根株悉拔，噍类无遗，候有班师期日，方许回兵。领兵各官及兵快人等敢有临阵退缩违犯号令者，仰即遵照本院云云。

译文

统计结果（等等，以下相同）：

一、命令南安府知府季敩，指挥后军官兵，从南安府石人背进发，攻破义安，然后再分别派士兵搜查朱雀坑，进军西峰；然后再派士兵搜查狐狸坑，进军船厂；派兵搜查李家坑，屯兵稳下；派出一部分军队搜索李坑，然后再翻过狗脚岭，搜索阴木坑，进攻左溪。与我在横水会师，然后便和守备郏文，知府邢珣、唐淳，指挥余恩，县丞舒富等率领的部队会合，连为一体。然后再各自挑选精兵，准备好三天的干粮，由乡导来分别引路，多次搜查附近的山寨，再多方向派密探进行探查，务必要在规定的期限内将盗贼剿灭，还应当互相支援和配合，不要出现什么漏洞，等到左溪一带的盗贼被清除后，然后再分队启程，经过密溪，搜查羊牯脑，越过相见岭，经上关、下关、关田，过古亭，然后分兵驻守上保、茶坑，截断胡芦洞等地方的盗贼的逃跑路径，在四面设下埋伏，以等待从桶冈一带逃窜来的盗贼，同时派都指挥许清之接继，根据军机缓急，趁机接应，务必要将盗贼斩尽杀绝，一个都不能遗漏，然后等到调军返回之日，才允许带兵返回。各级指挥官以及士兵捕快等，若是敢有临阵退缩，违犯命令的，就遵照我的号令等等。

仰江西都司都指挥佥事许清，统领后开官兵，自南康进破鸡湖，扑新地，袭杨梅坑，攻白蓝。与本院会于横水，遂与知府邢珣等兵会合共结为一大营。乃各选精锐，用乡导分引，赍干粮二三日，四搜附近各山寨，多方爪探，务期尽绝，互相援应，毋致疏虞。横水诸贼既尽，听候本院再授方略，然后分哨起营，自横水穿牛角窟，搜川坳阴木潭，会左溪，入密溪，过相见岭，历下关、上关、关田、上华山，过鳞潭，会左泉，分断西山界、胡芦洞等贼路，四面设伏，以待桶冈奔贼。仍归屯横水，控制诸巢，遥与知府季敩相机应援。必使根株悉拔，噍类无遗，候有班师日期，方许回兵。领哨各官及兵快人等敢有临阵退缩违犯号令者，仰即遵照本院云云。

译文

一、命令江西都司都指挥佥事许清，率领后军官兵，从南康进发，攻破鸡湖，直扑新地，袭击杨梅坑，攻打白蓝。与我在横水会师，并和知府邢珣等率领的军队会合，组成一体。然后再分别选拔精锐的力量，由乡导来分别引路，准备好两三天的干粮，要多次搜查附近的山寨，并派密探到各处探刺消息，务必在规定的时间内将盗贼清除，各队伍之间应该相互配合，互相支援，不要出现什么漏洞。等到横水一带的盗贼被消灭之后，等候我发布新的战斗任务，然后再分成几支队伍出发，从横水穿过牛角窟，搜索川坳、阴木潭，在左溪会合后，再到密溪，经过相见岭，经下关、上关、关田、上华山，经过鳞潭，把军队驻扎在左泉，截断西山界、胡芦洞等地盗贼的逃路，在四面设好埋伏，以等待从桶冈一带逃窜来的盗贼。还要派兵驻扎在横水，控制盗贼的各个巢穴，与知府季敩遥相呼应，相互支援。必须铲除盗贼，不能让一个漏网。等到能够调军返回的日期，才准许从这些地方撤兵。各级指挥官以及士兵、捕快等，若是有敢临阵脱逃、畏缩怕死、违犯军令的，就依照我的号令等等。

一、仰守备南、赣二府地方以都指挥体统行事指挥使郏文，统领后开官兵，前往南安府，自石人坑度汤瓶岭，破义安，上西峰，过铅厂，破苦竹坑，剿长河洞，搜狐狸坑，攻左溪，与本院会于横水，遂与知府唐淳、季敩、指挥余恩、县丞舒富等兵五营连络为一大营。乃各选精税，用乡导分引，赍干粮二三日，四搜附近山寨，如天台庵、狮子山、丝茅坝等处，多方爪探，务期尽绝，互相援应，毋致疏虞。左溪附近诸贼既尽，听候本院再授方略，然后分哨起营，自左溪过密溪，分兵搜丝茅坝，会下关，入关田，过古亭，逾上保，搜茶坑，屯于十八磊，分兵断下章，设伏以待桶冈奔贼，为知府唐淳之继。使人探候消息，相机应援，必使远近各贼噍类无遗，候有班师期日，方许回兵。领兵各官及兵快人等敢有临阵退缩违犯号令者，仰即遵照本院云云。

译文

一、命令南安、赣州的守备官，以都指挥体统行事指挥使郏文为首，统率后军官兵，前往南安府，从石人坑越过汤瓶岭，攻克义安、上西峰，再经过铅厂，攻克苦竹坑，围剿长河洞，搜索狐狸坑，再攻打左溪，与我在横水会师，再与知府唐淳、季敩、指挥使余恩、县丞舒富等统率的官兵连成一体，然后再从各队伍中挑选精兵良将，由乡导来引路，带够两三天的干粮，并四处搜查附近的山寨，例如天台庵、狮子山、丝茅坝等地，派出密探多处探刺消息，务必要在规定的时间内将盗贼清除，彼此之间应该相互援助，不要出什么漏洞。等到左溪一带的盗贼已经被消灭后，再等候我发布新的战斗任务，再分别领兵启程，从左溪经过密溪，再分别派兵搜查丝茅坝，在下关汇合后再进入关田，经过古亭，越过上保，搜索茶坑，把军队驻扎在十八磊，再派军队截断下章，埋伏好以等待从桶冈一带逃窜而来的盗贼，同时接继知府唐淳的部队。在者派人探听消息，依据具体情况随机接应，务必要使远近各个地方的盗贼，一个都不漏网。等到能够撤兵的日期，才准许军队率部返回。各级指挥官以及士兵捕快等，若是有敢于临阵退缩，违犯军令的，就依照我的号令执行等等。

一、仰赣州卫指挥余恩，统领后开官兵，自上犹、官隘逾独孤岭，至营前，进金坑，屯过步，破长流坑，分兵入梅伏坑，破牛角窟，扑川坳、阴木潭，与正兵合攻左溪，与本院会于横水，遂与县丞舒富、知府唐淳、季敩、守备郏文等兵连络为一大营。乃各选精锐，赍干粮二三日，用乡导分引，四搜附近各山寨，多方爪探，务期尽绝，互相援应，毋致疏虞。左溪诸贼既尽，听候本院再授方略，然后分哨起营，过密溪，搜羊牯脑，逾相见岭，历下关、上关、关田，经华山、鳞潭、网夹里，从左溪入西山界，攻桶冈诸贼，与知府邢珣、唐淳、指挥谢昶等兵合势夹击。贼既败散，遂会各营连络掎角为一大营，各选精锐，开合纵横，分布搜扒，必使噍类无遗，候有班师期日，方许回兵。领兵各官及兵快人等敢有临阵退缩违犯号令者，仰即遵照本院云云。

一、命令赣州卫指挥余恩，统率后开官兵，从上犹、官隘越过独孤岭到营前，再进军金坑，驻扎在过步，再击破长流坑，分成小队进入梅伏坑，攻破牛角窟，直扑川坳、阴木潭，与主力部队一道合攻左溪，和我在横水

会师，然后就和县丞舒富，知府唐淳、季敩，守备郏文等率领的部队连成一体，再分别挑选精兵良将，由乡导来分别带路，准备两三天的干粮，多方搜查附近的各处山寨，多派密探刺探消息，务必要在规定的期限内将盗贼清除，彼此之间应该互相接应支援，不要出现什么漏洞，等到左溪一带的盗贼被消灭后，再听候我传达新的作战策略，然后将部队分成几队出发，经过密溪，搜查羊牯脑，越过相见岭，经过下关、上关、关田，经过华山、鳞潭、网夹里，再从左溪进入西山界，攻打桶冈一带的盗贼，与知府邢珣、唐淳，指挥谢昶等率领的军队，一道联合夹击盗贼，等到盗贼战败，四处逃散的时候，就汇合各军队，连成一体，互为掎角之势，然后再分别挑选精兵良将，进退自如，分别搜查，不能够使一个盗匪漏网。等到能够撤军的日期，才准许军队率部返回。各级指挥官以及士兵捕快，若是有临阵脱逃、畏惧退缩，违犯军令的，就按照我的号令执行等等。

一、仰宁都县知县王天与，督同典史梁仪，统领后开官兵，自上犹、官隘、员坑过琴江口，由白面寨至长潭，经杰坝，屯石玉，分兵搜樟木坑。正兵自黄泥坑过大湾，入员分，与本院会于横水，遂与知府邢珣、都司许清等兵会合，四营共结为一大营。乃各选精锐，用乡导分引，赍干粮二三日，四搜附近各山寨，多方爪探，务期尽绝，互相援应，毋致疏虞。横水等处诸贼既尽，听候本院再授方略，然后分哨起营，过背乌坑、牛角窟、梅伏坑，涉长流渡、果木口，搜芒背、上思顺，入乌地，经上新地、中新地，分屯下新地，分兵搜扒，断绝要路，四面设伏，以待桶冈之贼，为知府邢珣之继。使人探候缓急，乃与县丞舒富声息相接应援，必使噍类无遗，候有班师期日，方许回兵。领兵各官及兵快人等敢有临阵退缩违犯号令者，仰即遵照本院云云。

译文

一、命令宁都县知县王天与，督同典史梁仪，指挥后军官兵，从上犹、官隘、员坑出发，经过琴江口，由白面寨到长潭，经过杰坝，驻扎石玉，分别派兵搜索樟木坑。主力军队从黄泥坑经过大湾，进入员分，与我在横水会师，再和知府邢珣、都司许清等人率领的部队会合，四支部队联成一体，然后再分别挑选精兵强将，分别由乡导来引路，准备二三天的干粮，多方搜查附近的各个山寨，派出密探多处探刺消息，务必要按照期限将盗贼剿清，彼此之间应当互相支援、接应，不要出什么漏洞，等到横水一带的盗贼被清除，再等待我发布新的作战策略，然后各队伍分别出发，经过背乌坑、牛角窟、梅伏坑，再经过长流渡、果木口，搜索芒背，然后再经过思顺，进入乌地，经过上新地、中新地，再分别驻扎在下新地，分别派兵搜查，截断盗贼的主要通道，在四处设立埋伏，以等待从桶冈一带逃窜来的盗贼，以接应知府邢珣的部队，派人探听友军的消息，并与县丞舒富一起驰援，一定不要让一个盗贼漏网，等到能够撤军的时候，才准许领兵返回。各级指挥官以及士兵捕快等，若是如有临阵退缩、违犯军令的，就依照我的号令执行等等。

一、仰南康县县丞舒富，统领后开官兵，自上犹、营前、金坑进屯过步，破长流坑，径攻左溪，与本院会于横水。遂与知府邢珣、唐淳、季敩、守备郏文等兵合，四营共结为一大营。乃分选精锐，赍干粮，用乡导分引，四搜附近贼巢，如鳖坑、箬坑、赤坑、观音山、奄场、仙鹤头、源陂、左溪等处。诸贼既尽，听候本院再授方略，然后分哨起营，复自长流坑过果木口，搜芒背，搜铁木里，徇上池，遍搜东桃坑、山源、竹坝泉、大王岭、板岭诸巢，遂屯锁匙龙外，四面埋伏，以待桶冈奔贼。仍与知县王天与声息相接，彼此相机应援，必使噍类无遗，候有班师期日，方许回兵。领兵各官及兵快人等敢有临阵退缩违犯号令者，仰即遵照本院云云。

译文

一、命令南康县县丞舒富指挥后军官兵从上犹、营前、金坑，进驻到过步，攻破长流坑后，直接进攻左溪，与我在横水会师，接着便和知府邢珣、唐淳、季敩、守备郏文等指挥的部队联合成一整体，四支营军共同组成一个大营。然后再分别挑选精兵良将，准备够干粮，由乡导来分别引路，多方搜查附近盗贼的巢穴，例如鳖坑、箬坑、赤坑、观音山、奄场、仙鹤头、源陂、左溪等地。等各处的盗匪已经被歼灭后，再等候我发布新的作战方略，然后分别率领军队启程，再从长流坑经过果木口，搜查芒背，搜索铁木里，顺着上池，再全面地搜索东桃坑、山源、竹坝泉、大王岭、板岭等地的盗贼巢穴，把军队驻扎在锁匙龙这个地方的外围，然后四面设立埋伏，以等待桶冈逃窜而来的盗贼。仍然要和知县王天与率领的军队互通军情，彼此互相支援接应，一定要使盗贼一个不漏，等到能够撤军的时候，才准许军队率部返回，各级指挥官以及士兵捕快，若是有临阵退缩、违犯军令的，就按照我的号令执行等等。

一、仰吉安府知府伍文定，统领后开官兵，前去屯扎稳下，会同守备郏文，并谋协力，搜剿稽芜等处贼巢。进屯横水，听候本院再授方略，然后进攻桶冈诸峒。本官仍须详察地理险易，相度机宜，协和行事，毋得尔先我后，力散势分，致失事机。国典具存，决不轻贷。其领哨各官及兵快人等敢有临阵退缩违犯号令者，许即以军法从事。军中一应事宜，亦听随宜应变，应呈报者，仍呈军门施行。

译文

一、命令吉安府知府伍文定指挥后军官兵，前去驻扎稳下，会同守备郏文的军队共同谋划，齐心协力搜查围剿稽芜等地的盗贼老巢。然后再进驻横水，等候我再交给新的作战方略，然后进攻桶冈一带的山洞，我还必须要详细考察了解一下这一带地形的险易程度，然后再决定采用什么具体方法，齐心协力，一同进攻，不要你先我后，以至于力量分散，从而丧失进攻的大好时机。若是有错，就按照朝廷有关的法令制度来办事，定将严惩不贷！各级指挥官以及士兵捕快等，若是有临阵退缩、违犯军令的，便立即按军法处置。军队中的各项事情，要能够根据情况随机应变，需要向上呈送报告说明的，仍然要将报告呈报，然后才能够实行。

一、仰广东潮州府程乡县知县张戬，统领部下新民、打手、乡夫人等，搜剿稽芜、黄雀坳、新地等处贼巢。进屯横水，听候本院再授方略，然后进攻桶冈诸峒。本官仍须详察云云。

译文

一、命令广东潮州府程乡县知县张戬，率领部属新民、打手、乡村农民等人员，搜查围剿稽芜、黄雀坳、新地等地方的盗贼巢穴。进驻横水，等候我的命令，然后进攻桶冈一带的山洞，我还要详细地进行考察等等。

一、仰中军营参随官。

译文

一、命令主力军营中的参谋跟随指挥官员。

案行分守岭北道官兵戴罪剿贼

参看稽芜大山不系进兵隘路，若使郁文、季敩等遵依本院方略，直趋左溪，与诸军连营合势，兵威既振，然后分兵四剿，则稽芜等巢自然闻风而靡。今乃不遵约束，顿兵僻路，以攻险绝坚小之寇，反致损威挫锐，非但有乖节制，抑且违误师期。若使各哨官兵皆若季敩等后期不进，则左溪、横水贼巢根本腹心之地何由攻破，诸军何由得有今日之胜！论情定罪，俱合处以军法。但今各营皆已乘胜追逐，贼徒四散奔溃，正系紧关搜节之际，姑令戴罪剿绝，以赎前辜。为此仰抄案回道，速督各官，分投把截搜剿，俱要励志奋勇，毋徒退缩以自全，毋以小挫而自馁，务奋渑池之翼，以收桑榆之功。如复仍前畏缩违误，军令具存，难再容恕。仍将阵亡千户刘彪，及被伤兵夫人等，查验纪录，量加优恤。

译文

我了解到稽芜附近的大山都地形狭窄且险要，不适宜进兵。若是郁文、季敩等人，依照我的作战方案，直接驱驰到左溪，和各路军队联合在一起，必定能够使军威大振、士气高昂，然后再分兵多方围剿，则稽芜等地老巢的盗贼自然会听到风声而逃跑。如今因为不听从指挥，将军队驻扎在偏僻的位置，用来进攻那些位置险要、防守坚固的小股盗贼，不但不能够取胜，反而会损兵折将，锐气大减，这不但违背节约原则，而且还延误了军期，若是各哨官兵都像季敩等军队一样不按照约定的时间进剿，那么左溪、横水等盗贼势力的中心，又怎么能够攻破呢？各个军队哪里能够取得如今这样的胜利呢？依据作战中的表现，他们都应该按军法进行处罚。可是如今各军队都乘胜追击，盗贼向四处逃窜，正值紧急搜查盗贼的关键时刻，可暂且命令他们戴罪剿灭盗贼，以赎先前犯的罪行。如此，希望能够把公文抄回本道，严督各官，分别派兵拦截、搜索、追剿盗贼，都要激励他们的意志，让他们能够奋勇作战，不要遇盗贼就退缩以求自保，不要因为一些小的失败就丧失信心，一定要振奋精神为国家立下像蔺相如渑池之会那样巨大的功勋，来弥补之前的失误。若是再出现和前面一样因为退缩不前而违反军令造成失误的，将严格按照军令来法办，不容许再宽赦饶恕。将在战斗中牺牲的千户长刘彪以及受伤的士兵、民夫等调查核对登记，按照情况对他们进行优待和抚恤。

搜剿余党牌

照得本院于本月十二日亲督诸军进破横水等巢，诸军皆奋勇敢死，夺险陷阵，贼乃大败，擒斩功次数多，良已可嘉。但闻余党往往复相啸聚，千百为群，设栅阻险，复为抗拒官兵之备。所据各兵进攻之日，攀崖缘壁，下上险阻，疲困已极。兼之阴雨，连日瘴雾，咫尺不辨，故且容令各兵暂尔休息。今天气渐开，兵力已苏，若不乘此破竹之势，疾速急击，使诸贼声势复得连络，用力益难。为此牌仰该道官吏，严督各营官兵，星夜速进，务在三日之内扫荡余孽，必使噍类无遗。敢有狃于一胜，怠忽因循，逗留不进，致误军机者，仰即遵照敕谕事理，当时以军法从事。该道亦要身督各官，奋勇前进，毋亏一篑，务在万全。

译文

我于本月十二日，亲自指挥各路队伍进攻作战，攻破了横水等地方的盗贼老巢。各支军队都置生死于度外，奋勇杀敌，冲锋陷阵，盗贼大败，有很多立下战功的人，这真的是值得表彰的事情。不过还听到说剩下的盗贼往往重新聚集在一起，成百上千的人联成一体，在险要的地方设置栅栏，以便再用来抵抗官兵的进攻，等到各路军队进攻的时候，登悬崖攀绝壁，上去和下来地形险要，困苦不堪，已经疲倦到了极点。同时又由于天气阴雨连绵，连日瘴雾很浓，就连几尺之内都难以分辨清楚，所以暂且让各路军队暂停进兵，休息一会。今天天气变好，瘴雾已经在慢慢散去，军队的士气也已经得到恢复，若是不趁此有利时机，迅速出击，假使各地的盗贼势力逐渐壮大，并能够相互联络，那时候用兵就更加困难了。为此发布文告令牌，希望各道官员，能够严令督促各处官兵，连夜迅速进攻，务必要在三天之内，将剩余的盗贼消灭，不要让他们一个漏网。若是因为打过胜仗，居功自骄，懈怠而不能够执行命令的，按兵不动使军机延误的，将会依照皇上的旨意，立刻按照军法处置。各道也要亲自督促各官，奋力作战，勇敢前进，不要功亏一篑，一定要取得彻底的胜利。

奖励湖广统兵参将史春牌

据副使杨璋呈称：遵奉本院牌案，监督各营官兵，照依二省刻定日期，于十一月初十日午时攻破桶冈大峒，贼徒皆已擒斩，巢穴悉已扫荡。但湖广官兵未知，恐仍复前来，非但无贼可剿，抑且徒劳远涉，乞将湖广官兵留屯彼地，免其过境，实为彼此两便等因到院。

译文

根据副使杨璋呈送的报告说：依照我的部署，监督各部官兵，按照两省商议约定好的时间，于十一月初十日午时，攻破桶冈大峒，盗贼都已经被斩杀或者活捉，盗贼的老巢也都已经被扫荡了。可是湖广的官兵队伍还不知道，恐怕他们会仍旧按照原计划赶来，到时非但没有盗贼可以围剿，而且还会白白地劳师远征，但愿将湖广的军队依旧驻留在原地方，使他们不要过来了，这样对两方面都有好处。等等情况报告给我。

看得桶冈天险，先经夹剿，围困半年，终不能下，乃今一鼓而破，斯固诸将用命，军士效力，实亦湖广兵威大震，有以慑服其心，故破巢之日，不敢四散奔溃，以克收兹全功。访得湖广统兵参将史春，纪律严明，行阵肃整，故能远扬威武，致兹克捷，虽兵不接刃，而先声以张，相应差官奖励。为此牌差千户高睿赍领后开花红礼物，前去湖广郴州亲送本官营内，传布本院奖励之意，以彰本官不显之功。

译文

察看得知桶冈一带十分险要，先前曾进行夹攻，围攻了半年，也还是没有将它攻克，如今一鼓作气，竟将它攻破了，这原本就是各位将领听从命令，士兵英勇效力拼杀的结果，实际上也是湖广军队军威远扬，慑服盗贼，使盗贼胆颤心惊，所以攻破盗贼老巢的那一天，盗贼不敢四处逃窜，以致收到一举将盗贼全歼的战果。调查得知，湖广统兵参将史春指挥的部队，军纪严明，行军作战阵势严整，因而能使军威远扬，以致取得这次重大胜利，虽然这次他们军队没有直接作战，但军队的声势起了作用。依据这种情况，派官员前往进行奖励。为此发布奖牌派千户长高睿领带下列花红礼物，前往湖广、郴州，亲自将奖品交给史春营内，宣布我对他们进行奖励的心意，来彰显表示他们平时严格训练的功绩。

设立茶寮隘所

照得抚属上犹等县所辖桶冈天险，四面青壁万仞，中盘二百余里，连峰参天，深林绝谷，不睹日月。贼众屯据其间，东出西没，游劫殆遍。人民遭其荼毒，地方受其扰害。先年亦尝用兵夹剿，坐困数月，不能俘其一卒，竟以招抚为名而罢。近该本院奉命征剿，伏赖天威，悉已扫荡。但恐官兵撤后，四方流贼乘间复聚，必须于紧关去处设立隘所，分拨军兵，委官防御，庶使地方得以永宁。

译文

在安抚上犹等县的时候，发现这些地方统管的桶冈地区地势险峻，四处的峭壁青翠高达万仞，连绵二百多里，山峰相连，直耸云霄，林深谷幽，不能看到日月。盗贼驻扎占据这里，四处活动，到处抢掠。百姓深受其毒苦，地方不得安宁，过去也曾派兵进行夹攻，围困盗贼长达几个月的时间，可是却没有抓到一个匪徒，最后竟然以招抚的名义而罢兵。最近我奉命重新征剿这些地方，仰仗皇上的恩威，如今已经将这一带的盗贼全部清除了，但是担心等官兵一旦撤走之后，各个地方的流窜盗贼，又会乘机再聚集在这一带骚扰百姓，必须要在重要的地段设立隘所，分派一部分军队，任命官员负责防御，来使地方永葆安宁。

本院见屯茶寮，亲督知府邢珣、唐淳等遍历各处险要，相视得茶寮正当桶冈之中，自来盗贼据以为险，西通桂东、桂阳，南连仁化、乐昌，北接龙泉、永新，东入万安、兴国，堪以设隘保障。当因湖广官兵未至，各营屯兵坐候，因以其暇，责委千户孟俊等督领兵夫，先行开填基址，伐木立栅，起盖营房。见今规模草创已具，本院即欲移营上犹，必须委官督工，庶几垂成之功不致废弛。及照茶寮既设隘所，就合摘拨官兵防御。查得皮袍洞隘兵，原非紧要，合改移茶寮，及于邻近上保、古亭、赤水、鲜潭、金坑编选隘夫，兼同防守，庶一劳永逸，事可经久。为此仰抄案回道，坐委能干县官一员，前去茶寮督工完造，务要坚固永久，不得因循迟延。一面查照本院钦奉敕谕“随宜处置事理”，即将原拨守把皮袍洞隘官兵，尽数移就茶寮往扎；一面于上保、赤水、古亭、鲜潭、金坑等寨，量丁多寡，每寨抽选精壮者一二百名，兼同防御。其合用匠作工食等项，行令上犹、南康、大庾三县量支官钱给用，完日具数，及起拨官兵数目，一并回报查考。仍呈抚镇巡按衙门知会。

译文

我如今驻扎在茶寮，亲自督促知府邢珣、唐淳等人到各种险要地方察看，看到茶寮正处在桶冈的中间，过去的盗贼总是因为这个地方险要而在这里据守，茶寮西通桂东、桂阳，南面与仁化、乐昌相连，北面与龙泉、永新相接，向东进入万安、兴国，值得在这里设置隘所来作为防护的屏障。如今由于湖广的军队还没有赶到，各军队驻兵等待，趁着空暇的时间，委派千户长孟俊等，率领军队，督促民工，先把设隘所所需的地基填好，砍伐树木，构筑栏栅，盖起营房，如今的规模已经基本具备，现在我即将把队伍移驻到上犹，一定要委派官员，督促工作，使几乎眼看就要完成的工作不至于中途停止而废弃。等到茶寮设立了隘所，就应当拨调官兵去驻防。了解到皮袍洞这个隘所，原来并不是很重要，适宜将它合并到茶寮隘所，并在附近的上保、古亭、赤水、鲜潭、金坑编排挑选隘所防守人员，应当一劳永逸，使这项事业能够长久下去。为此发公文到道，要求任命一名能干的县官，前往茶寮，监督建造工作，一定要让隘所建得坚固结实，不能够拖拖拉拉的。一边依照皇上给我的圣旨中所规定的具体原则“根据具体情况来处理各项事情”，立刻将驻守在皮袍洞隘所的官兵全部移驻到茶寮隘所；一边在上保、赤水、古亭、鲜潭、金坑等山寨，按照兵丁的多少，每寨抽选结实强壮的人丁一两百人，帮着一起组织防御。至于建造隘所所需的工本费、伙食等项，则令上犹、南康、大庾三县，依照开支情况从官府中进行调拨。等到完工时总共的花费及派驻官兵的数目等，一起向上呈报，以方便日后检查核对。仍然要向抚、镇、巡、按等衙门呈报，以便让他们知晓。

牌行招抚官

正德十三年二月

据县丞舒富禀称：“横水等处新民廖成、廖满、廖斌等前来投招，随又招出别山余党唐贵安等一百四十二名口，俱称原系被胁无辜，乞要安插，照例粮差。”等因到院。照得横水、桶冈诸贼，已经本院亲调官兵，将贼首蓝天凤等悉已擒剿，奏捷去后。近准兵部咨，奏奉敕旨：“横水、桶冈等处贼首谢志山、蓝天凤、萧贵模等，既已擒剿，地方宁靖。有功官兵俱升一级，不愿升者，照例给赏。此后但有未尽余党，务要曲加招抚，毋得再行剿戮，有伤天地之和。其横水建立县治，俱依所奏施行。”备咨准此。除查照通行外。

译文

根据县丞舒富禀报说：“横水等地方有悔过自新的百姓廖成、廖满、廖斌等前来接受朝廷的招降，同时还招供了其他山上剩余的盗贼唐贵安等一百四十二人，他们都称是被胁迫为盗贼的无辜者，要求给他们做适当的安排，按照规定给予食粮和差事。”等等情况报告给了我。横水、桶冈一带的盗贼，我已经亲自调遣军队到这一带将盗贼的头目蓝天凤等人全部剿杀，上奏的报告刚发出不久。最近收到兵部呈送的公文，上面说：“横水、桶冈等地的盗贼头目谢志山、蓝天凤、萧贵模等人，既然已经被抓捕剿杀了，地方上已经得到了平静。有功的官兵全都应当官升一级，不愿意升迁的，便依照以往的惯例，进行赏赐。从此以后，一旦发现有漏网而没有剿杀尽的盗贼必须要改用安抚的办法，而不得再用剿杀的办法，否则有伤天地间的和谐。在横水设立县制，全部都按照向上汇报的方案实行。”查看公文，准许这样办，需按照政策办理的除外。

看得新民廖成等诚心投抚，意已可嘉，又能招出余党，非但洗其既往之罪，亦当录其图新之功。况今奉有赦旨，方欲大普弘仁，而廖成等投顺，适当其时，相应量加升赏，一以见朝廷之宽仁，一以励将来之向化。为此牌仰县丞舒富，即将新民廖成授以领哨义官，廖满、廖斌等各与巡捕老人名目，令其分统招出新民，编立牌甲，听候调遣杀贼，更立新效，以赎旧愆。就于横水新建县城为立屋居往，分拨田土，令其照例纳粮当差。本官务加抚恤，毋令失所，有亏信义。仍仰谕各新民俱要洗心涤虑，永为良善，毋得听信仇家恐吓，妄生凉疑，自取罪累。及照见今农时已逼，新民人等牛具田种尚未能备，今特发去商税一百两，就仰本官置买耕牛农器，分给各民，督令上紧趁时布种。其有见缺食用者，亦与量给盐米。一应抚安绥来之策，有可施行，俱仰本官悉心议处呈来。

译文

了解到新招抚的百姓廖成等人，真心实意地接受安抚，这本就是值得表扬的，同时还能把其他一些剩余的盗贼招抚出来，这不仅洗刷了他们过去的罪过，而且应该依据他们这种悔过自新的表现给予记录。何况如今皇上来圣旨，想在这些地方广施仁政，而廖成等人的归顺正是时候，应该根据情况酌情对他们进行提拔，并给予奖赏，一方面能够体现朝廷的宽待与仁慈，一方面能够用来劝勉对他们将来的教化。为此发公文给县丞舒富，即授予接受安抚的廖成领哨这样的民间官职，分别授予廖满、廖斌等人巡捕长的名头，令他们来统领招抚的那些悔过自新的民众，编订牌甲，听候调遣，以便剿杀盗贼，建立功业，以抵消之前的罪行。就在横水新建县城内，建房筑屋居住，把田地分拨给他们，让他们按照规定交粮服役。请县丞一定要好好抚恤他们，不让他们流离失所，损失官府的信用和道义。仍告诫那些悔过自新的百姓都要洗心革面，洗刷过去的罪行，从此之后做一个善良的百姓，不要听信仇人的恐吓，妄自对朝廷起疑心，自己给自己找罪受。如今农耕的节令已经来到了，这些人的耕牛、农具、土地、种子等都还没有备齐，现在特地发放商税一百两银子，请当地县衙置办耕牛农具，分给他们，督促他们抓紧时间，适时播种。若是发现有缺盐少米的，也应当依据情况酌量分发盐米，一切适宜安抚的策略，若是有可行的，都请县丞仔细商议，呈报给我。

批留兵搜捕呈

看得乐昌等处贼徒，构怨连年，流毒三省，今兵备佥事王大用等，乃能身历险阻，设谋调度，数月之内，致此克平，论厥功劳，良可嘉尚。除具本奏报，及一面先行犒奖外。所据各哨贼徒穴巢，虽已底定，而漏殄难保必无，况闻湖兵撤后，各该巢穴多复啸聚，河源、龙川诸处残贼，亦复招群集党，连结渐多，逆其将来，必复炽盛。今虽役久兵疲，且宜班师息众，但留兵搜捕，亦不可苟。毋谓斩木之不蘖，死灰之不然，苟涓涓之不塞，将江河之莫御。其狼兵既已罢散，难复追留，若机快乡兵之属，暂令归休，即可起集，为轮番迭出之计，务使搜剿之兵，若农夫之耘耨，庶几盗贼之种，如莨莠之可除。该道仍备行搜捕各官务体此意，悉拔根苗，无遗后患。批。呈缴。

我了解到乐昌等地方的盗贼，作恶多年，祸殃三个省，如今兵备佥事王大用等人，身先士卒，经过众多艰难困苦，认真谋划，调动部队，在几个月之内，将这些地方攻克了，要论这个功劳，实在是值得推从和嘉奖。除了将详情上奏报告外，先进行犒劳士兵，奖励有功人员之外还存在以下情况：盗贼所占据的各个巢穴尽管已经被彻底平定了，但是难保没有漏网的盗贼，何况听说湖兵部队撤走后，这里的各个盗贼巢穴，又都重新聚集在这里，河源、龙川等地方残余的盗贼，也又重新招集在一起，联络结党越来越多，预计以后盗贼的势力又将会嚣张起来。如今虽然作战已经很长时间了，部队也已经十分疲乏，应当撤兵让队伍得以休整，但留驻部分士兵进行搜捕，也是应该认真做的事。不要说砍伐了树木，树木就不能够发新芽，死灰不能够再燃烧起来了，若是涓涓细水这样的漏洞不进行堵塞，等到变成大江大河了就抵御不了它了。既然狼兵已经被遣散，就很难再让他们驻留下来，若是巡捕和民兵之类的队伍，暂时命令他们回去稍作休整，也能够短时间内聚集起来，实行按期转换制度，让搜剿的士兵，像农民的耕耘一样，将盗贼这颗种子像杂草一样除掉。各地仍然要将这些详尽地告知各地搜捕的官员，千万要使他们懂得我的良苦用心，将盗贼斩草除根，不要留下什么后患！现批准实行并向上汇报。

批将士争功呈

据兵备佥事王大用呈，乐昌县知县李增缉获大贼首李斌等，审验明白。续据湖广永州府推官王瑞之呈称，广东差人邀夺等情，已拘知县见在人役，追出原得获李斌金簪银两荷包见在，显是湖广兵快计擒，不得妄报掩饰。

译文

根据兵备佥事王大用呈送来的报告说，乐昌县知县李增，抓捕到了盗贼的大头目李斌等人，审查属实。随后又接到湖广永州府推官王瑞呈送来的报告说，广东府派人阻拦抢夺盗贼头目等情况，并把知县如今的服役人员全部都给拘留了起来，追缴出先前抓获李斌时得到的金簪、银两、荷包等物品。如今明显的是湖广的士兵捕快设计擒拿盗贼头目，不得随便报告掩饰这种情况。

看得迩者大征之举，湖广实首其谋，江、广亦协其力，既名夹攻，事同一体。湖兵有失，是亦广兵之罪；广人有获，斯亦湖人之功。况今贼首既擒，则湖广领哨之官亦复何咎？虽云因虞得鹿，而广东计诱之人亦非无功。但求共成厥事，何必己专其伐，矧各呈词，亦无相远。就如湖广各官所呈，即广人乘机捕获之功居然自见；就如广东各官所呈，则湖官运谋驱逐之劳亦自不掩。获级者匹夫之所能，争功者君子之大耻。仰该道备行湖广守巡等官，彼此同心易气，各自据实造册。

译文

得知距离较近的就兴兵征伐，湖广实在是最早想出这样策略的，江西、广东也尽力协助，既然为联合进攻，目标只有一个。湖广军队有过失，这也是广东军队的过失；广东军队有所收获，这也是湖广军队的功劳。何况如今盗贼的头目已经被生擒，那么湖广军队各领哨的官员还有什么罪责呢？尽管说劳而无功，但是广东那些设计诱骗盗贼的人，也不是没有功劳。但求能够共同完成剿灭盗贼的事业，何必独揽其功呢？况且各位呈送来的报告，它们之间也并没有太多的出入。就如湖广各官员呈文所说，即广东军队乘机捕捉盗贼头目的功劳也很清楚；就如广东各官员呈文所谈到的，即湖广军队运筹帷幄驱赶盗贼的功劳自然也掩盖不了；擒拿首级这是普通人都能够干的事，而争夺功劳却是被有德行的人认为是耻辱的。希望各道官员晓谕湖广守巡等官员，应当不分你我，同心协力，消除怨气，并将各自熟知的真实情况记录造册。

告谕浰头巢贼

正德十二年五月

本院巡抚是方，专以弭盗安民为职。莅任之始，即闻尔等积年流劫乡村，杀害良善，民之被害来告者，月无虚日。本欲即调大兵剿除尔等，随往福建督征漳寇，意待回军之日剿荡巢穴。后因漳寇既平，纪验斩获功次七千六百有余。审知当时倡恶之贼不过四五十人，党恶之徒不过四千余众，其余多系一时被胁，不觉惨然兴哀。因念尔等巢穴之内，亦岂无胁从之人？况闻尔等亦多大家子弟，其间固有识达事势，颇知义理者。自吾至此，未尝遣一人抚谕尔等，岂可遽尔兴师剪灭？是亦近于不教而杀，异日吾终有憾于心。故今特遣人告谕尔等，勿自谓兵力之强，更有兵力强者，勿自谓巢穴之险，更有巢穴险者，今皆悉已诛灭无存，尔等岂不闻见？

译文

我巡抚这些地方，专门以消除盗贼、安抚百姓为职责。在起初就职的时候，我就听说你们常年抢家劫舍，杀害无辜百姓，受害的人到官府报告、申诉，每个月没有哪天不来的。我本想调集大部队将你等盗贼消灭，但是当时我随军前往福建漳州监督剿灭盗贼之事，就打算在军队撤回的时候派大军将你们的巢穴踏平。后来因为平定了漳州的盗贼之后进行清理，斩杀的有七千六百多人，经清查了解到，当时倡导作恶的盗贼，只不过四五十人，盗贼中本性就坏的人不过四千多人，剩下的大多是因为一时胁迫，看到这些不自觉地使我感到悲哀痛心。由于考虑到你们的巢穴里，哪里会没有被迫为盗贼的人呢。何况还打听到你们当中有不少是出自大户人家的子弟，你们当中不少人是有见识，能推究事理，颇懂道理，明白礼义的人。自从我到这里以来，还没曾派遣过一个人来安抚告示你们，怎么能够就这样派大军来把你们消灭呢？若是这样，就相当于不先教导就将你们诛杀，往后我始终会为此感到遗憾的。所以现在特意派人来告谕你们，不要自以为兵力强大，岂不知还有比你们更强大的队伍，千万不要自以为有险要的据点把守，岂不知还有比你们这据点更加险峻的据点，如今都已经将他们杀尽踏平了。难道你们就不曾听闻吗？

夫人情之所共耻者，莫过于身被为盗贼之名；人心之所共愤者，莫甚于身遭劫掠之苦。今使有人骂尔等为盗，尔必怫然而怒。尔等岂可心恶其名而身蹈其实？又使有人焚尔室庐，劫尔财货，掠尔妻女，尔必怀恨切骨，宁死必报。尔等以是加人，人其有不怨者乎？人同此心，尔宁独不知？乃必欲为此，其间想亦有不得已者，或是为官府所迫，或是为大户所侵，一时错起念头，误入其中，后遂不敢出。此等苦情，亦甚可悯。然亦皆由尔等悔悟不切。尔等当初去从贼时，乃是生人寻死路，尚且要去便去；今欲改行从善，乃是死人求生路，乃反不敢，何也？若尔等肯如当初去从贼时，拼死出来，求要改行从善，我官府岂有必要杀汝之理？尔等久习恶毒，忍于杀人，心多猜疑。岂知我上人之心，无故杀一鸡犬尚且不忍，况于人命关天，若轻易杀之，冥冥之中，断有还报，殃祸及于子孙，何苦而必欲为此。我每为尔等思念及此，辄至于终夜不能安寝，亦无非欲为尔等寻一生路。惟是尔等冥顽不化，然后不得已而兴兵，此则非我杀之，乃天杀之也。今谓我全无杀尔之心，亦是诳尔；若谓我必欲杀尔，又非吾之本心。尔等今虽从恶，其始同是朝廷赤子。譬如一父母同生十子，八人为善，二人背逆，要害八人；父母之心须除去二人，然后八人得以安生。均之为子，父母之心，何故必欲偏杀二子？不得已也。吾于尔等，亦正如此。若此二子者一旦悔恶迁善，号泣投诚，为父母者亦必哀悯而收之。何者？不忍杀其子者，乃父母之本心也。今得遂其本心，何喜何幸如之！吾于尔等，亦正如此。

译文

人们心里共同认为可耻的，没有比背上盗贼这样的名声更可耻的了；人们心里所共同怨愤的，没有比身受抢劫的祸害更严重的了。如今假使有人骂你们是盗贼，你们必定会很不高兴，勃然大怒。难道你们只是在心里感到盗贼名声的可恶，反而对自己干着盗贼的勾当而心安理得吗？又假如有人烧掉你们的房屋，抢走你们的财富，掠走你们的妻子儿女，你们必定会痛恨到骨髓，宁肯拼掉性命也要报仇雪恨。可是你们却把这些强加在别人的头上，他们哪能不对你们痛恨呢？人们的心情都是一样的，难道唯独你们不懂吗？你们成为盗贼，其中想必也有迫不得已而为的，有的可能是为官府所逼迫，有的或许是为富豪大户所兼并侵吞，一时糊涂，而产生了错误的念头，从而误入其中，然后就再也不敢脱离了。这种不愿为盗贼而被迫成为盗贼的苦闷心情，也实在值得怜悯。可是，这也都是由于你们悔悟得不彻底。你们当初去投靠盗贼的时候，实在是活着被逼无奈去走死路，去就去了；如今你们应当弃恶从善，这是走投无路的人寻求生路，你们反倒不敢走了，这是什么原因呢？若是你们肯像当初去投奔盗贼那样，拼死从盗贼阵垒中逃出来，祈求弃恶从善，我官府难道有一定要把你们处死的道理吗？你们在盗贼中已经习惯了那些卑劣的行为，忍受着杀人放火，猜疑心又重。你们哪里知道我们品德高尚的人的心情，无缘无故杀一只鸡、宰一条狗尚且于心不忍，更何况是人命关天的大事呢！若是随便杀人，那么必遭天报，祸害殃及子孙后代，何苦要随随便便地杀人呢。每当我替你们想到这些的时候，我也彻夜不能安眠，这也不过是想替你们找一条生路罢了。只是你们这些人顽固不化，不听劝导，然后才不得已兴师动众，那么这也不是我要斩杀你们，而是天要斩杀你们。如今要说我完全没有杀你们的心情，那也是在欺骗你们；若是说我一定要杀你们，那也不是我的本愿。你们如今虽然成为了盗贼并做坏事，但你们却始终都是朝廷的子民。例如有一对父母，生了十个子女，其中八个成为善良之人，另外两个成为叛逆之人，要危害那八个人，作为父母的心情就是必须要除掉那两个作恶的人，然后那八个人才能够平安地过日子。全部都是父母所生的子女，做父母的，为什么一定要杀掉那两个人呢，实在是迫不得已啊。我和你们也同样属于这种情况！若是那两个孩子一旦幡然悔悟，弃恶从善，为过去自己的所作所为痛哭流泪，真心改过，作为父母也必定会怜悯他而把他留下。这又是为什么呢？不忍心杀害自己的子女，这是普天之下作父母的本心啊！如今若是能满足父母的心愿，对做父母的来说，还有什么比这更感到喜悦幸运的呢？我现在与你们，情况也正是这样。

闻尔等辛苦为贼，所得苦亦不多，其间尚有衣食不充者。何不以尔为贼之勤苦精力，而用之于耕农，运之于商贾，可以坐致饶富而安享逸乐，放心纵意，游观城市之中，优游田野之内。岂如今日，担惊受怕，出则畏官避仇，入则防诛惧剿，潜形遁迹，忧苦终身，卒之身灭家破，妻子戮辱，亦有何好？尔等好自思量，若能听吾言，改行从善，吾即视尔为良民，抚尔如赤子，更不追咎尔等既往之罪。如叶芳、梅南春、王受、谢钺辈，吾今只与良民一概看待，尔等岂不闻知？尔等若习性已成，难更改动，亦由尔等任意为之。吾南调两广之狼达，西调湖湘之土兵，亲率大军围尔巢穴，一年不尽至于两年，两年不尽至于三年。尔之财力有限，吾之兵粮无穷，纵尔等皆为有翼之虎，谅亦不能逃于天地之外。

译文

我听说你们作为盗贼也十分辛苦，而这种辛苦所换来的也并不是很多，你们中有不少连衣服、口粮都不够的人。为什么不用你们作为盗贼的那种干劲和精力转而用在农业的耕种上和经商上呢？那么你们就能够很快地富裕起来，过上安逸舒适的生活，可以尽情地享受，能够自由地出入城市，悠闲自得地走在田野上！哪里会像现在这样担惊受怕，外出害怕官府，躲避仇敌，进入巢穴又害怕官军进剿诛杀，从而把自己的行踪隐藏起来，担惊受怕地过一辈子，若是停止不干，则身亡家破，妻子儿女都会被杀或是受辱，这对自己有什么好处呢？你们要好好思量，若是能够听从我的劝导，弃恶从善，我就把你们当作善良的百姓看待，如同保护善良百姓一样安抚你们，更不追究你们以往所犯下的罪行了。比如叶芳、梅南春、王受、谢钺等人，我如今就把他们当作善良百姓一样看待，难道你们没有听说过吗？你们若是已经养成了作恶的恶习，难以改变，也可以按照你们的意志去行动。我从南方调来两广的地方狼兵，从西面调集来湖湘的地方部队，亲自率领大军围剿你们的窝点，一年清除不掉你们就两年，两年清除不掉你们就三年。你们的财力是有限的，而我的兵员、粮饷却源源不断，纵使你们都是长着翅膀的老虎，谅你们也不能逃脱到天地之外去的。

呜呼！吾岂好杀尔等哉？尔等若必欲害吾良民，使吾民寒无衣，饥无食，居无庐，耕无牛，父母死亡，妻子离散。吾欲使吾民避尔，则田业被尔等所侵夺，已无可避之地；欲使吾民贿尔，则家资为尔等所掳掠，已无可贿之财。就使尔等今为我谋，亦必须尽杀尔等而后可。吾今特遣人抚谕尔等，赐尔等牛酒银钱布匹，与尔妻子，其余人多，不能通及，各与晓谕一道。尔等好自为谋。吾言已无不尽，吾心已无不尽。如此而尔等不听，非我负尔，乃尔负我，我则可以无憾矣。呜呼！民吾同胞，尔等皆吾赤子，吾终不能抚恤尔等而至于杀尔，痛哉痛哉！兴言至此，不觉泪下。

译文

唉！我难道喜欢杀你们吗？你们若是一定要危害那些善良的百姓，使他们在寒冷的时候没有衣穿，在饥饿的时候没有粮吃，住的地方没有房屋，耕种的时候没有牛畜，使他们父死母亡，妻离子散。我本想让那些善良的百姓躲避你们，可是他们的田地等家业已被你们侵占，已经没有能够躲避的地方了；我想让那些善良的百姓来贿赂你们，只是他们的家产已经都被你们掠夺，已经没有能够用来贿赂你们的财物了；假如现在就让你们替我想办法，也必定会想到要先把你们杀尽然后才能够想其他办法。我如今特意派人来安抚你们，给你们牛畜、烧酒、钱两、布匹，以及你们的妻子儿女，还有很多人，不能够全部通告到，分别发一道告示使你们明白。你们应当好好思量。我的言辞已经没有什么保留了，我的心思也已经没有什么保留了。若是你们仍然不听，那就不是我背弃你们，而是你们背弃我，那样我也就没有什么觉得遗憾的了。唉！百姓本都是同胞，你们都是我的子民，我最终不能够抚恤你们，以至于要杀掉你们，痛心啊！痛心啊！说到这里，我不禁掉下泪来。

进剿浰贼方略

照得抚属龙川县地名浰头，积年老贼池大鬓等，不时纠众突出河源、翁源、安远、龙南、信丰等处，攻打城池，杀掳人口。先年亦尝征剿，皆因预失防御，以致漏网。后虽阳为听招，其实阴图不轨，班师未几，肆出劫掠，数年以来，民受荼毒，控告纷纭，有不忍言。若不趁时计剿，地方何以宁谧？为此仰抄案回道，会同分守、守备等官，即行该府知府陈祥，速将合用粮饷等项，一面从长议处，一面即于所属选集精壮骁勇曾经战阵机快、兵壮人等三千名，少或二千名，各备锋利器械，编成队伍，坐委素能谋勇官员统领。一面密行龙川、河源等附近贼巢等县，亦各选募惯战杀贼兵快二千名，委官分押，督同近巢知因、被害义官、新民、头目人等，分截要路，就仰知府陈祥总督诸军，亲至贼巢去处，指画方略，克期进剿，仍行先取知因乡导数十人，令其备将贼巢道路险易，画图贴说：要见某处平坦，人马可以直捣；某处险阻，可以把截；某处系贼必遁之路，可以设伏邀击；某处贼所不备，可以间道扑掩。各要一一详察停当，务尽机宜，具由连图差人马上赍报。以凭差官赍执令旗令牌，克期并力进攻。必使根株悉拔，噍类无遗，以靖地方。

译文

了解到在管辖内的龙川县有一个名叫浰头的地方，为贼多年的池大鬓等人，不时纠集盗贼突袭击河源、翁源、安远、龙南、信丰等地，攻打城池，烧杀掳掠。先前也曾经率军征剿过这些地方，但都因为事先没有得到很好地防守，以至于让这些盗贼漏网。后来他们虽然表面上接受了朝廷的招安，可实际上却在背后图谋不轨，撤军没多久，那班盗贼就又肆意出动，到处抢劫，数年来，百姓深受其害，他们纷纷到官府诉苦，那种惨状不忍心用言辞来表达。若是不趁早计划剿灭这班盗贼，地方上哪里能够得到安宁呢？为此向所属各道发文，要求一众分守、守备等官员，立即听命该府知府陈祥，尽快把所需要用的粮饷等事项，从长远的角度进行考虑，另一方面在自己统属范围内挑选身强体壮、勇猛异常并曾经参加过战斗的士兵三千名，少则要二千名，为他们配备锐利的武器，将他们编成队伍，任命一向有勇有谋的官员来指挥。一面秘密地到龙川、河源等靠近盗贼巢穴的县域，在这些地方也挑选招募能征善战的士兵二千名，分别派官员指挥，同时督统距离盗贼巢穴较近，了解盗贼情况的人，被盗贼伤害的志愿官，接受招安的人的头目等一道，分别拦截重要通道。就命令知府陈祥总领各支队伍，亲自率军到盗贼老巢附近，依据情况筹划部署，按照规定的时间进攻盗贼，要先召集几十个熟悉道路的乡导，要他们将通往盗贼巢穴道路的险峻平坦状况，画出图来具体地说明：要标明哪些道路平坦，人马能够直接攻入；哪些道路险要，能够进行派兵拦截；哪些道路是盗匪逃跑时的必经之地，能够预先埋伏攻击；哪些地方盗贼容易忽视，能够通过小路进攻。这些情况都要一一地了解清楚，务必详细清楚，绘成详图，并派人迅速地做出报告。以便根据情况派官员下发令旗、令牌，按照约定的时间全力进攻，务必要将盗贼斩草除根，不要使盗贼漏网，以使地方得到安宁。

克期进剿牌

正德十三年正月

案照浰头老贼池大鬓等，不时纠众攻打城池，杀掳人口，屡征屡叛，近年以来，阴图不轨，恶焰益炽。除将贼首池仲容设计擒获外，其余在巢贼党，若不趁机速剿，不无祸变愈大，地方何由安息？本院已先密切分布哨道，行仰知府陈祥统领典史姚思衡、驿丞何春、巡检张行、报效生员陈经世、新民卢琢等官军，从何平入攻热水巢、五花障巢、铁石障巢，直捣中浰大巢；知府邢珣统领知县王天与，典史梁仪，并老人叶秀芳、黄启济，义官吴明等官兵，从太平入，攻芳竹湖巢、白沙巢、黄田坳巢、中村巢，直捣上浰大巢。指挥姚玺统领新民梅南春等兵，从乌虎镇入，攻淡方巢、石门由巢，直捣岑冈大巢。指挥余恩统领百长王受、黄金巢等兵，从龙子岭入，攻溪尾巢、塘涵洞巢、古地巢、空背巢，直捣下浰大巢。千户孟俊统领义官陈英、郑志高、新民卢琢等官兵，从和平入，攻平地水巢、大门山巢、黄狗坳巢，直捣中浰大巢；推官危寿统领义民叶芳，百长孙洪舜等官兵，从南步入，攻脱头石巢、镇里寨巢、羊角山巢，直捣中浰大巢。知府季敩兵从信丰县黄田冈入，攻新山径巢、古地巢。县丞舒富兵从信丰县乌径入，攻旗岭巢、顿冈巢。及行仰守备指挥郏文、监督指挥姚玺、余恩、千户孟俊等三哨官兵，分路进剿。本院亦自行督领帐下随征官属兵快人等，从冷水径直捣下浰大巢，亲自督战。刻期俱于本年正月初七日寅时四路并进外。牌仰兵备副使杨璋，不妨本道事务，遵照本院钦奉敕谕事理，前去军前，纪验功次，处置粮饷，及行催督各哨官兵，依期进剿，所获功次，务要审验明白，从实纪录。仍候巡按纪功御史至日覆实，照例造册奏缴。及造青册一本，送院查考。其军中一应进止机宜，俱仰密切呈来定夺。

译文

浰头一带的盗贼头目池大鬓等人，常常纠集盗贼攻打城池，烧杀掳掠，官府多次征讨他们，他们又多次叛降，最近这些年以来，他们又在背后干起了作奸犯科的事，反动的嚣张气焰越发地猖狂，除了用计将盗贼池中容捕捉外，其他的盗贼依旧还在活动，如今若不抓紧时间将这些盗贼剿灭，那么这些盗贼的危害将会越来越大，地方上又怎么能够安宁呢？我已经先派队伍到各处布防。命知府陈祥统领典史姚思衡、驿丞何春、巡检官张行、报效生员陈经世、投诚的卢琢等官兵，从何平这个地方进攻热水巢、五花障巢、铁石障巢，然后直接进攻盗贼的大巢穴中浰。知府邢珣统率知县王天与、典史梁仪和老人叶秀芳、黄启济，志愿官吴明等指挥的队伍，从太平这个地方进入，进攻芳竹湖巢、白沙巢、黄田坳巢、中村巢，然后直接进攻盗贼的大巢穴上浰。指挥姚玺统率投诚的梅南春等兵士，从乌虎镇进，攻打淡方巢、石门由巢，然后直捣盗贼的大巢穴岑冈。指挥余恩统率百户长王受、黄金巢等队伍，从龙子岭进，攻打溪尾巢、塘涵洞巢、古地巢、空背巢，然后再直捣盗贼的巢穴下浰。千户长孟俊率领志愿官陈英、郑志高，招安投诚的卢琢等官兵，从和平这个地方进，攻打平地水巢、大门山巢、黄狗坳巢。然后再直捣盗贼的中浰巢穴。推官危寿率领志愿平民叶芳，百户长孙洪舜等队伍，从南步进，攻打脱头石巢、镇里寨巢、羊角山巢，然后再直接进攻中浰巢穴。知府季敩领兵从信丰县黄田岗进入，攻打新山径巢、古地巢。县丞舒富指挥队伍从信丰县乌径这个地方进军，进攻旗岭巢、顿冈巢。再命令守备指挥郏文、监督指挥姚玺、余恩，千户长孟俊等三支队伍分路进剿盗贼。我也亲自率领我的随从队伍和能够出征作战的捕快等人，从冷水直接进攻盗贼的下浰巢穴，并亲自督战。到时都应当在今年的正月初七日寅时兵分四路一同进剿盗贼外，还命令兵备副使杨璋在不妨碍本道的日常工作外，遵照皇上给我的圣旨中所规定的要求前往战地军中调查登记战功，以保证粮饷的供应，并督促各支队伍依照规定的日期进攻盗贼。官兵们的战功一定要验查核对清楚，按照真实情况进行登记。再等待巡按御史到时具体核对，继而依照惯例登记造册向上级呈送，又造同样的簿册一本以便上缴后查考。涉及队伍中规定不能公开的秘密，要立即派人报告，以便能够依据具体情况裁定。

批汀州知府唐淳乞休申

据知府唐淳申称："患病乞赐放归。"看得知府唐淳，沉勇多智，精敏有为，兼之持守能谨，制事以勤。近因本院调委领兵征剿南安诸贼，效劳备至，斩获居多。虽克捷之奏已举，而赏功之典未颁。况汀州所属，多系新民，投招未久，反侧无常，正赖本官威怀缉抚，以为保障。纵有微疾，不便起居，即其才能，岂妨卧治？仰该府即行本官，不妨养疾，照旧管事，安心职务，善求药饵。务竭委身之忠，勿动乞休之念。申缴。

译文

根据知府唐淳呈送来的申请说："身患疾病，乞求能够恩准离职还家。"我深知知府唐淳此人，沉着勇敢，足智多谋，认知敏锐，政绩有为，同时他操守严谨，办事勤勤恳恳。最近我调遣官兵征剿南安一带的盗贼时，唐淳出了很大的力，战功卓著。虽然有关攻克盗贼的奏折已经呈上去了，但是论功行赏的庆典还没有举行。何况汀州所在的地方，百姓多半是从盗贼之处招安而来的，他们接受招安的时间还没多久，反复无常，正需要知府用威严来感化安抚，从而能够让该地方的安宁得到保障，即便身体有点小毛病，起居有所不便，难道发挥才能，会妨碍治病吗？所以通知该府知府，不妨在衙门养病，仍旧管理事务，务必要专注于自己的任职，好好地用药调治疾病。务必要竭尽全力为国家尽忠，不要再起请求离职疗养的念头了，申请批复完毕。

告谕

告谕百姓：风俗不美，乱所由兴。今民穷苦已甚，而又竞为淫侈，岂不重自困乏！夫民习染既久，亦难一旦尽变，吾姑就其易改者，渐次诲尔：

译文

告知百姓：若是地方风俗不好，那么祸乱就会从中兴起。如今你们贫穷的程度已经十分严重了，可是却又相互攀比奢华，这难道不会使自己更加贫困吗。若是你们染上这种攀比奢华的陋习已经很久，一旦想要改变它就很难了。我想就那些容易改掉的陋习，依次地来开导你们：

吾民居丧不得用鼓乐，为佛事，竭赀分帛，费财于无用之地，而俭于其亲之身，投之水火，亦独何心？病者宜求医药，不得听信邪术，专事巫祷。嫁娶之家，丰俭称黄，不得计论聘财妆奁。不得大会宾客，酒食连朝。亲戚随时相问，惟贵诚心实礼，不得徒饰虚文，为送节等名目，奢靡相尚。街市村坊，不得迎神赛会，百千成群。凡此皆靡费无益，有不率教者，十家牌邻互相纠察；容隐不举正者，十家均罪。

译文

若是你们办丧事，不能够使用鼓乐，做佛事，这会耗尽自己的钱财衣物，把自己仅有的一点财物用到没有用的地方，而使身边的亲人节俭度日，这就好像是把他们抛到水火中一样，怎么能够忍心呢！生病的人，适宜去看医生，用药治疗，不要听信邪术，专门向巫师祈祷。有嫁娶之类事情的人家，丰盛简约的程度由家资决定，不能够去计较聘礼、嫁妆之类的多少，不能够大肆宴请亲朋好友，以至于酒席一连摆几天。亲戚朋友随时都能够表示问候，可贵的在于诚心诚意，礼节要实在，不能够只做表面客套，以送礼节等名义，相互崇尚奢靡的风习。各街市各村坊，不能够举办迎神赛会，导致上百上千的人成群出动。凡此种种，都消耗财物，对事情没有什么助益。若是有不听从告谕的，十家一牌中的邻居，应当相互监督检查；若是有隐瞒实情而不向官府报告的，那么牌上记录的十家全部都要遭受处罚。

尔民之中，岂无忠信循理之人，顾一齐众楚，寡不胜众，不知违弃礼法之可耻，而惟虑市井小人之非笑，此亦岂独尔民之罪，有司者教导之不明与有责焉。至于孝亲敬长、守身奉法、讲信修睦、息讼罢争之类，已尝屡有告示，恳切开谕，尔民其听吾诲尔，益敦毋怠！

译文

你们这些百姓中，难道就没有诚实可靠能够遵循礼义的人吗？观察到四周的人都没有什么突出的，人少的敌不过人多的，不懂得背弃礼义法纪的羞耻，而仅仅去考虑怎样去避免世俗毫无道理的讥笑，这难道仅仅是你们的罪过吗？与有关官员没有教导好也有关系。至于那些孝敬父母、尊敬长辈，保持节操、遵纪守法，讲求信誉、邻里和睦，停止争吵、避免争斗之类的，都已经有过几次告示，诚恳地请大家能够把我的告示广泛宣传，你们要听我的谆谆教诲，更加督促自己不要懒散！

仰南安赣州府印行告谕牌

照得有司之政，风俗为首，习俗侈靡，乱是用生。本院近因地方多盗，民遭荼毒，驱驰兵革，朝夕不遑。所谓救死不赡，奚暇责民以礼义哉？今幸盗贼稍平，民困渐息，一应移风易俗之事，虽亦未能尽举，姑先就其浅近易行者开道训诲。为此牌仰本府官吏，即将发去告谕，照式翻刊，多用纸张，印发所属各县，查照十家牌甲，每家给与一道。其乡村山落，亦照屯堡里甲分散，务遵依告谕，互相戒勉，共兴恭俭之风，以成淳厚之俗。该府仍行各县，于城郭乡村推选素行端方、人所信服者几人，不时巡行晓谕，各要以礼优待，作兴良善，以励末俗，毋得违错！

译文

在我看来各级官府的工作，应当把民风风俗摆在首位。若是风俗奢靡，那么祸乱就会由此产生。我最近因为地方上盗贼众多，百姓们深受其害，所以指挥军队征战，没有丝毫的空闲。俗话说救死难者还尚且来不及，哪里有空闲用仁义道德来教化百姓呢？如今幸好盗贼作乱的事情已经基本被平定了，困扰百姓的那些祸患也已经逐渐得到了平息。所有改变旧风俗的事情，虽然还没能来得及一一采用推行，暂且先把那些浅显的容易推行的，广为布告来训导他们。为此，我要求衙门的各位官员，立即将发到你们手上的布告，依照原来的样式刊印，多多使用纸张，印发到你们所属的县域，按照牌甲上的十家名单，每家都发一张。那各乡村、山寨，也要按照驻屯堡垒的里甲名单进行散发，务必要遵循我的告示，相互监督勉励，共同努力营造谦逊节俭的风气，以形成地方淳朴厚道的良好风俗。该官府仍然要派人到县，在城镇、乡村中推选出一向行为端正正派、共为大家称道信服的几位人士，经常到城镇、乡村来进行教导，各地也都要以礼节来优待他们，从而让善良的德行能够兴盛，以重振那些没有受到重视的良好风俗，不得违背或犯过失。

禁约榷商官吏

照得商人比诸农夫固为逐末。然其终岁弃离家室，辛苦道途，以营什一之利，良亦可悯！但因南、赣军资无所措备，未免加赋于民，不得已而为此。本亦宽恤贫民之意，奈何奉行官吏，不能防禁奸弊，以致牙行桥子之属，骚扰客商，求以宽民，反以困商，商独非吾民乎？除另行访拿禁约外，仰抄案回道，即便备行收税官吏，今后商税，遵照奏行事例抽收，不许多取毫厘。其余杂货，俱照旧例三分抽一。若资本微细，柴炭鸡鸭之类，一概免抽。桥子人等止许关口把守开放，不得擅登商船，假以查盘为名，侵凌骚扰。违者许赴军门口告，照依军法拿问，其客商人等亦要从实开报，不得听信哄诱，隐匿规避，因小失大。事发照例问罪，客货入官。及照船税一事，亦被总甲侵扰，今后官府合行船只，俱要实价给顾，就行拍分厂查给票帖，以防诈伪。该道仍将应抽、免抽逐一查议则例呈来。

译文

说起来商人与农夫相比固然更追逐利益。然而那些从事商业的人常常是整年离家在外，在商途中辛苦地奔波，以求能够赢得微薄的利益，也实在是值得同情！但是因为南宁、赣州一带的军用物资无从筹备，所以难免会向商民加派赋税，这实在迫不得已采取的措施。本来是想体恤那些穷苦百姓，怎料负责这项政务的官吏不能禁绝作奸犯科等一些行为弊端，致使一些牙行、桥子一类的中间人骚扰那些远道而来的商人，本希望能够用这种办法来宽抚贫民，反而因此让商人遭受困扰，难道商人就不是朝廷的子民吗？除了另外进行调查禁止这类的事件之外，要求抄文到道之后，立刻分配收税的官员，告诉他们以后收取商税，要按照以往上奏中的实际比例进行收取，不能够向商人多收一厘一毫。对于那些杂货，全部都按照原来的老办法，三分抽一。若是商人资本比较小的，像从事柴炭、鸡鸭之类交易的，一律免征税款。桥子等这类中间人，只能够允许他们出现在码头等出入口处，不能够允许他们擅自登上商船，借用搜查等方式，来骚扰商人，侵犯他们的利益。若是有违犯这些规定的，商人可以到总督府口头告发，我将会以军法逮捕问话，至于商人，也要将自己经营情况据实相告，不能够听信谣言，或是受他人的唆使，对实情有所隐瞒，以逃避税收，导致因小失大。若是情况不实的事一旦被查出来，那么也同样要给予处罚，货物会收归官府。还了解到征收船税的事情，也被总甲插手干涉。今后官府核计检查船上货物，货主都要把具体的价值说清楚，登记纳税，并由税务部门审查抽取税收，发给票据，以防止假冒。各道仍然需要把哪些是应纳税，哪些符合免税的货类，一一调查清楚，按照类别逐个登记好，然后再呈报给我。

批赣州府赈济石城县申

看得所申赈济，既该府议许中户籴买，下户给散，准如所议施行。今出籴之数止及二千，而坐济之民不知几许。附郭者得遂先获之图，远乡者必有不沾之惠。近日赣县发仓，其弊可见。仰行知县林顺会同先委县丞雷仁先，选该县殷实忠信可托者十数辈，不拘生员、耆老、义民，各给斗斛，候远乡之民一至，即便分曹给散。仍选公直廉明之人数辈在傍纠察，如有贪缘顶冒，即时擒拿，照议罚治。庶几小民得蒙救急之惠，而远乡可免久候之难。

译文

查看了石城县呈来的要求赈济贫民的申请报告，石城县所在的官府已经商议，准许中等经济状况的人家买粮，对那些生活十分贫困的人家进行发粮救济，批准他们所商议的办法，要求他们按照此办法来执行。可是如今可购买的粮食只有两千石，而等待救济的贫民其具体数目还不清楚。距离城镇近的，能够先得到官府的救济，而那些远离城镇的贫苦百姓则很难得到官府的这种恩惠。从最近几天赣县开仓放粮救济贫民的情况，就能够看出这一弊端。如今通知知县林顺，会同以前任命的县丞雷仁先，从本县富裕的人户中挑选十几个诚实可信足能托付的人，无论是生员、长老还是侠义之士，分别分发给他们量具斗、斛，等到路途遥远的贫苦百姓一到便立即开仓散粮来救济他们。同时还要挑选公平正直廉洁奉公的几个人，在散粮的地方维持秩序和进行监督，若是有假冒他人名义来领取救济粮的，便立刻将他捉拿，并按照相关条例来治罪。只有这样，那么不仅那些贫苦百姓就能够得到救济的真正好处，而那些远离城镇的贫苦百姓也能够免除长久等候救济的苦楚心情了。

议处河源余贼

看得河源等处贼情，本院屡经批仰该道会同守巡等官，从长计议，相机剿捕。今复据呈，看得贼势渐盛，民患日深。该道既以兵力劳惫，势未能克，即须会同守巡守备等官，或亲至贼巢，或于附近贼巢处所屯扎，选差知因通贼晓事人役，赍执告示榜文，权且抚谕各贼，委曲开譬。或姑赐以牛酒、银布、耕具、种子之类，令其收众入巢，趁时耕作，因使吾民亦得暂免防截之役，及时尽力农亩；一面选兵励士，密切分布哨道，候收敛已毕，各巢亦积有粮米，然后的探虚实，克期并举，出其不趋，掩其不备，是乃借兵于民，因粮于贼。非独可以稍纾目前之急，亦因得以永除日后之患矣。今若兵力不足，既未能剿，又不从权抚插，任其出没往来，则非惟民不安生，穷困愈甚，抑且贼亦失其农业，衣食不给，若非掳掠，何以为生？是所谓益重吾民之苦，而愈长群贼之奸，兵粮日耗，后欲图之，功愈难矣。仰该道会同守巡守备等官，上紧议处施行回报，毋得徒事往复，致酿后艰。其各该官司兵快人等，不论或抚或剿，俱要时时操练整束，密切堤备，不得纵弛，致有疏虞。

译文

每当了解到有关河源等地一带的盗贼的活动情况，我就向河源所在的道发布命令，要求该道会同守巡等官员一起从长远的角度考虑，按照情况的变化，适时地进行剿捕。如今又收到呈送上来的报告，从中得知，这一带盗贼的势力渐渐地在增长，百姓的苦难一天比一天严重。该道已经凭借着疲惫之师进攻盗贼，只是力量不足，没有能够攻克。那么就应该会同守巡守备官员一起，或者亲自率军攻打盗贼的巢穴，或者在盗贼巢穴的附近安营扎寨，选派那些对盗贼情况十分熟悉的人，让他们手拿着官府的相关告示，暂时到各盗贼处去安抚盗贼，通过委婉的方式开导劝说。或者暂时赐给他们牛畜、烧酒、银钱、农耕用具、种子之类的东西，让他们招集一些人到盗贼巢穴中，趁着农时耕作，这样也能够使百姓暂时免除防范拦截盗贼的负担，能够及时努力耕作；一面可以选派士兵，鼓励他们，并将他们分派到各哨所及重要的地段进行布防，等到庄稼收获完后，各个盗贼的巢穴，也都粮米充足了，然后再派人探清盗贼的情况，并各地约好时间，按期集合展开进攻，出其不意，趁盗贼没有准备之时进攻，这就是从百姓中选用士兵，借盗贼的粮食为军粮。这样不仅能够解除目前的祸患，而且还能够使往后的祸患得以根除。如今若是兵力不足，既没有向盗贼发起进攻，又不采取安抚盗贼、在盗贼中安插力量的策略，而是任由盗贼自由地出入，这样的话，不仅百姓无法安定地生存，更加的穷困潦倒，盗贼们也丧失了农业耕种的能力，吃的穿的都没有供给了，如果不强行掠夺，靠什么生存呢？这就是所谓的百姓的疾苦越来越重，而盗贼们的嚣张气焰越来越猖狂，军粮一天天地减少，士兵的精力也在不断消耗，以后想再来图谋消灭盗贼的事，就会变得越来越难了。命令河源所在地的道，会同守巡、守备等官员，抓紧时间商议该如何消灭盗贼，并向我汇报，不能够没有结果地反复商议，致使事情变得越来越艰难。各级指挥官兵、捕快等，无论是对盗贼进行进剿还是安抚，都要时时严格训练，严格管理，密切提防守备，不能够有丝毫的松懈，致使带来不必要的疏忽和失误。

告谕父老子弟

正德十四年二月

顷者顽卒倡乱，震惊远迩。父老子弟甚忧苦骚动，彼冥顽无知，逆天叛伦，自求诛戮，究言思之，实足悯悼。然亦岂独此冥顽之罪，有司者抚养之有缺，训迪之无方，均有责焉。虽然，父老之所以倡率饬励于平日，无乃亦有所未至欤？今倡乱渠魁，皆就擒灭；胁从无辜，悉已宽贷。地方虽已宁复，然创今图后，父老所以教约其子弟者，自此不可以不预。故今特为保甲之法，以相警戒联属，父老其率子弟慎行之！务和尔邻里，齐尔姻族，道义相劝，过失相规，敦礼让之风，成淳厚之俗。本院奉命抚巡兹土，属有哀疚，未遑匍匐来问父老疾苦，廉有司之不职，究民之利弊而兴除之。故先遣谕父老子弟，使各知悉！方春，父老善相保爱，督子弟，及时农作，毋惰！

译文

最近，盗贼兴风作浪，使远近的人都感到震惊。父老兄弟们甚是忧愁痛苦不安，那些愚昧无知、不懂道理的人，违反天理，背叛人伦，自己招致杀身之祸，但是仔细深究起来，他们也实在是值得怜悯！难道这仅仅是那些冥顽不化的盗贼们的罪过吗，监护人在平日抚育时存有缺憾，训诫开导他们时缺少一套好的方法，这都是有责任的。虽然如此，尊长在平日好好教导他们时，是不是还有什么没能教到的？如今那些作乱盗贼的头目全都被消灭活捉，那些无辜被胁迫成为盗贼的人，都已经得到了宽待处理。地方上虽然恢复了往日的安宁，但是建设当下，开创未来，尊长在平时教育约束子孙的时候，不能够不进行干预。所以现今特推行保甲法，以此让各家各户能够相互监督，联成一体，做父亲、长者的教导自己的子弟，要使他们谨慎地处理各种问题。务必要和邻里友好相处，整治自己的家族，使家人齐心和睦，用仁义道德来教导他们，利用过失来规劝他们，让礼让的行为盛行起来，以便让他们能够养成淳朴厚道的习俗。我遵奉上级的命令来安抚这些地方，内心确实十分内疚，没能够亲自到乡亲们这里来了解你们的情况，这真的是我不称职的一个表现啊，然而我具体考查哪些对百姓有利，而设法使它们兴盛，哪些对百姓不利而设法将它们革除。所以先派人告诉父老兄弟们，让你们都能够知道这些！春天已经来到了，乡亲们应当相互爱护，督促晚辈按照农时及时从事农业生产，不要让他们养成懒惰的习惯。

行龙川县抚谕新民

先据推官危寿并龙川县各申：依奉本院钧牌，将新民卢源、陈秀坚、谢凤胜等安插和平，及拨田地耕种。并拘仇家当面开释，各安生理，毋相构害缘由。近访得各民因闻广东征剿从化等贼，自生疑惑，东逃西窜，致令和平居民因而惊扰，似此互相扇惑，地方何时宁靖！本当拿究为首之人，绑赴军门，斩首示众。但念各民意亦无他，姑且记罪晓谕。为此牌仰龙川县掌印官，即将投城居民，谕以前项听抚新民，俱已改恶从善。止因广东调兵征剿，居民素怀仇隙者，因而假此恐吓，致令东奔西窜，各民意在避兵，本非叛招出劫，尔等毋得妄生惊疑。及差人拘集新民卢珂、陈秀坚等，谕以广东官兵征剿，各有界限，尔等缘何轻信恐吓，妄自惊窜，俱各省令回原村寨，安居乐业，趁此春和，各务农作。仍谕卢源、陈秀坚、谢凤胜等，各要严束手下甲众，各念死中得生之幸，悔罪畏法，保尔首领。如或面从心异，外托惊惧之名，内怀反覆之计，自求诛戮，悔后何及。

译文

根据推官危寿以及龙川县呈送来的报告说：根据您的命令，将投降接受安抚的卢源、陈秀坚、谢凤胜等人安排到了和平这地方，并拨给他们土地、农具以及种子。并召集他们以前的仇人，当面向这些人讲明道理，解释朝廷的政策，要求他们安居乐业，不要再相互陷害。最近了解到，各地新民因为听闻广东征兵进剿从化一带的盗贼，从而怀疑朝廷的政策，开始东逃西窜，使得和平一带的百姓遭受到了惊吓骚乱，并因此以讹传讹，如此下去，地方上什么时候才能够得到安定呢？原本应当追究为首者的责任，将他们押送到总督府门外当众斩首。可是想想他们也没有其他别的目的，便暂且把他们的罪过记录下来到各地通告百姓。因此要求龙川县的主要负责人，对那些投奔龙川城的新民，说明之前接受招抚改过自新的百姓都已经弃恶从善。只是因为广东调遣军队进剿从化，那些一向对朝廷存在仇怨隔膜的人，便乘机进行要挟吓唬，致使之前已投诚的百姓东奔西窜，他们的目的就在于逃避兵祸，并非背叛朝廷的招安而伺机出动行凶抢劫，让现今接受招安的这些人不要随便产生怀疑，因而担心害怕。并派人召集招安过来的卢珂、陈秀坚等人，告知他们广东官兵出剿的事情，说明广东官兵的行动是有地域界限的。他们为什么就轻易相信了他人的恐吓，从而擅自往外逃窜！让他们好好反思，继而叫他们回到原来的村寨，继续安居乐业。趁着这春天的大好时节，各自都要努力地从事耕种。仍然命令卢源、陈秀坚、谢风胜等人，各自要严格管制下属甲民，让他们都能够明白蒙受朝廷的恩赐而起死回生的幸运，要追悔自己的罪过，敬畏朝廷的法令，保护他们的首领，若只是表面服从朝廷的招安，而内心却有非分之想，在外假借着担心害怕的名义，内部却有重新颠覆朝廷的计策，那么便是自投死罪，到时后悔又如何能够来得及呢！

优奖致仕县丞龙韬牌

访得赣县致仕县丞龙韬，平素居官清谨。迨其老年归休，遂致贫乏不能自存。薄俗愚鄙，反相讥笑。夫贪污者乘肥衣轻，扬扬自以为得志，而愚民竞相歆羡；清谨之士，至无以为生，乡党邻里，不知以为周恤，又从而笑之。风俗薄恶如此，有司者岂独不能辞其责？孟子曰："使饥饿于我土地，吾耻之！"是亦有司者之耻也。为此牌仰赣州府官吏，即便措置无碍官银十两，米二石，羊酒一付，掌印官亲送本官家内，以见本院优恤奖待之意。仍仰赣县官吏，岁时常加存问，量资柴米，毋令困乏。

译文

查访到赣县县丞龙韬平常为官清廉严谨。等到他上了年纪告老还乡的时候，以至于贫困交加，达到无法生存的地步。那世俗里刻薄愚笨寡陋的人反而都嘲笑他。那些贪赃枉法的人，乘坐着豪华的车驾，身肥体胖，衣冠楚楚，洋洋得意，自以为十分成功，而愚蠢无知的百姓竞争相羡慕；那些作风清廉、为人严谨的官员，却达到了无法生存的地步，地方官府和乡村里的邻居，不懂得应该周详地抚恤这样的告老还乡的官员，反倒嘲笑他们。民情风俗已经败坏到了这种地步，作为管理者难道能推卸他们的责任吗？孟子说："让饥饿发生在我所管理的地方，我以它为耻。"这也是做官的人认为耻辱的事情。所以，特向赣州府的官员发布文告，立刻采取措施，拨出不影响政务的官银十两，粮米二石，羊酒一副，由当地主管官员亲自送到龙韬的家里，以表达我对他优厚体恤嘉奖的心意。并命令赣县的官员，每年都要多次去了解他的情况，并依据他的实际情况发给薪柴粮米，不要让他感到困苦不堪。

呜呼！养老周贫，王政首务。况清谨之士，既贫且老，有司坐视而不顾，其可乎？远近父老子弟，仍各晓谕，务洗贪鄙之俗，共敦廉让之风，具依准，并措送过。缴牌。

译文

唉！赡养老人，周济贫困，这是实行王道政治的首要任务。更何况那些为官清廉、作风严谨的士人，既贫困又老迈，当政的管理者坐视不闻不问，这样能行吗？应当告诫远近的父老兄弟，务必要清除贪婪鄙陋的恶习，倡导廉洁礼让的民风。就这样依照牌来送去慰问品，用出示完之后再把此牌收回。

卷之十七　别录九

公移二

巡抚江西征宁藩

牌行赣州府集兵策应

正德十四年六月十八日

照得本院奉敕前往福建公干，于六月初九日自赣州启行，由水路十五日至丰城县地名黄土脑，节据知县顾佖等并沿途地方总甲等禀报，江西省城突然变乱，抚巡三司等官俱遭拘执杀害，远近军民甚是惊惶，再三阻遏本院且勿前进。本院原未带有官军，势难轻进，欲驰还赣州起兵，则地里相去益远，已暂回吉安府就近住扎。一面调集兵粮，号召义勇，一面差人分投爪探的确另行外。为比牌仰本府官吏，照牌事理，并行附近卫所，各行所属，起集父子乡兵军余人等，昼夜加谨固守城池，以保不测。仍仰知府邢珣，查将贮库钱粮尽数开具印信手本，先行呈报，毋得隐匿。一面行取安远等县原操不论上下班次官兵，各备锋利器械，通到教场，日逐操练，重加犒饷。选委谋勇官员管领，听候本院公文一至，即刻就便发行。敢有违误，定以军法处治，决不轻贷。

译文

我奉上级命令前往福建处理公务，于正德十四年六月初九日从赣州启程，走了十五天的水路来到了丰城县的一个名叫黄土脑的地方，就接到知县顾佖等官员以及沿途地方上的总甲等人禀报说，江西省城突然发生了变乱，抚巡三司等官员有的被扣留，有的被杀害，远近的军民都十分惊惶，他们再三阻拦我，劝我不要再前行。我原本没有带军队同行，从势力对比上考虑不适宜轻易前进，想要迅速赶往赣州，从那里发兵，但两地相距已经很远，于是我就暂时回到了吉安府，在较近的地方驻屯下来。我一面调集兵粮，把这支集聚的军队称为义勇，一面派密探详细探听情况。同时向我衙门的官员发了一道文告指示，命令他们遵照文告执行，并命令附近的卫所以及他们管辖的单位部门也要遵照执行，又把村里的男性、地方士兵，军队裁撤人员聚集起来，不分昼夜，抓紧时间，从而让各地的城防变得坚固，以防遭遇不测。同时还命令知府邢珣，把官府府库中的钱粮查验清楚，每一项都清清楚楚分门别类地开列出来，向我汇报，不能够有所隐瞒。又命令安远等县原来正在训练的士兵，不论哪个班次，都分别装备上锐利的武器，全部到练兵场，每天都进行训练，并重重地犒赏他们。还派遣那些有勇有谋的官员来统领他们，等我的公文一到，便立刻按照命令行军。若是有敢于违抗命令或是延迟执行命令的，必定会按照军法严厉处置，决不会轻易放过。

咨两广总制都御史杨共勤国难

节该钦奉敕：“福州三卫军人进贵等胁众谋反，特命尔暂去彼处地方，会同查议处置，参奏定夺。钦此。”钦遵。于六月初九日自赣启行，于本月十五日行至丰城县地名黄土脑，据知县顾佖等禀称：“本月十四日，宁府将巡抚孙都御史、许副使等官杀死，巡按及三司府县大小官员不从者俱被执缚，各衙门印信尽数收去，库藏搬抢一空，声言直取南京，一面分兵北上。”各官竞阻本职，不宜轻进。本职自顾单旅危途，势难复进，方尔回程，随有兵卒千余夹江并进来追。偶遇北风大作，本职亦张疑设计，整舟安行，兵不敢逼，幸而获免。

译文

我接到圣旨，圣旨说：“福州三卫军人进贵等人胁迫大家发动谋反，如今特命你前往那个地方，联合各方一起去调查处理这件事情，把具体情况汇报上来以便最后裁决。钦此。”我依照皇上的圣旨，于六月初九日从赣州出发，于本月十五日来到丰城县的黄土脑，根据知县等人禀报说：“本月十四日，江西省城爆发谋反事件，谋反者已经将巡抚孙都御史、许副使等官员杀死，巡按及三司府县的大小官员若是有不服从他们的，都要被捆绑收押起来，各衙门的印信也全部都被拿走了，府库中贮存的钱物也被洗劫一空，并扬言要率军直接攻占南京，一面还派兵北上。”各位官员都阻挡我，让我不要轻易前进。我考虑到自己孤军路途艰险，势单力薄难以成行，在返回的途中有千余名叛军夹江并进追来。恰巧当时北风大作，我也依据情况假设疑计，整舟从容前行，叛军不敢向前逼近，这样我才勉强摆脱了叛军的追击。

本月十八日回至吉安府，据知府伍文定等禀称：“地方无主，乞留暂为区画。”远近居民，亦皆遮拥呼号。随又据临江府并新淦、丰城、奉新等县各差人飞报宁府遣兵四出攻掠，拘收印信等因。本职奉有前旨，欲遂径往福建，但天下之事，莫急于君父之难，若彼顺流东下，万一南都失备，为彼所袭，彼将乘胜北趋，动摇京辅，如此则胜负之算，未有所归。此诚天下安危之大机，虑念及比，痛心寒骨，义不忍舍之而去，故遂入城，抚慰军民，督同知府伍文定等周集兵粮，号召义勇，定谋设策，收合涣散之心，作起忠义之气，牵其举动而使进不得前，捣其巢穴而使退无所据，庶几叛逆可擒，大难可靖。

译文

我于本月十八日回到吉安府，根据知府伍文定等人禀报说："地方上暂时没有主管人员，请求您暂时留下给予指导。"附近远近百姓也都拥挤在一起高呼。随后临江府以及新淦、丰城、奉新等县又分别遣快使来报告说，宁府派兵向四处进攻，抢劫并收缴官府文件等等情况。我由于接到圣旨，想就这样前往福建，可是天下的事情没有比解救君父的危难更加急迫的了，若是那些谋反的叛军沿着长江顺流东下，万一南方的都城失去保障，遭受袭击，他们若是继续乘胜北上，让京城一带震动，那么结果是胜是败就很难说了，这着实是关系到国家安危的大事，想到这里，我痛心疾首，从道义上说我不忍心看到那种结局，于是我便暂时放弃了想要去福建的打算，进吉安府抚慰军民，督促知府伍文定等人调集军粮，发布号令，招募义勇，并和他们一道出谋划策，使得早已经涣散的军心民心又重新汇合起来，使得军民心中的忠义气概又重新振作起来，从而用他们来牵制叛军的举动，使叛军不能轻易进攻，或者命令他们捣毁叛军的根据地让叛军在后退的时候没有归处，若是这样，叛军就能够被擒拿了，朝廷的这个大害也就能够平定了。

本职自惟弱劣多病，屡疏乞休，况地方之责，亦非本职原任。今兹扶疾赴闽，实亦意图便道归省，适当君父之急，不忍失此事机，姑复暂留，期纾国难。除具奏外。为照前项事情，系国家大难，存亡所关，虽经起调吉安等府兵快，非惟武艺无素，尤恐兵力不敷，必须添调兵马，方克济事。

译文

我身体羸弱，常常生病，屡次向皇帝请求退休养病；何况这些地方的事情本来也不是我的职责范围。如今我带病到福建去，实在也是想要顺便回乡省亲，但是恰恰碰到君父危急这样万分紧迫的事情，又实在不忍心让叛军的图谋得逞，因而暂且停留在了这里，期盼能够帮助朝廷解除这个大患。除了将这些情况具体上奏汇报之外，前文所说的宁府叛乱之事也是事关朝廷国家安危的大事，尽管已经调遣了吉安等府的队伍，可是那些队伍平时就不是训练有素，所以我很担心这样的队伍无法承担这样重大的任务，还必须增派队伍，才能够平定叛乱。

照得南、韶、惠、潮等府，各有惯战精兵，堪以调用，拟合移咨督发，为此合咨贵院，烦为选取骁勇精壮兵快、夫款、打手人等大约四五千名，各备锋利器械，选委谋勇胆略官员，或就委岭南道兵备佥事王大用监统，给与各兵行粮，不分雨夜，兼程前来，共勤国难。谅贵院素秉忠孝之节，久负刚大之气，闻此必将奋袂而起，秉钺长驱，当在郭汾阳之先，肯居祖士远之后哉！纷扰之中，莫罄恳切，惟高明速图之！

译文

我了解到南、韶、惠、潮等府都有能征善战的队伍，能够从这些府抽调出来一些队伍，想要把他们合并到一起然后督促他们向这里进发，所以发公函到贵府，烦请你们挑选骁勇善战、身强力壮的兵士、打手等人四五千名，给他们配备精良的武器，选派有勇有谋、胆略过人的官员，或者直接委派领南道的兵备佥事王大用指挥，给各个队伍准备足够的军粮，不畏风雨，星夜前来，共赴国难。杨都御史向来有忠孝的节操，很早的时候就已经享有为人正直的美名，听到我的这一番情况介绍必定会舞袖而起，手执兵器长驱直入，美名自然会在郭汾阳的前面，而且也不会在祖士远的后面！在这纷繁复杂的环境中，我对你诚恳请求的心情难以用文字表达出来，只希望你能够尽快地考虑这个问题！

案行南安等十二府及奉新等县募兵策应

六月二十六日

切照叛逆天下之大恶，讨贼天下之大义。国家优礼藩封，恩德隆重，乃敢辄萌异图，以干宪辟，上逆天道，下犯众怒，灭亡之期，计日可待。本院职任虽非专责，危难安忍坐视？仗顺伐逆，鼓率忠义，豪杰四起，发谋协力。除行吉安等府县，起调兵快，防守地方，及行广东、福建、湖广等处各调兵策应外，照得本省所属各府州县卫所，见今巡抚、都、布、按等衙门俱各缺官，事无统束，拟合通行。为此仰抄案回府，即行所属县分并卫所衙门，各起调官军乡兵，固守城池，保障地方。仍一面分调兵快，散布关隘，严加把截；一面选募骁勇精兵，大县约四五千名，小县约二三千名以上，各备锋利器械，供给粮草，择委能干勇力官员管领操练。其各项钱粮费用，听将在官钱粮动支，随申本院查考。其滨江去处，多备船只，听候本院差官赍捧旗牌至日，即刻依期启行进攻。仍选差惯便人役，多方探听消息，不时飞报，以凭区画。此系守土官员切责，而臣子效忠致身正在今日，各宜奋发义气，鼓动军民，共成灭贼之功，以输报国之念。毋得迟违观望，失误军机，自取罪戾。

译文

作乱谋反是天下最大的罪恶，讨伐逆贼是天下最大的义举。朝廷以优厚的礼遇对待他们，并且以礼相待，把他们分封到地方上管理事务，可是他们却还常常怀有异心，图谋不轨，想要破坏朝廷的法令制度，既违背天理又触犯众怒，灭亡的日子很快就要到了。平定叛乱尽管不是我的本职工作，但是朝廷出现危难又怎么能够坐视不管呢？理应对逆贼进行讨伐，鼓动并率领那些忠义之士，让地方的豪杰都一起来献计献策，通力合作。除要求吉安等府县调集队伍进行严密防守之外，还要求广东、福建、湖广等地方都调兵来策应。我还得知本省所管辖的各府州县卫所，如今巡抚、都、布、按等各级政府全部有空缺的职位，在事务方面缺乏统属关系，我想要改变这种状况，进行统一部署，所以发公文到各府，并要求各府立刻要求所管辖的县以及卫所等衙门，全部都要调集官军和乡兵，牢固地守卫城池，保障地方上的安宁。同时还要派遣队伍布防在重要的地段，严密把守，以拦截逆贼；一面挑选招募非常勇猛的兵士，大的县每县招募约四五千人，小县每县招募两三千人，装配给他们精良的武器，供给他们粮草，选派能干的有勇有谋的官员来统领他们，对他们进行训练。钱粮费用都可以在官府府库中开支，写好报告，以便我来检查核对。河边渡口还要准备足够的船只，以等候我派官员手持令旗令牌来到的时候，依照规定的时间立刻展开进攻。还要派遣那些老练的差役从各个方面探听消息，一有情况立刻报告，以便筹划时作参考。这些都是守卫的官员职责范围内的事情，身为人臣要去动员鼓励军民，共同完成平乱功业，以表达我们报效国家的坚强信念。如果有所犹豫拖延或持观望的态度延误了军机，那就是自取灭亡了。

宽恤禁约

照得江西省城，近遭变乱，各府州县，兵戈骚动，供亿劳费。兼值天时亢旱，秋成无望，人民窘迫，言之痛心。中间恐有无赖之徒，乘机窃发，惊扰地方，理合宽恤禁约。但巡抚衙门见今缺官，本院驻军境内，不容坐视，合就权宜处置通行。为此除一面奏闻外，仰抄案回府，照依案验内事理，并行所属各县官员，务须轸念地方，痛恤民隐，凡一应不急词讼工役，俱各停止。其军事合用兵夫粮草，各官俱要持廉秉公，亲自编派，毋得因而科扰，及听信下人受财作弊。仍严加晓谕军民人等，务要各守本分，安居田里，不许扇惑搬移，妄生事端。大户毋逼债负，小民毋激仇嫌。乡落居民各自会推家道殷实、行止端庄一人，充为约长，二人副之，将各人户编定排甲，自相巡警保守，各勉忠义，共勤国难。敢有抗违生事惊扰地方者，就便拿解赴官，治以军法。约长若有乘机侵害众户，及受财不举，许被害之人告发重治。仍仰各县将前项宽恤禁约事宜，翻刻告示，发仰乡村张挂晓谕，俟巡抚官员到日，再行议处，俱无违错！

译文

得知江西省城最近发生动乱，因调集、招募各府州县军队而开支巨大，又恰逢大旱天气，秋收无望，老百姓的生活十分困苦，谈及这些，令人痛心。又担心有无赖之徒趁局势混乱之机进行偷盗，骚扰地方上的百姓，按理应当宽恤百姓，制订颁行禁约。可是如今江西巡抚衙门缺少官吏，我的队伍驻扎在江西省内，这种情况让我无法袖手旁观，就暂且施行相应的措施吧。这样除了一面上奏汇报之外，还要一面派人到各府送公文，要求他们依照公文上的要求来处理有关事务，并要求各府所管辖各县官员按照要求来执行办理，务必要时刻牢记地方，了解百姓的疾苦，但是属不紧迫不重要的工作应该暂时停下。对于军队所需的粮草，各级官员都要秉公办事，廉洁守法，并亲自制订供应计划以保证供应，不能够由于一些细微的事情而使供应受到干扰，不能够听信手下人的劝说收受贿赂，不应该在军粮供应中徇私舞弊，还要更郑重地向军民发出告示，让他们做到安心本分，不能够以言辞迷惑众人，搬弄是非，惹是生非。不能够逼迫富有人家出钱，不能够激发贫富矛盾，在百姓中间故意制造隔阂。各乡村的居民都应当推荐出本乡一位家庭较为富有、行为规矩、正直善良的人来担任禁约的负责人，再挑选出两个人来帮助他，以便将各家各户编排好，相互监督，相互保护。还要用忠信礼义来勉励大家，为消除朝廷的灾难尽心尽力。若是有敢于违背禁约，制造事端，骚扰地方的，就应当立刻捉拿绑送到官府，按照军法治罪。负责人若是有利用职务之便来侵害百姓的，或者收取贿赂对违反禁约的人不予举报的，允许遭到损害的人来检举他们，若是告发属实，那么将对他们进行重罚。要求各县把前面提到的宽抚百姓、禁约等相关事宜刻印出来，告示百姓，并要在各乡村张贴，让百姓们家喻户晓，等到江西巡抚一到，再设法来商议，大家不得违犯！

奖瑞州府通判胡尧元擒斩叛党

六月二十七日

据瑞州府通判胡尧元报称：“擒获从叛仪宾李蕃，斩获叛党九十四名”等因。看得逆贼称乱，天怒人怨，诛灭非久，然今势焰正张，本官乃能独奋忠勇，首挫贼锋，远近闻之，义气自倍。合行奖劳，以励人心。为此牌仰瑞州府官吏，即行动支官钱，买办花红羊酒，委官率领官吏师生送至本官，用见本院奖劝之意。其余有功人员，分别等第，量加犒赏。被伤兵夫，给与汤药，阵亡者厚恤其家。候功成之日，通行造册申报升赏。仍一面起调骁勇精兵，固守城池，听候本院调发，毋得违误。

瑞州府通判胡尧元报告说：“已经擒获了随从谋反的司仪官李蕃，杀了九十四名叛乱分子。”根据他报告的情况，看得出逆贼谋反作乱，天怒人怨，诛灭这些逆贼已经用不了多久了。但是如今逆贼的势力正处在高涨时期，瑞州府通判胡尧元等能够英勇抗击，第一次使逆贼进攻的势头遭受挫折，远近都听说了这件事，他们有浩然正气，理应当对他们给予慰劳奖励，以此来激励人心。所以发公文到瑞州府的官员，从官府中支出银两，购买花红羊酒等物品，派官员率领官吏、仪仗队，送到通判胡尧元家中，来表达我对他的奖励。剩下的有战功的人员，依据战功的大小，给予相应的奖赏。受伤的官兵、民夫，要对他们进行精心的治疗，对那些牺牲的人，要对他们的家庭进行优厚的抚恤。等到逆贼的叛乱平定后，大功告成的时候，再将这些全部都登记造册，向上级进行汇报，以便上级按照功劳行赏和提拔，同时还要命令骁勇善战的官兵固守城池，听候我的调遣，遵照执行，不能有所违抗和延误。

策应丰城牌

据丰城县知县顾佖禀称，“本县起调乡兵，固守城池，惟恐兵力不敷，必须请兵策应，庶保无虞”等因。看系地方重务，已经调发龙泉、安福、永新等县，并吉安千户所机快军兵，陆续前去策应。照得发去官兵，必须选委谋勇胆略官员统领，庶几调度得宜。为此仰通判杨昉，即将后开军兵名数，督同千户萧英监统，协同知县顾佖等，计议攻守方略，相度险夷要害，远斥堠以防奸，勤训练以齐众。探知贼人入境，即便设奇布伏，以逸待劳，击其不意，务在先发制人，毋令乘间抵隙。军兵人等务要严为约束，毋令侵扰。敢有违犯退缩，许以军法从事。各官尤要同心并力，协和行事，共效忠贞之节，以纾国家之难。如或执拗参错，观望逗遛，违犯节制，致有疏虞，军令具存，决难轻贷。

译文

丰城县知县顾佖禀告说："丰城县已经调用民兵，用他们来固守城池，唯恐这些民兵势单力薄，难以当此重任，所以要求派兵来进行接应，这样方能够保证万无一失。"防守城池，这是地方上的大事，已经调遣龙泉、安福、永新等县以及吉安千户所的官兵，陆续前往丰城策应。告知各地，派往丰城的官兵，必须挑选有勇有谋的官员来作为统帅，这样派出的军队，调动才能得法。命令通判杨昉率领以下列出的军人和千户长萧英一起监督统领，到丰城后协同知县顾佖等官员一起，商议谋划防守和进攻叛逆的策略，相互估量哪些地方的危险较大，哪些地方较为安全，哪些地方是重要的地段，并在离城池较远的地方构筑瞭望用的土堡，以防备逆贼的诡计，要勤于操练士兵，让士兵齐心协力。探听到逆贼进入你们防卫的范围，便依据具体情况设计出最妙的办法埋伏好，以逸待劳，出其不意地发起攻击，务必要做到先发制人，不能够让他们有机可乘。官兵以及民工等人，务必要对他们进行严格的约束，不能够让他们骚扰百姓。若是敢有违犯的，或是临阵畏缩退让的，按照军法给予处罚。各位官员尤其要做到同心协力、和衷共济，共同保持忠贞的节操，以消除朝廷的祸患。若是因固执己见导致出现差错或者持观望态度拖拉延误，以及不听从调遣的致使出现各种过失的，都要严格按照军法来惩办，决不轻易宽容饶恕。

调取吉水县八九等都民兵牌

访得吉水县八九等都民人王益题、曾思温、易弘爵、王昭隆等各户下人丁，素习武勇，人多尚义，前任知县周广曾经起调征进，皆系骁勇惯战之人。今兹逆党倡乱，民遭荼毒，应合调取，以赴国难。为此访差致仕县丞龙光赍牌前去吉水县，着落当该官吏，即将各户义兵，照数调集，各备锋利器械，编成行伍，佥选百长、总小甲管领，就仰该县查支官钱，给与口粮，暂且就屯本县操演武艺，听本院指日东下，随军进剿。

译文

探访得知吉水县八九等都的平民王益题、曾思温、易弘爵、王昭隆等各户门下的人丁，平日里练习武艺，个个勇猛，且大多崇尚正义。前任知县周广曾经起用过他们，命他们随军征讨，他们都是勇猛异常、擅长作战的人。如今那些逆贼教唆叛乱，百姓遭受他们的祸害，都处在水深火热之中。此时此刻应当把他们召集起来，救助国难。如此，派遣已经退休的县丞龙光拿着我签发的令牌前往吉水县，要求吉水县的官员立刻把各户的义兵依照实有数目召集起来，并给他们配上精良的兵器，编成军队，由佥事选出百长，百长总领小甲，如此进行管理。要求吉水县出粮饷，让他们暂时驻扎在吉水县，练习武艺，等候我下达调遣的命令，到时候随同大军一起进攻逆贼。

照得江西一省人民，久被宁府毒害，侵肌削骨，破家荡产，冤困已极，控诉无门。今其恶贯满盈，天假义兵，为民除暴，尚闻愚昧之徒，阻避宁府威势，不敢举动。殊不知宁府未叛之前，尚为亲王，人不敢犯；今逆谋既著，即系反贼，人人得而诛之，复何所惮！尔等义民，正宜感激忠义，振扬威武，为百姓报仇泄愤，共立不世之勋，以收勤王之绩。毋得稽迟观望，自取军法重究。差去官员不许假此扰害，妄生事端，体访得出，罪不轻贷。

译文

我了解到江西全省的老百姓，长时间地遭受宁府叛逆的祸害，百姓已经被他们侵蚀到肌肉骨头，他们被弄得家破人亡、倾家荡产，冤仇已经很深，受到的困扰也已经达到了极限，但却控诉无门。如今逆贼罪行滔天，恶贯满盈，上天把义兵借给我们，让他们为老百姓铲除暴乱。还听到一些见识浅短、不明事理的人，害怕宁府的淫威，不敢组织起来抵抗他们。殊不知在宁府还没有谋反叛乱的时候是贵族亲王，人们不敢去冒犯他；可如今他们背叛朝廷发动叛乱，他们的罪行十分清楚，这就是谋反作乱的乱臣贼子，人人碰到他们都应当将他们杀死，还有什么可害怕的！你们这些义民，正是为了忠义的行为而激动，能够使正义的威名远扬，为百姓报仇雪恨，一起立下不朽的盖世奇功，以达到勤王的伟业。千万不能够犹豫不决，迟疑观望，自找军法重罚。派遣去的官员，不能够假借这道命令而使百姓遭受骚扰，或者妄自制造事端，若是调查到有上述情况，绝不轻饶。

预备水战牌

案照已经行仰起调军马前来策应，日久尚未见到。近据探报，逆党南下，将攻南都。计此时南都必已有备，各逆党进无所获，必退保九江。如此则水战之具为急，不可不备。为此牌仰福建布政司即行选募海沧打手一万名，动支官库不拘何项银两，从厚给与衣装行粮，各备锋利器械，就仰左布政使席书、兵备佥事周期雍自行统领，星夜前赴军门，相机前进，并力擒剿。仍行巡抚等衙门，同心协力，后先监督应援。

译文

调遣军队前来策应的命令早已下达，可是等了好长时间，仍然没有见到前来策应的队伍。近日根据密探报告说，逆贼党徒南下，准备攻打南京。我估计这时候南京必然已经做了准备，各路逆贼进攻南京必定不会有什么收获，他们一定会后撤到九江并设法保住那里。如果是这样，那么水战就迫在眉睫了，不能不早做准备。为此发令牌到福建布政司，要求他们立刻挑选招募海沧这一带的打手一万名，动用官府中一切能够支配的银两，从厚提供给他们衣食，且给他们配上精良的武器，命令左布政使席书、兵备佥事周期雍分别统帅，星夜不停地赶路，迅速赶赴军门，然后再依据具体情况向前进发，继而合力一同围攻。各地官府要同心协力，积极监督，接应援助。

此系叛逆，谋危宗社，天下荼毒，所关呼吸存亡，旦暮成败，间不容发，非比寻常贼情，不得迟违观望，有亏臣节。呜呼！主忧臣辱，主辱臣死。凡有血气，孰无是心！况各官忠义自任，刚大素闻，必将奋臂疾驱，有不容已。兵快及领兵人等敢有违犯节制有误军机者，仰即遵照本院钦奉敕谕事理，许以军法从事，无得姑息。

译文

这是逆贼企图摧毁朝廷，使国家社稷遭受灾难，使生灵涂炭。生死存亡、成功失败就是转瞬之间的事情，情况实在是万分紧急，刻不容缓，这不是寻常的盗匪作乱之类的事情，不能迟疑延误，以致损害作为臣子的节操。呜呼！君主忧虑是臣子的耻辱，君子受辱臣子便应当牺牲生命。所有有骨气有血性的人，有谁没有这样的心情！何况诸位官员都是忠义有自尊的人，向来就以刚正不阿而闻名，你们必定会挥臂走上战场，奋不顾身，舍生忘死，奋力苦战。各级官兵若是有违犯军令不听节制调遣的，有使军机延误的，就依照皇帝给我的圣旨中所提到的规定进行处理，依照军法给予处罚，决不宽容饶恕。

咨都察院都御史颜权宜进剿

七月初五日

节该钦奉云云，除具题及咨南京兵部知会外，为照前项事情，系国家大难，安危所关，已经起调吉安等府兵快前去征剿，并备行湖广、广东、福建各调兵策应外。照得南畿系朝廷根本重地，今宁王谋逆构乱，举兵北行，图据南都，必得四面合攻，庶克有济。及照贵院奉命行勘前事，即今逆迹已露，别无可勘事情，合咨前去，烦为随处行令所属，选取骁勇精兵，及民间忠义约二三万名，选委谋勇官员分领，会约邻近省郡，合势刻期进讨。仍烦贵院亲督兼程前来，共勤国难。谅贵院平日忠义存心，刚直自许，况今奉命查勘宁藩，正可权宜行事，号召远迩。主忧臣辱，主辱臣死，他复何言！纷扰之中，莫罄恳切，惟高明速图之！

译文

我接到圣旨，除了具体提到的那些情况外，还要求向南京兵部发公函，让他们知晓目前的情况。前面说到的宁王叛乱谋反的事件，是目前朝廷最大的祸害，能否平定叛乱是直接关系国家存亡的大事，我已经起调了吉安府的军队前往征剿，并要求湖广、广东、福建分别调集队伍给予响应。南京附近一带是朝廷要地，如今宁王图谋篡位，谋反作乱，率领军队向北方进攻，图谋攻占南京，我们必须四面夹击，形成合围之势，如此才能将叛军攻破。我得知您遵奉上级的命令来调查这些事情，如今那些叛逆的行迹已经昭然若揭，没有调查的必要了，所以发公文给您，烦请您命令所管辖的地方，挑选骁勇善战的官兵以及民间忠诚讲究礼义的人两三万，选派有勇有谋的人分别指挥他们，与邻近省、郡汇集商议，商议约定好进攻的时间，到时联合向逆贼发动进攻，征讨他们。还要麻烦您亲自统领这支队伍，跟随军队前往，共同解除国难。我想您素来忠义，刚正不阿，何况您如今奉命去调查宁王的事情，正好能够随机应变，发布号令，召集远近忠义之士。君主忧虑是臣子的耻辱，君子受辱臣子便应当牺牲生命，别的没有什么可说的！在纷乱的局势之中，这些文字怎么能够表达出我的恳切之情，只是希望您能够从国家的高度考虑问题，速做决断！

权处行粮牌

据抚州府申称："建昌、抚州、广信、饶州四府，正德十三年兑军粮米不下十余万石，原蒙拨在龙窟，听与抚州、建安、铅山、广信、饶州五所军旗交兑。因运船阻冻，回迟于今年六月始行较斛开兑，其已兑者装载军船，未兑者仍在民艘。不意十五日省城有变，遂行停兑。至十八日，逆党乘机劫夺，各船顺流放至饶州河下，得无惊扰。但今江河梗塞，难以兑运，节奏明文，动调大军，征讨叛逆，要将兑军准粮，暂留以备军饷。"申详到院。

译文

根据抚州府申报说："建昌、抚州、广信、饶州四个府，在正德十三年上缴军粮米不少于十多万石，起先把这些粮屯放在龙窟，准备运交抚州、建安、铅山、广信、饶州五个所的军旗部队。后来因为运送粮食的船受冻被困，不得不返回，推迟到今年六月才开始办理送粮的手续，已经办理好手续的粮食就装到军船上运走了，尚未办理好手续的粮食仍旧在民船上。没有想到六月十五日省城发生变乱，办理调运军粮的事情就暂停了。到了十八日，逆贼乘机抢劫装满粮食的船只，我们就让粮船顺水来到饶州河的下游，因为这里比较安宁，所以没有再遭受到侵扰。可是如今江河被堵塞，办理调运军粮的事情很困难，因而向您报告，将具体情况陈述清楚，要求调集大军，征讨叛逆，把调运到安徽的粮食暂时留下，以保障这里的军需。”详细的报告已经送到了我这里。

查得先据吉安等府申称，为各府官军将临，欲将官库纸米赃罚等银，并京库等银，及将兑淮粮米，从权给支借用等情，已经批仰依拟查取去后。今申前因，拟合准行，为此仰府官吏即行掌印官查将见在饶州湾泊兑军淮粮，准从权宜，坐委能干官员，无分雨夜，督运江西省城，听候支给各兵行粮，毋违时刻。候事平之日，备造印信文册缴报查照，仍令委官前去查照，免致下人因而侵欺未便。

译文

我查到吉安等府先前送来的报告说，为了迎接各府官兵的来到，想要把官府府库中的银两、赋税收入、各种罚款的收入以及国库中的银两和将要调运到安徽的军粮等，从长计议，暂时权且支出借用，详细核查，批准办理。如今抚州府的申请，也准许照办，这样发文到抚州府，要求主管官员调查核实清楚如今在饶州湾停泊的船上装的调往安徽军粮的数目，允许他们按照权宜之计来办理，要求派遣能干的官员负责，不论刮风下雨白天黑夜，都要督促将粮食运送到江西省城，等候如何分发给各部队的命令，不能够有所延误。等到叛逆谋反被平定之后，要全部将这些登记好，造好文册，上缴备查，同时我还要委派官员到这些地方进行检查督促，以免有些人乘机侵吞、欺瞒。

牌行吉安府敦请乡士夫共守城池

七月初八日

照得宁府反叛，本院调兵进剿，即日启行，各府县掌印正官既该统兵前进，所据各该府县城池，虽已行委各佐贰官防守，但艰危之际事变不测，必须历练老成之人，相与维持镇定，庶几人心不致惊疑，政务有所倚赖。为此案行吉安府官吏，通行各县署印官员，径自以礼敦请老成乡宦，众所推服者一二员，在城以备紧急，协同行事。该府城池，关系尤重。查得致仕按察使刘逊素有才望，忠义奋激，就仰该府请至公馆，仍仰署印官待以宾师之礼，托以咨决之事，一应军机事宜，咨禀计议而行，以安人心，以济大事。仍行本官务以国家大难为心，尽心竭力，共图殄贼，毋以休致自嫌。谅朝廷报功之典，当亦自不相负。如误大事，咎亦有归，通无违错。

译文

听到逆贼谋反的消息，我便调兵遣将准备发起进攻，当日启程，我命令各府县的主要官员统领军队前往进剿叛逆，并派官兵守卫好本地的城池，尽管还委派了各佐贰官协同防守，但是在这艰难危急千钧一发的时刻，形势风云变幻，难以预料，必定还是依靠老成持重的人，让他们乐于一同保持秩序的稳定，这样才能让人不惊慌疑惑，办理各种政务也能够有所依靠。这样向吉安府发布公文，要求各县的主要官员，以礼相待，亲自诚恳，请求那些受到众人推崇的闲居在乡村的退职官员一两位，把他们请到城中，以便在情况紧急的时候一起商议。吉安府所在地的城池，其地位更加重要。我了解到已经退休的按察使刘逊，向来以他的才能而享有巨大声望，而且性情忠义，精神振奋，要求吉安府将刘逊请到公馆，以宾客之礼、拜师之礼来对待他，若是遇有问题，要虚心地向他请教，所有重大的军机大事，都应当耐心地听取他的意见后再去推行，以安定人心，成就大事。一定要把国家大难放在心上，尽心竭力，共同消灭逆贼，不要因自己是告老还乡在家休养的闲官就自弃自嫌。想必向朝廷上奏报功的文件也不会忽略他们。若是延误了朝廷的大事，必定会追查相应的责任，请千万不要违反而招致错误。

牌行各哨统兵官进攻屯守

七月十七日

仰一哨统兵官吉安府知府伍文定，即统部下官军兵快四千四百二十一员名，进攻广润门，就留兵防守本门，直入布政司屯兵，分兵把守王府内门。

译文

命令：一哨指挥官吉安府知府伍文定，立刻统率部下四千四百二十一名官兵进攻广润门，胜利后接着派一部分官兵留守此门，然后再进攻布政司，驻扎军队，分兵把守王府的内门。

仰二哨统兵官赣州府知府邢珣，即统部下官军兵快三千一百三十余员名，进攻顺化门，就留兵防守本门，直入镇守府屯兵。

译文

命令：二哨指挥官赣州府知府邢珣，立刻统率部下三千一百三十余名官兵进攻顺化门，胜利后接着派一部分官兵驻守此门，然后再攻进镇守府，屯兵在那里。

仰三哨统兵官袁州府知府徐琏，即统部下官军兵快三千五百三十员名，进攻惠民门，就留兵防守本门，直入按察司察院屯兵。

译文

命令：三哨指挥官袁州知府徐琏，立刻统率部下三千五百三十名官兵进攻惠民门，胜利后派一部分官兵留守此门，再攻入按察司察院内，屯兵在那里。

仰四哨统兵官临江府知府戴德孺，即统部下官军兵快，新、喻二县三千六百七十五员名，进攻永和门，就留兵防守本门，直入都察院提学分司屯兵。

译文

命令：四哨指挥官临江府知府戴德孺，立刻统率部下官兵，新、喻二县的官兵三千六百七十五名进攻永和门，胜利后派一部分官兵留守此门，然后攻入都察院提学分司屯兵。

仰五哨统兵官瑞州府通判胡尧元、童琦，即统部下官军兵快四千员名，进攻章江门，就留兵防守本门，直入南昌前卫屯兵。

译文

命令：五哨指挥官瑞州府通判胡尧元、童琦，立刻统率部下官兵四千名进攻章江门，胜利后留兵防守此门，然后攻入南昌前卫屯兵。

仰六哨统兵官泰和县知县李楫，即统部下官军兵快一千四百九十二员名，夹攻广润门，直入王府西门屯兵守把。

译文

命令：六哨指挥官泰和县知县李楫，立刻统率部下官兵一千四百九十二名夹攻广润门，直接攻入王府西门屯兵把守。

仰七哨统兵官新淦县知县李美，即统部下官军兵快二千员名，进攻德胜门，就留兵防守本门，直入王府东门屯兵守把。

译文

命令：七哨指挥官新淦县知县李美，立刻统率部下官兵二千名进攻德胜门，然后派一部分队伍防守在这里，再攻入王府东门屯兵把守。

仰中军营统兵官赣州卫都指挥余恩，即统部下官军兵快四千六百七十员名，进攻进贤门，直入都司屯兵。

译文

命令：中军营指挥官赣州卫都指挥余恩，立刻统率部下官兵四千六百七十名进攻进贤门，胜利后进入都司，在那里屯兵。

仰八哨统兵官宁都知县王天与，即统部下官军兵快一千余员名，夹攻进贤门，留兵防守本门，直入钟楼下屯兵。

译文

命令：八哨指挥官宁都知县王天与，立刻统率部下官兵一千余名夹攻进贤门，然后分派一部分官兵把守这里，再攻入钟楼，在钟楼下驻军。

仰九哨统兵官吉安府通判谈储，即统部下官军兵快一千五百七十六员名，夹攻德胜门，直入南昌左卫屯兵。

译文

命令：九哨指挥官吉安府通判谈储，立刻统率部下官兵一千五百七十六名夹攻德胜门，胜利后再进攻到南昌左卫，在那里驻扎军队。

仰十哨统兵官万安县知县王冕，即统部下官军兵快一千二百五十七员名，夹攻进贤门，就守把本门，直入阳春书院屯兵。

译文

命令：十哨指挥官万安县知县王冕，立刻统率部下官兵一千二百五十七名夹攻进贤门，胜利后再令一部分官兵在这里驻守，再进攻到阳春书院屯兵。

仰十一哨统兵官吉安府推官王暐，即统部下官军兵快一千余员名，夹攻顺化门，直入南、新二县儒学屯兵。

译文

命令：十一哨指挥官吉安府推官王暐，立刻统率部下官兵一千余名夹攻顺化门，再攻入南、新二县交界处的儒学，在那里屯兵。

仰十二哨统兵官抚州通判邹琥、知县傅南乔，即统部下官兵三千余员名，夹攻德胜门，就留兵防守本门，随于城外天宁寺屯兵。

译文

命令：十二哨指挥官抚州通判邹琥、知县傅南乔统率部下官兵三千余名夹攻德胜门，胜利后分派一部分官兵防守在这里，然后再到城外的天宁寺一带驻军。

承委官员务要竭忠奋勇，擒剿叛逆，以靖国难。如或退缩观望，违犯节制，定以军法论处。军兵人等敢有临阵退缩者，就仰本官遵照本院钦奉敕谕事理，就于军前斩首示众。牌候事完日缴。

译文

接受到命令的官员，务必要尽忠尽力，奋勇战斗，剿杀叛逆，平定国难。若是有退缩观望、违犯命令不听指挥的，一律按照军法进行严厉处罚。士兵若是有临阵害怕脱逃的，就遵照我接到的圣旨所言进行处理，立刻在军中斩首示众。令牌等到平定叛乱之后上缴。

告示在城官

七月十八日

照得宁王造谋作乱，神人共愤，法所必诛。在城宗支、郡王、仪宾皆被逼胁，如钟宁王无罪削爵，建安王父子俱死，军民人等，或覆宗灭族，或荡家倾产，或勒取子女，皆恨入骨髓，敢怒而不敢言。今日之事，岂其本心？本院仰仗朝廷威灵，调集两广并本省狼达汉土官兵二十余万，即日临城，亦无非因民之怨，惟首恶是问。告示至日，宗支、郡王、仪宾各闭门自保，商贾买卖如故，军民弃甲投戈，各归生理，无得惊疑。该府内臣、校尉、把守人员开门出首，或反兵助顺，擒斩首恶，一体奏闻升赏。其有怀奸稔恶从逆不梭者，必杀不赦。凡我良善军民，即便去恶从善，毋陷族灭，故示。

译文

宁王谋反叛乱，人神共愤，依法，宁王必被诛杀。在城内的皇族宗亲、郡王、礼仪官等，全都受到宁王的胁迫，例如钟宁王，并没有什么过失，宁王却剥夺了他的爵位；建安王父子都被宁王逼死。军队官兵和普通百姓，有的宗族为宁王所灭，有的被宁王弄得倾家荡产，有人的子女被掠走，军民人等对宁王都恨之入骨，但敢怒不敢言。如今发生的事情，那是他们想发生的吗？我仰仗朝廷的圣明威望，调集两广以及江西本省的官兵二十多万人，很快就要来到南昌城下，无非是要解除老百姓的怨恨，治为首的乱臣贼子的罪。告示到的时候，皇族宗亲、郡王、仪宾都请闭门在家以求自保，商人和往常一样，叛军士兵应该弃甲投诚，所有人都应当谋求自己的生路，不要惊疑。宁王府内的臣子、校尉官员，把守人员，如果打开大门投降，或者策反官兵帮助平逆，擒杀那些罪大恶极的人，都要来上奏汇报，以便能够按照功劳行赏授封。若是有奸邪之念，一心跟从叛贼，执迷不悟，冥顽不化的，必定要斩尽杀绝，决不宽容饶恕。凡是我善良的官兵百姓，能够立刻弃恶从善的人，不会招致灭族的悲剧，因而向你们发出告示。

示谕江西布按三司从逆官员

照得宁王悖逆天道，造谋作乱，杀戮大臣，都、布、按三司官员各悚于暴虐，保其妻子，以致临难之际不能自择，或俯首幽囚，或甘心降伏，贪生畏死，反而事仇。春秋之义虽严于无将之诛，而志图兴复者尚不忍于峻绝。探得各官见今在城闭门自讼者有之，临城巡闸者有之，出入府库运筹画策者有之。此皆大义未分，孤立无助，揆之法理，固不容诛，推之人情，实为可悯。即今本院统集狼达汉土官军二十余万，后先临城，各官果能去逆归顺，尚可转祸为福。故今特遣牌谕，兵临之日，仰各开门出首。仍一面将本院发去告示给散张挂，抚谕良善百姓；宗支、仪宾人等各闭门自保，毋轻出街市，横遭杀戮。该府把守、内臣、校尉人等亦各谕以大义，俾知背逆向顺，尚可免死，投甲释戈，蓬头面缚，候本院临审定夺。敢有从恶不梭，执迷不悟，拒敌官兵者，必杀无赦。仍具改正缘由，亲赍投首，以凭施行，毋得退违，自取族灭。牌具依准缴来。

译文

了解到宁王违背天理，谋反叛乱，残杀大臣，都、布、按三司的官员全都慑于宁王的残忍暴虐，有的为求保全妻子儿女，致使在朝廷面临祸患的时候不能够做出正确的选择；有的被宁王囚禁；有的心甘情愿地降服于宁王，贪生怕死，反而对宁王称臣，事奉仇敌。按照春秋的礼义，这些人都应当受到严厉的惩罚，应该被诛杀，可是那些拯救国家的人，不忍心如此严酷绝情。如今探听到各位官员，有的被关起来，彼此争吵不休；有的在省城附近巡逻；有的在宁王府内出谋划策。这些人都是没有能够分辨出什么是合乎礼义，什么是不合乎礼义，他们是孤立无援的。若是按法理来办，他们全都罪不容诛。可从情理上考虑，这些行为也实在是值得同情怜悯。我如今统率二十多万大军，用不了多久就会来到城下，各位官员如果真的能够离开叛军归顺朝廷，还能够改变自己今后的处境，转祸为福。所以现在特意派人持牌来告谕你们，等到大军一旦到达，你们就要主动打开城门出来自首。一边把我发出的告示散发张挂，安抚良善的百姓；皇族宗亲、仪宾等人，应当关起门来以求自我保护，不能够轻易出街，以避免被无端杀害。宁王府的护卫人员、内臣、校尉等人，也应该能够分辨大是大非，知道自己过去的错误罪过，及时地归附朝廷，这样才能够免除死罪。放下武器，将自己的头冠摘掉，自己把自己捆绑起来，等候我到时候进行审理裁定。若是敢有跟随逆贼继续作恶，执迷不悟，不思悔改，继续抵抗官军的，必定会被斩尽杀绝，决不宽容饶恕。还要具体考察弃恶从善的各种动机，你们动员带领自己的亲友一起归顺朝廷，以便能够更好地攻剿逆贼。你们不能有所延误违抗，否则就是自取灭族的处罚。发给你们的文牌请按要求填好交来。

告示七门从逆军民

七月二十一日

督府示谕省城七门内外军民杂役人等，除身犯党逆不赦另议外。其原被宁府迫胁，伪授指挥、千、百户、校尉、护卫及南昌前卫一应从乱杂色人役家属在省城者，仰各安居乐业，毋得逃窜。有能寄声父兄子弟改过迁善，擒获首恶，诣军门报捷者，一体论功给赏。逃回报首者，免其本罪。仍仰各地方将前项人役，一名名赴合该管门官处开报。令各亲属一名，每日一次打卯。其有收藏军器，许尽数送官。各宜悔过，毋取流亡。

译文

根据督府向省城七门内外的叛逆官兵、百姓以及各种杂役人员等发布的告示，除了那些叛逆分子不能够赦免其罪恶而需要另行处置以外，对于那些被宁王胁迫而假装接受指挥千户、百户校尉、护卫以及南昌前卫等职责，所有跟随叛逆叛乱的、在省城内的各种杂役人员，以及他们的家属，全部要安居乐业，不能够向外逃窜。若是有能给父辈、同辈或者是后人捎话的，务必要劝他们弃恶从善；或是捉拿叛逆的首要分子并把这些人扭送到军中报捷的，都会论功行赏。逃到官军中报告或是揭发叛逆首要分子的，能够免除他原来的罪过。命令各地方将前面谈到的弃恶从善的人一个个到各门的负责人那里报告登记。从他们的亲戚中选出来一个人，每隔五天就清点一次自己亲戚的人数。其中若是有收藏兵器的，就请将兵器如数上缴官府。你们都应该悔过自新，不要再向外逃亡。

牌行江西二司安葬宁府宫眷

照得宁王造反，称兵向阙，行委伪官万锐等把守省城，音信不通，本院所行告示，负固不纳，以致讨贼安民之义，俱未知悉。及至统兵攻城，该府宫眷，一闻铳炮震响，闭门缢死，烧焚宫室。虽宁王背逆，罪在不赦，而朝廷惇睦之仁，何所不至？本院已同宗支，并原任布、按二司，及吉安等府知府等官伍文定等，亲赴该府验看，未焚库藏，已封号讫；所据各宫眷身尸，相应埋葬。为此合行案仰布、按二司，即便启知建安王选委各郡王府老成内使火者三四员，会同南昌府南、新二县官，措置棺木，以礼安葬，毋得违错不便。

译文

了解到宁王谋反作乱，派兵攻打防御比较薄弱的地方，任命伪官万锐等人，坚守江西省城，断绝了省城与外界的联络，我所发布的告示，万锐等人凭借着省城坚固，不予接受，致使那些安民告示的仁义措施，城内军民百姓杂役等人全都不知道。等到率兵攻打省城的时候，宁王府内的家眷一听到攻城的铳炮声，震天动地，就赶紧关上门，上吊自杀，并把宫室焚毁。虽然宁王谋逆背叛朝廷，罪恶滔天，不能赦免，可是朝廷崇尚仁义道德，为了施行仁义，还有什么没有做到的？我已经同皇亲宗族和原来的布、按二司以及吉安等府的知府伍文定等官员亲自到宁府查看，没有火烧宁王府库，贴上了封条，写了上封的日期；所查清的宁王已死的家眷，全部都根据相应的办法进行埋葬。这样就命令布、按二司，立刻将此事告知建安王，从各郡王府中挑选老成的会使用火器的人三四个，与南昌府的南、新二县的官员一起，置办棺木，按照应有的礼节来安葬他们，不能够有所违犯，弄出差错，从而招致麻烦。

手本南京内外守备追袭叛首

七月二十三日

本年七月二十日，准钦差南京内外守备揭帖，内开：“烦念南京根本重地，宗庙陵寝所在，作急整点精锐军兵数万名，择将统领，星夜兼程前来，粘踪追袭，攻击其后，保固根本重地。所统官军，烦沿途经过去处，应付廪给口粮马匹草料，事宁之日，获功官军，具奏升赏，请勿迟延”等因。

译文

正德十三年七月二十日，准钦差南京内外守备在给我的揭帖中写有“南京是极为重要的地方，是国家的宗庙陵寝所在地，应当立即整顿好军队，挑选几万名身强体壮的官兵，任命有勇有谋的官员来指挥，星夜兼程地前往镇守，对叛贼进行跟踪追击，攻打叛军的后部，以求保证南京稳固。你所统帅指挥的官兵，他们沿途经过的地方都要供给官兵粮食，给战马提供草料，等到逆贼的叛乱被平定之后，获得战功的官兵，都要向上汇报，以给予他们赏赐、提拔，请不要再有所犹豫迟疑”等情况。

卷查先为飞报地方谋反重情事，照得本院奉敕前往福建地方公干，行至丰城县，闻宁府谋反，遂返吉安住扎。看系谋危宗社重情，随即具题，并行吉安、赣州等府起调官兵，俟衅而发。及咨南京兵部，并巡抚应天都御史李，烦为通行在京大小衙门，会谋集议，作急缮完城守，简练舟师，设伏沿江；旁檄列郡，先发操江之兵，声义而西，约会湖、湘，互为犄角。本院亦砥钝策驽，牵蹑其后，以义取暴，以直加曲，不过两月之间，断然一鼓可缚去后。

译文

我查看了先前急报的地方谋反的事情，我在报告书中说道，我遵圣旨前往福建处理公务，途经丰城县，听到宁王谋反，立刻返回吉安，并驻留在这里，我感觉到这是关系到国家安危的大事，随即把这些情况记录下来，并要求吉安、赣州等府调集官兵，立刻出发，并写急文给南京的兵部以及巡抚应天的李都御史，烦请他们把宁王谋反的事情立刻通报给京城的各个部门，请求他们一起商议，立刻做出妥善布置，使城防得以巩固，立刻操练水师，沿长江一带设置埋伏，并向各郡发布讨逆檄文，要求他们先调集布防长江一带的军队，在西线一带起义兵，并和湖湘的官兵约定，和他们形成犄角之势。我也将不揣鄙陋挥师前来策应，牵制叛逆军队的后部，以仁义之师攻打暴戾之徒，以正义的行为去制止不义的行为，不超过两个月的时间，一鼓作气，必定能够将叛贼消灭。

续据本院爪探人役回报，宁王已下南京，留有逆党内官、驱胁官民人等一万余员名，固守城池，虐焰昌炽，阻绝往来等因。又经节催府县兵快，分布哨道，亲自统领，刻期于七月二十日寅时直抵省城进攻，仍被逆党砌塞城门，分兵固拒。当幸官兵用命，奋勇攻破城门，各贼遂皆奔溃。当即分兵擒搜，及差人分投爪探叛首向往的确，并发官兵前去追袭外。今准前因，合用手本前去，烦为查照施行。

这份报告书发出之后，我派出的密探回来报告说，宁王的叛军已经向南京的方向进犯了，留下了一部分叛乱分子胁迫各级官员和百姓，要求他们服从指挥，大约有一万名官兵坚守江西省城，气焰极其嚣张，隔绝了南昌城与其他地方的往来联系。听到这些，我立刻催促各府县的军队，要求他们布防在重要的地段，由我来亲自指挥，约定好在七月二十日寅时直达省城并向省城发起进攻，可是叛军将城门堵死了，还派兵坚守省城。当时我们的官兵置生死于度外，奋力苦战，终于将城门攻破，守城各处的叛军便四处逃窜。我当机立断，派出部队搜查叛乱分子，并派人募集密探，探听那些谋反叛乱的首要分子逃往的地方，然后再派官军去进行追剿。依据前面提及的情况，给南京内外守备发一道手谕，要求依据具体情况对照实行。

咨两广总督都御史杨停止调集狼兵

案照本院看得前项事情系国家大难，存亡所关，虽调各府兵快，非惟武艺无素，尤恐兵力不敷，即随备咨钦差总督右都御史杨，烦为选取骁勇兵快大约三五千名，就委岭南道兵备佥事王大用监统，给与各兵行粮，兼程前来，共勤国难；及行广东布政司，转行各道，并呈镇宁抚按等衙门一体查照知会去后。节据知县顾佖等报，宁王已下南京，留有逆党内官，驱胁官民人等一万余员名，固守城池，阻绝往来等情。随该本院催督所调兵快，分有哨道，亲自统领，刻期于七月二十日寅时直抵省城进攻，仍被逆党砌塞城门，分兵固拒。当幸官兵用命，奋勇攻破城门，各贼逐皆奔溃，随即分兵搜擒外。今照前项事情，见该钦命京边官军二十余万前来会剿，及本院见统官兵五万余员名，俱在江西省城，即今分遣委员监督前去约会，并势追袭。所据原调广东土汉狼兵人等未审曾否齐集？但今南赣、吉安、南昌等处沿江人民，俱各畏惧狼兵，悉皆惊惶。及又访得狼达土兵，曾受宁王赃物，私许助谋效力。今调各兵，本以为国除害，惟恐返为民害，不无有误大事，拟合停止。为此合行移咨贵院，烦为查照，希将起调兵快停留本省应用施行。

译文

我认为宁王的谋反叛乱是国家最大的祸患，事关朝廷的生死存亡。我调集了各府的军队来应对，并不仅仅是考虑军队战斗力不足，更主要的是担心兵力不够，于是立刻向钦差总督杨右都御史请求帮助，烦请他挑选三五千勇猛异常的士兵，委任岭南道兵备佥事王大用统领指挥，供给各支队伍军粮，要求他们昼夜不停地前往勤王，以共同救助国难；并要求广东布政局转告各道，各道再告知镇守抚、按等衙门，全部都要遵照执行。公文发出后，顾佖等人报告宁王已经向南京的方向发起进攻，他把一些叛乱分子和省城内的一些官员留在江西省城内，驱使胁迫军民一万人左右来防守省城，隔绝省城与其他地方的联系等情况。我立刻督促各路队伍，分别布防在重要的地段，由我来亲自统一指挥，按照约好的时间即七月二十日寅时直抵省城，向省城发起进攻，可是逆贼已经把城门堵死了，他们还分兵在各处，负隅顽抗。承蒙各级官兵奋力苦战，才得以将城门攻破，各路防守的逆贼便开始四处逃散，随后除派兵搜擒逆贼以外，朝廷命令北京及边防一带的官军约二十多万人马聚集起来，联合向逆贼发起进攻。我指挥的五万多名官兵全部都在江西省城，如今立即分别派官员统率队伍前往汇合，联合一起追杀叛逆。原来要求调集的广东当地的地方部队，是否调集完毕了？如今南赣、吉安、南昌等沿赣江一带的百姓，都十分畏惧广东的狼兵，听到要调来狼兵消息，他们非常惶恐。我了解到广东的狼兵曾经私自接受过宁王的财物，并私下里答应广东狼兵要为宁王出谋效力。调兵前来原本是用来解除百姓的痛苦，铲除国家的祸患，如今却反而担心调集广东狼兵会给百姓带来灾难，可能阻碍叛乱的平定，影响到消灭逆贼这件关系到国家安危的大事，因此我打算停止调动广东的地方部队。如此，便给两广总督杨都御史发送公文，请求他进行详细调查，希望能够将起调的军队暂时留驻在本省，要求各军队执行照办。

牌行抚州知府陈槐等收复南康九江

七月二十四日

照得宁王谋反，兴兵向阙，南康、九江见被攻破，分留逆党，据守二府城池，意图西扼湖兵之应援，南遏我师之追蹑，仰赖宗社威灵，克复省城，除遣知府伍文定等分布哨道，邀击宁贼，务在得获外，所据逆党占据府县，应合分兵剿复。为此牌仰知府陈槐等各选精兵，身自统领，星夜前去南康、九江地方，相机行事，务要攻复城池，平靖反侧。仍将地方人民加意赈恤，激以忠义，抚以宽仁。权举有司之职，以理庶事；查处仓库之积，以足军资。一面分兵邀诱宁贼，毋令东下，并差人爪探飞报军门。各官务要同心并力，协和行事，毋得人怀一心，彼此参错，致误事机。兵快人等敢有违犯节制者，仰照本院钦奉敕谕事理，以军法从事。一应事机，呈禀往复，虑有稽缓，俱听一面从宜区画，一面呈报军门。仍备查各官弃城逃走，致贼焚掠屠戮之故，具由申报，以凭参拿究治。

译文

得知宁王谋反作乱，率领叛军向驻防比较薄弱的地方发起进攻，南康、九江如今已经被叛军占领，一部分叛军留在这两地驻守城池，叛军的目的就是要在西边阻止湖广的军队前来增援，在南边阻止我率领的部队对叛军进行追击，所幸国家有祖宗保佑上天帮助，我们攻克了江西省城，除派知府伍文定等人领导布防的重要地段，一同进攻逆贼，一定要取得战果外，叛贼占据的府县也应当派兵进攻，将它们一一收复。因而发令牌给知府陈槐等人，要求他们挑选精兵良将，并亲自统率指挥，连夜赶往南康、九江，随机应变，务必要将南康、九江城攻下，平定祸乱。好好地安顿、抚恤地方百姓，以忠信礼义来激励他们，以宽厚仁慈来安抚他们，暂且肩负起地方官的职责，处理地方政务。要调查核实官库中的积蓄，来保障军队的需要，同时派出军队去设计诱骗叛逆的军队，使叛逆的军队不能够向东进攻；并秘密地派出密探，将战况及时报告给我。各位官员务必要和衷共济、同心协力，不能够各人按各人的想法办事，或者行动不统一，致使丧失战机。若是有胆敢违抗命令，不听从指挥的，便遵照皇上给我的圣旨中所规定的办法进行处理，按照军法给予严厉处罚。所有军机要务都要时刻向上报告，若是有些重大问题一时之间拿不准主意的，就一面按照实际情况具体考虑实行，一面抓紧汇报，等待上级的裁夺。另外还要调查清楚该地的官员弃城逃走使得叛逆军队进占这些城池并在这些地方进行烧杀掳掠的具体原因，要一一详细报告，以便依据国法追究治罪。

犒赏福建官军

据福建按察司整饬兵备兼管分巡漳南道佥事周期雍呈称：依奉本院案验，起取上杭等处军兵，共五千余名，分委指挥刘钦、知县邢暄等，及起取漳州府海沧打手三千余名，行委通判李一宁等管领，本道躬亲统督，先后启行前来等因到院。

译文

福建按察司整饬兵备兼管分巡漳南道佥事周期雍报告说：依照您的命令，调集上杭等地的军队共计五千多人，分别任命指挥刘钦、知县邢暄来统领，又调集漳州府、海沧打手三千多人，任命通判李一宁等管理指挥，最后由我来全面统管指挥，现队伍已经出发，沿着目的地进发。

案照先为飞报地方谋反重情事，看系国家大难，存亡所关，随即备咨南京兵部，及巡抚两广、湖广等衙门，并福建三司等官，选取骁勇兵快，选委谋勇官员监统，兼程前来，共勤国难去后。

译文

当我先前听到报告说宁王在江西省城谋反作乱这样重大消息的时候，想到这是关乎国家安危的大事，于是立刻向南京的兵部以及巡抚两广、湖广等官府和福建三司等官员发公文，告诉他们这个消息，要求他们挑选勇猛异常的士兵，任命有勇有谋的官员来统率他们，迅速前来，共同救助国难。

今据前因，看得逆贼已经成擒，余党悉渐殄灭，除将各该官兵先行发回外，切照福建漳南相距江西省城，约计程途有一千七八百里之遥，该道乃能不满旬月，调集各军兵快八千员名之众，首先各省而至。足见本官勇略多谋，预备有素，忠义之诚，足以感激人心，敏捷之才，足以综理庶务，故一呼而集，兼程赴难。除另行旌奖外，及照调来官兵，冲冒炎暑，远赴国难，忠义既有可嘉，劳苦尤为足悯，合加犒赏，以励将来。为此除将支出官银，差官领赍该道，仰抄案回司，即将原调领兵官员，并军兵乡夫人等酌量犒赏，用见本院奖劳之心，以为将来忠勤之劝。

译文

如今看事情的进展，逆贼有很多已经被活捉了，余党也逐渐被消灭，除将参加围攻的各队命令他们返回外，考虑到福建漳南离江西省城路程大概有一千七八百里远，漳南道能够在不到一个月的时间里就调集起各类军队八千多人，并且比各地部队早到，可见该道佥事周期雍足智多谋，平时向来有所准备，他的忠义之情，足能够感动人心，他反应灵敏，行动快捷，足能够管理日常事务，所以只要发一个号令，应召的人便会立刻聚集起来，星夜兼程。要给予他特别的奖励，那些调集来的将士，冒着炎热的酷暑，不远万里解救国难，他们对朝廷的这种忠贞不贰的精神，应当给予嘉奖。他们的辛苦、劳累值得同情，应当进行犒赏，以鼓励后来人。这样，除了从官府中支出去的银两，任命官员送到漳南道以外，把此文件抄回福建按察司，就要对原本调集来的官兵乡夫进行适当奖赏，来表达我对他们的奖励心情，这也是为奖励将来的有忠有义之人。

仍仰该道备查各兵原系操练者，照旧在班操练，以备紧急调用。添募者，省令回还田里，各安生业，务为良善之民，共向太平之福，毋得分外为非，致招身家之累。备行巡按衙门知会。

译文

同时还命令漳南道核查在调集之前在操练的官兵，让他们仍旧按照规定进行操练，以便在情况紧急的时候可以调用。那些招募的官兵，要求他们重新回到各自的乡村，安居乐业，务必要做诚实本分的人，以共享天下太平的幸福，不能够做违犯忠义、礼义的事，以免给自己带来祸患。将以上情况向福建巡、按官府通报。

释放投首牌

据吴国七、林十一等口称："闵念四等落水身死。"今访得闵念四等见在宁州界上，告要投招。前者已曾发有告示，许令胁从新民，俱准投首免死，给照复业生理。近日朝廷降有黄榜，亦准投首免死。今闻各地方居民，不体朝廷及本院好生之意，辄便起兵剿杀，激使不敢出身投首，反使朝廷及本院失信于人。本当绑拿重究，姑且再行诫谕，为此牌仰宁州知州汪宪探访前项一起投首之人，是否闵念四等正身。若果有投首真情，即便带领前赴军门发落，准与杨子桥等一例释放，给与执照，各自复业当差。如或聚众不散，星夜飞报军门，以凭发军剿灭，俱毋违错。

译文

根据吴国七、林十一等人说："闵念四等人，落水溺死。"如今查到闵念四等人现在正在宁州边界地区，声称要向官府投降，接受官府的招安。我曾经发布告示，准许那些胁从作乱的人向官府投降自首，坦白自己的罪过，这样就能够免除他们的死罪，并给他们适当的安排，从而让他们能够过上正常的生活。最近朝廷也发布了黄榜文告，准许他们向官府自首投降，免除死罪。如今听说各地方的百姓，不体谅朝廷以及我对生命的爱护之心，动不动就派兵对这些人进行剿杀，使得这些人畏惧，不敢再出来投降自首，致使朝廷和我都失信于人。本应当把那些违抗命令随意剿杀的人捆绑起来，严厉追究他们的罪过，如今暂且再发一个诫谕，向宁州知府汪宪发一道令牌，要求前往调查前面提及的要求投降自首的是否是闵念四等人，验明他们的正身。若是他们真心实意地向官府自首投降，便立刻把他们带到军中，听候对他们的发落，批准与杨子桥等人同时释放，并给予他们相应的凭证，让他们各自恢复旧业当差。若是还聚集各种人员，不肯散伙，那么就请立刻到军中报告，以便派军队来把他们歼灭，请遵照执行，不能够有所违抗或是出现差错。

牌仰沿途各府州县卫所驿递巡司衙门慰谕军民

照得先因宁王谋反，请兵征剿。续该本院亲督各哨，于七月二十日攻复省城，二十四等日在鄱阳湖连日与贼大战，至二十六日遂将宁王俘执，及其谋党李士实等，贼首林十一等，俱已前后擒获，余党荡平，地方稍靖，已于本月三十日具本奏捷讫。近因传报京军复来，愚民妄相逃窜，往往溺水自缢，本院亲行抚谕，尚未能息。殊不知朝廷出兵，专为诛剿宁贼，救民水火之中，况统兵将帅，皆系素有威望，老臣宿将，纪律严明，远近素所称服，纵使复来，亦必自无扰害。况今宁贼已擒，地方已靖，京军岂有无事远涉之理？愚民无知，转相惊惑，深为可悯。诚恐沿途一带居民，亦多听信传闻不实之言，而北来京军，尚或未知宁王已就擒获，合行差官沿途晓谕军民，及一面迎候北来官兵，烦请就彼回转。除将宁王反逆党与，本院亲自量带官兵，径从水路解赴京师外。仰沿途军卫有司驿递等衙门，照牌事理，即行抄牌备出告示，晓谕远近乡村军民人等，使知宁贼已擒，京军已转，免致惊疑，酿成他变。差去官员，仍仰程程护送，同与迎候京军，坚请就彼回转，以免沿途百姓供给之苦。仍谕以本院押解贼犯，量带官兵，皆自备行粮廪给，沿途经过有司等衙门，止备人夫牵拽船只，及略供柴草，给付各兵烧用；其他一无所扰，不得因此科害里甲军民。差去官员，昼夜前进，毋得在途迟滞。抄牌官吏，各俱依准，候本院经过日缴。

译文

了解到先前因为宁王谋反作乱，我请求派兵对逆贼进行征剿。后来我亲自统帅各路队伍，在七月二十日收复了江西省城，二十四日起在鄱阳湖与叛军一连大战数日，到二十六日我将叛逆头目宁王抓获，一起被抓的还有宁王的谋臣李士实等人，其他的像林十一等叛逆头目，也陆续被活捉，叛逆的亲党也已经铲除掉了，地方上稍稍安静了些。我已经在七月三十日把胜利的情况一一上奏汇报。最近因为传闻又调遣了京师的军队过来，那些见识短浅的百姓竞相逃窜，很多人落水而死，我也曾亲自去安抚他们，对他们发布告示，但无法平息逃窜的事情。殊不知，朝廷出兵的目的是诛杀宁王等叛逆，救百姓于水深火热之中。何况统兵的将帅全部都是向来德高望重的老臣宿将，军纪严明，秋毫无犯，远近百姓素来称赞这样的军队，即便这样的军队再次来到，也不会让百姓被骚扰，给百姓造成危害。况且如今宁王这个逆贼已经被活捉了，地方上也已经安定，京师的部队哪有没有战事而从老远被调来的道理呢？那些见识短浅的人真的是极度无知，他们以讹传讹，致使自己十分惶恐，我实在为这些人而感到可怜。我也担心沿途一带的百姓多听信传闻和毫无根据的言辞，而从北边来的京师部队或许还不知道宁王已经被活捉的消息，应当派出官员到沿途地带告示军民，并且一边迎接从京师而来的官兵，烦请把这些情况告诉他们，让他们返回。除将以宁王为首的谋反叛乱的党徒由我按照情况带领一支队伍从水路押送到京城外，要求沿途的军卫、司、驿递等官府，全部都依照令牌行事，即抄令牌挂出告示，告诉附近的军民百姓，让他们知道叛逆宁王等人已经被活捉，京师的军队已经撤回去了，以免百姓因为疑惑而生出其他的变乱。派出来的官员，仍旧要一程一程地护送，同去迎接京师的军队，坚决要求京师的军队就此撤回，以免沿途的百姓由于保障军队的供给而加重负担，并告诉沿途百姓，本院押送叛逆，只带少量的军队，所需的粮饷，都已经自己准备好了，沿途经过各级官府的管辖地区时，当地的官府只需要准备一些人手，帮助牵船，并稍微准备一些柴草，交付给士兵就可以了；其他的都不必准备，不能够因为这些事加重军民的负担。派出去的官员，应当昼夜不停地赶路，不能够在路途中耽搁拖延。抄写此牌的官员，应当准确抄好，等我押送叛逆经过当地的时候交牌给我。

案行江西按察司停止献俘呈

据江西按察司呈：奉钦差提督军务御马监太监张札付，内开“会同钦差提督军务平贼将军充总兵官左都督朱，议得止兵息民，不为无见，但照奔溃党恶，见该各属日报啸聚流劫，亦非已靖；党恶闵念四等，又系职等行文之后拿获之数，亦或尚多。抚按守臣，当此新乱之余，正宜留心抚绥地方，听候勘明解京。良由不知前因，固执一见，辄要自行获解，私请回师。再照妃媵系宗藩眷属，外官押解，恐有妨碍，设或越分擅为，咎归何人？职等体念民力不堪供给军饷，责令将官将所领官兵分布各府住扎听掣，当职止带合用参随、执打旗号等项人员，径趋江西，公同巡抚等官查验巢穴，及遍给告示，晓谕抚安地方，一面具请定示另行。除差委锦衣卫都指挥佥事马骥前来外，札仰本司各该官吏照依札付内事理，即便遵照钧贴内事理，备行巡抚都御史王等，将已获贼犯留彼，听候明旨钦遵施行”等因，备呈到院。

译文

江西按察司呈送的文告说：我按照钦差提督军务的管理皇上马匹的张太监发送的文书中说的“应该会同钦差提督军务平贼将军以及总兵官朱左都督商议停止进攻和安定百姓的大事，我想这不是没有见地的，但是得知逃窜的逆贼的情况，这些地方，天天都有报告说逃窜的叛逆经常聚集在一起，抢家劫舍，四处出击，地方上也并没有完全安定；叛逆的头目闵念四等人被捉又是在黄榜发布之后的事情，活捉的叛逆的数目，或许有很多。各级地方官员，在叛乱刚被平定的时候，应该把注意力集中在安抚地方上，等待上级的命令，将那些活捉的叛逆分子调查清楚后再押送到京城。你因为一时不知道前面的情况，一味地坚持自己的主张，动不动就要求自己将叛逆押送到京，私自要求让京城来的军队返回，再说那些被捉拿的叛逆的妻妾大多是皇室宗族，外姓的官员来进行押送，恐怕也不太方便，如果有人违背仁义礼智，恣肆妄为，该由谁来负责呢？我很同情百姓们的疾苦，他们已经很难负担得起给军队提供粮饷的任务了，所以要求指挥官将他们率领的部队分别驻扎到各府听候调遣，我只带一些随从和打着旗号的人员直接到江西来，会同巡抚等一道，检查逆贼聚集作乱的地方，并在这些地方发布告示，告诉百姓，朝廷要安抚地方，一方面请示再办理。除派锦衣卫、都指挥佥事马骥前来之外，用公文通知所统属的官员，要求官员们要按照公文内的要求进行办理，并给巡抚王都御史等人发文，要求他们将捉拿的叛逆关押在原地，等候上级的意见并遵照执行”等情况向您汇报。

卷查先为飞报地方谋反重情事云云，本职将宁王并其逆党，亲自量带官兵，径赴水路，照依原拟日期启行，解赴京师，已至广信地方。今准前因，为照前项逆党俱已擒获，其余胁从，遵照钦降黄榜事例，俱已许令投首解散；宗藩眷属，俱系取到各将军府内使管伴监守，保无他嫌。今钦差提督赞画机密军务御用监太监张，及钦差提督军务御马监太监张，钦差提督军务平贼将军充领兵官左都督朱，忧国爱民之心素闻远近，况号令严明，秋毫无犯，今来体勘逆贼巢穴果已破平，百姓贫困颠连，必能大加抚谕安辑，以仰布朝廷怀惠小民之仁。本职纵使复回省城，亦安能少效一筹，不过往返道途，违误奏过程期，有损无益。为此仰抄案回司，着落当该官吏，照依案验内事理，即便备呈前去，烦请径自查照施行。

译文

我重新查看了之前有关叛逆宁王谋反的告文，我已经亲自带了少量军队，将宁王以及其他一些被活捉的叛逆头目押送到京师，沿着水路，按照原定的日期启程出发，如今已经到达了广信。现依照前项要求，发动叛乱的头目全部都已经抓获，剩下的那些胁从叛乱的，均依照皇上发布的黄榜规定，也都已经准许他们投降，让他们解散；至于那些叛乱头目的家眷，已将其押送到将军府内，由将军府内仆从看守，保证不会出现意外情况。钦差提督筹谋重大的军机事务御用监张太监及钦差提督军务御马监张太监，以及钦差提督军务平贼将军指挥官朱左都督忧国爱民远近闻名，何况号令严明，军队纪律秋毫无犯，如今来亲自调查叛逆的老巢，确实都已经被官军攻破，百姓贫困异常，流离失所，必定会进行尽力的安抚，以广布朝廷的恩惠，施行仁政，使百姓感激不尽。我如今即便再回到省城，也不能做出一点效力的事情，现在一来一回在道途中耽搁时间，唯恐耽误了我上奏给皇上的日期，只有坏处而没有任何帮助。因而，我将这份公文交给下属，让他们依照公文上规定的要求办理各项事情，并立即写出报告回复，烦请钦差等人遵照执行。

咨兵部查验文移

照得本职已将宁王宸濠并其党与及宫眷人等，照依原拟具奏日期起程，亲自解赴阙下间。随据南康府申，并江西按察司呈，各奉钦差提督军务御马监太监张札付，内开“访得宸濠已该本职擒获，克复省城等语，未曾亲到江西，又无堪信文移，止是见人传说，遽难凭据，况系宗藩人众，中间恐有拨置同谋，逆党未尽”等因。及节准钦差提督赞画机密军务御用监太监张揭帖，开称“将各犯委的当人员，用心防守，调摄饮食，献俘阙下，会官封记库藏，俱候按临地方区画”等因。又准钦差提督军务充总兵官安边伯朱手本，开称“即查节次共擒斩叛贼级若干，内各处原奏报有名若干，无名若干，有名未获漏网并自首及得获马骡器械等项各若干，连获官军卫所职役姓名，备查明白，俱各存留江西省城，听候审验。仍查余党有无奔溃，及曾否殄灭尽绝缘由，通行开报，以凭回报”等因，各到职。

译文

了解到我已经把叛逆宁王宸濠以及他的党徒、家眷等人，依照原来奏章中奏明的日期押解启程，并亲自把他们押往京城。这期间南康府递来报告，江西按察司也提交呈文说，我们接到钦差提督军务御马监张太监的公文，张太监的公文内谈到了“查访到宸濠已经被王巡抚活捉，且在王巡抚的指挥下已经攻克了江西省城”之类的话，可是并没有见到张太监亲自来到江西，又没有什么能够值得信赖的公文发来，也只是听人这样说说罢了，所以很难判断这到底是真是假，何况皇室宗族中人员很多，这中间只恐怕有挑拨离间的人，宁王的同谋逆党并没有被彻底清除。随后又收到准钦差提督赞画机密军务的御用监张太监的文告，文告说“任命忠诚可靠的人员将叛逆囚徒好好地看管起来，改善他们的饮食，将他们押送到京城，要会同一些官员清查登记逆贼府中的财富，并将它们全都封存起来，等我到达这些地方再作进一步处理”。还接到准钦差提督军务总兵官安边伯朱发送的文告，他在文告中说“务必要核查清楚到底斩杀了多少逆贼，到底活捉了多少逆贼，其中这类逆贼中原先上报的时候有名有姓的分别有多少人，没名没姓的又分别有多少人，有名有姓但是没有被斩首或者是被擒拿漏网的，以及向官府自首投降的，和缴获的马匹、骡子、器械等项数量都分别是多少，还有那些被擒逆贼所在的卫、所，所任的职务、姓名等内容，全部都要一一调查清楚，将以上这些材料全部存放到江西省城，等候审查核实。还要追查叛逆的余党，看是否有漏网逃窜在外的，以及是否将叛逆清除完毕，这些情况要全部具体如实报来，以便于向上汇报”。这些文告，先后送到我的手中。

为照宸濠并其同谋党与，俱已擒获，余孽亦就诛戮，虽有胁从，数亦不多，皆非得已。随即遵奉钦降黄榜，晓谕俱赴所在官司投首解散。其库藏等项，该本职会同多官，于未准揭帖之先，眼同封贮在官，听候命下定夺。官军兵快，擒斩功次，见该原经奏留两广监察御史谢源、伍希儒查造奏缴。及照宸濠并各重犯宫眷人等，见解广信地方，设若往返，恐致疏虞，及违误本职奏报原拟日期，除照旧督解前赴阙下献俘，以照圣武，及具揭帖各另回覆外。

译文

叛逆宸濠以及他的同党，全部都已经被擒获，剩下的一些叛逆也已经被处决，尽管有被胁迫参与谋反的，但是人数并不是很多，何况他们全都是身不由己被迫而为，我依照皇上发布的黄榜上的要求，告诉他们到当地官府那里自首投降，将队伍解散。至于叛逆的府库等项，我也和很多官员一道，在没有接到这些公文前，便查封了叛逆的府库，等候上级的进一步处理意见。官兵们的战功情况，可参见原先奏请批准留下的两广监察御史谢源、伍希儒调查登记上缴的那些簿册。至于叛逆宸濠以及叛逆的其他重要头目、他们的家属等人，如今都已经被押送到广信了，若是返回，只恐途中会发生意外，还担心延误我原先呈递的奏折中计划的日期，所以照样亲自监督押送这些要犯，把这些要犯押送到京城，来表明皇上的武德，至于那些收到的文告，全部都要一个个按照要求进行回复。

今照前因，照得本职缪当军旅重寄，地方安危所关，三军死生攸系，一应事机，若非奉有御宝敕旨，及兵部印信咨文，安敢轻易凭信？今前项各官文移，既非祖宗旧章成宪，就使果皆出于上意，亦须贵部行有知会公文，万一奸人假托各官名目，乘间作弊，致有不测变乱，本职虽死，亦何所及？除奉钦差总督军务威武大将军总兵官后军都督府太师镇国公朱钧帖，曾奉朝旨，相应遵奉，其余悉遵旧章施行外。缘前项各官文移，未委虚的，俱合备行咨报贵部，为此备抄揭贴，粘连咨请查验施行。

译文

依据前面地方官反映的情况，我肩负着朝廷的重托、地方的安危以及三军将士的生死存亡，这些事情全部都与我息息相关。所有事宜，若不是有皇上的宝印敕令，以及兵部印发的公文，我们又怎么敢轻易相信呢？前面提到的各官员发的公文，不是朝廷的规定或先前形成的惯例，如果那些真的都是皇上的旨意，也应当由贵部发公文来告知，否则，万一有奸诈小人假借各官的名誉趁机兴风作浪以至于带来一些难以预知的动乱，我即使在这种变乱中死去，又有什么用呢？除了钦差总督军务威武大将军总兵官后军都督府镇国公朱钧帖曾接朝旨通知，需要切实遵照执行之外，其他剩余的事情，全部都可以按照旧的惯例对待，其余各项文告，没有真凭实据，只是将这些情况汇集起来，写报告向兵部反映，更把那些发送来的公文抄好，附在我的报告后面，一同呈上，请上级检查核对清楚后再确定是否执行。

案行浙江按察司交割逆犯暂留养病

十月初九日

照得当职先因患病，具本乞休间，奉敕扶病前往福建公干。六月十五日行至江西丰城地方，适遇宁王兴兵作乱。看系君父大难，义不忍去，复回吉安府，督同知府伍文定等，起调兵夫，招集义勇，扶病亲行统领，于七月二十日攻复省城。本月二十四、五、六等日于鄱阳湖连日大战，擒获宁王宸濠及逆党李士实、刘养正、王春等，贼首吴十三、凌十一、闵念四、吴国七、闵念八等，先后具本奏报外。随闻大驾南征，礼当解赴军门。又因宸濠连日不食，虑恐物故，无以献俘奏凯，彰朝廷讨贼之义，兼之合省内外，人情汹汹，或生他变，当具本题知，于九月十一日启行，将宸濠及逆党宫眷解赴军门。当职力疾，沿途医药，亲行押解，行至广信地方，又奉钦差总督军务钧帖："备仰照依制谕内事理，即便转行所属司府卫所州县驿递等衙门钦遵施行"等因，遵依通行间，续准钦差提督军务御马太监张照会，及准钦差总督军务充总兵官安边伯朱手本，各遣官邀回本职，并将所解宸濠等逆犯回省听候会审。

译文

我先前因为生病想申请休养一段时日，但没有被批准，遵奉皇上的命令带病前往福建省处理公务。六月十五日途经江西丰城，恰碰上宁王谋反叛乱。我想到这是关系到国家生死存亡的大事，作为臣子的责任让我不忍心对叛逆谋乱的事情置之不理就这样离去，于是我又回到吉安府，与知府伍文定等官员一起调集官兵，招募义勇，拖着病体亲自统率大军，终于在七月二十日攻占了江西省城。这月的二十四、五、六日等，又在鄱阳湖和叛逆进行连续作战，活捉了宁王宸濠以及叛逆的一些重要党翼李士实、刘养正、王春等人，活捉了叛逆的重要头目吴十三、凌十一、闵念四、吴国七、闵念八等人，这些情况都已经一一先后奏明，随后又听说您要率军南征，按说应该将叛逆押送到军中，可是连日来宸濠不思饮食，我担心他会因此死去，不能够用他来举行献俘大典来庆祝胜利，以表明朝廷征讨叛逆的正义行为。同时各个地方人心不定，或许可能会再出现其他的变乱，我将这些情况写成奏章向皇上汇报，于九月十一日启程，将宸濠及叛逆的党徒和他们的家眷一道押送到军中。我身体虚弱，一路用药维持，亲自押送叛逆，走到广信的时候，接到钦差送来的要求总揽军务的钧帖说："请依照国家的典章制度和给您的指示办事，并将这些情况通告所管辖的司府卫所州县驿递等部门，并遵照执行。"我正遵命行动的时候，又收到了准钦差提督军务御马张太监的文告，收到准钦差总督军务兼总兵官安边伯朱的文告，他们都派遣官员，来催促我尽快返回，并将我押送的宸濠等叛逆要犯押送回省，等候对他们一起进行审判。

本职看得既奉总督军门钧帖，自合解赴面受节制，若复退还省城，坐待驾临，恐涉迟谩，且误奏过程期。又复扶病日夜前进，行至浙江杭州府地方，前病愈加沉重，不能支持，请医调治间，适遇钦差提督赞画机密军务御用监太监张奉命前来江西体勘宸濠等反逆事情，及查理库藏、宫眷等事，当准钧贴开称"宸濠等待亲临地方，覆审明白，具奉军门定夺"等因。

译文

我思考着，若是执行总督军门的钧帖，就应当按照上奏的日期押送罪犯，直接听从上级的调遣，若是再返回省城，恐怕无法及时赶到，何况也会耽搁了我的奏章中所说的日期。所以我又带病不分昼夜地赶路，来到了浙江的杭州府，我原先的病越来越严重了，身体已经无法支撑下去，正在我打算请医生调治的时候，碰到了钦差提督筹划军机事务的皇上身边的监军张太监，他奉命前往江南，调查了解逆臣宁王宸濠叛乱谋反的情况，并调查宁王府库的财富以及他们这些叛逆家眷等方面的事务，他签署的钧帖中写道"宁王宸濠等叛乱分子，等我亲自到这些地方验证调查清楚，押到军门帅府等候处理"等情况。

为照本职先因父老祖丧，累疏乞休，未蒙俞允，随扶病赴闽，意图了事，即从彼地冒罪逃归，旬日之前，亦已具奏。不意行至中途，遭值宁王反叛，此系国家大变，臣子之义，不容舍之而去；又阖省巡抚地方等官无一人见在，天下事机，间不容发，故复忍死暂留，为牵制攻讨之图，候命师既至，地方稍靖，即从初心，死无所避。臣区区报国血诚，上通于天，不辞灭宗之祸，不避形迹之嫌，冒非其任，以勤国难，亦望朝廷鉴臣此心，不以法例绳缚，使得少申乌鸟之私等情，具奏外。今照前事，本职自度病势日重，猝未易愈，前进既有不能，退回愈有不可，若再迟延，必成两误。除本职暂留当地，请医调治，俟稍痊可，一面仍回省城，或仍前进，沿途迎驾，一面具本乞恩养病另行外。所据原解逆犯，合就查明交割，带回省城，听候驾临审处通行，为此仰抄案回司，着落官吏备呈钦差提督军务赞画机密军务御用监太监张，烦请会同监军御史，公同当省都、布、按三司等官，将见解逆首宸濠及逆党刘吉等各犯，并宫眷马匹等项，逐一交查明白，仍请径自另委相应官员兵快人等管押，带回省城，从宜审处施行。仍备呈兵部查照知会，抄案依准，并行过日期，先行呈来。

译文

原先，我由于父亲年老，祖父去世，多次写报告请求回家休养，但都没有获得恩准，随即带病去福建，心想以此来了结，立刻从处理政务的地方逃回家中，我知道这属于犯罪行为，十多天前，我也已经把这些情况上报了，没想到在奔赴福建的途中，遇上了宁王谋反作乱，这关系到国家的生死存亡，作为一个臣子，不能够允许看到有人谋反作乱却置之不理就这样离去；但是省巡抚地方上的官员，很多人都不在地方上管事，关系到国家安定这样的大事，不容许有半点的犹豫，因而我再一次冒着生命危险，暂时留了下来，为牵制进攻征讨叛逆而努力；等军队来到，地方上才稍微安宁了一些，我按照自己原来的想法，即便是要处死我，我也不逃避。我的拳拳报国之心，上天也能够明白，不逃避宗族被屠杀的祸患，不遮掩那些被人们认为是可疑的行迹，贸然处理看起来好像不是我管辖内的事，但这却是为了解救国家的祸患，也恳切地希望朝廷能够理解我的这番心意，不援引法律条文来处罚我，使我能够感受到朝廷的额外恩德。这些情况，我也已经上奏汇报了。

如今再回过头说说前面的那件事，我自己估量着自己的病情一天比一天严重，短时间内不可能恢复，往前赶路押送叛逆重犯已经是不可能的了，退回来也不能够，若是再这样拖延下去，必定会使两种情况都延误，除了我暂时待在浙江杭州府请当地医生进行治疗，等到病情稍有好转就启程外，或回江西省城，或继续前行，在途中迎候皇上驾到，到时候再具体陈述请求开恩让我回家养病。依据原先登记的叛逆的详细情况，都要一一核查清楚，办理好叛逆重犯的交接事宜，请将叛逆罪犯押回江西省城，等候皇上来亲自审问处理。因而，将文件发回浙江按察司，要求相关官员写好报告，呈送给钦差提督军务帮助筹划军机大事的皇上身边的太监张太监，恳请他和监军御史一起与江西省的都、布、按三司等官员，将要押送的叛逆首领宸濠以及叛逆头目刘吉等要犯和他们的眷属以及缴获的马匹等项全部一一核查清楚，办理好交接事宜，另一方面请他们自己直接任命相应的官员，士兵，把罪犯带回到江西省城，对他们进行审查。还要呈文给兵部，让兵部了解这件事情。抄好文稿，等批准发送，并且要抓紧时间，务必要在预定的时间前把文件送达。

告谕军民

十二月十五日

告谕军民人等：尔等困苦已极，本院才短知穷，坐视而不能救，徒含羞负愧，言之实切痛心。今京边官军，驱驰道路，万里远来，皆无非为朝廷之事，抛父母，弃妻子，被风霜，冒寒暑，颠顿道路，经年不得一顾其家，其为疾苦，殆有不忍言者。岂其心之乐居于此哉？况南方卑湿之地，尤非北人所宜。今春气渐动，瘴疫将兴，久客思归，情怀益有不堪。尔等居民，念自己不得安宁之苦，即须念诸官军久离乡土，抛弃家室之苦，务敦主客之情，勿怀怨恨之意，亮事宁之后，凡遭兵困之民，朝廷必有优恤。今军马塞城，有司供应，日不暇给；一应争斗等项词讼，俱宜含忍止息，勿辄告扰，各安受尔命，宁奈尔心。本院心有余而力不足，聊布此苦切之情于尔百姓，其各体悉无怨。

译文

我向军民发布告示：你们如今已经贫困劳累到极点了，我才疏智短，面对你们的这种境况却无法救助你们，我感到万分的惭愧，每每说到这些，我都感到痛心。如今京师一带的官兵在道路上奔波，不远万里来到这里，全部都是为了朝廷的大事，他们抛下家中的父母，离开妻子儿女，披风霜，冒寒暑，在道路上颠沛，经常是整年也难回去一次同家人团聚，他们的苦衷，我几乎不忍心提及。难道他们乐于遭受这样的苦难吗？何况南方气候潮湿，这对北方人来说更是很难适应。如今已经是春天了，湿气更重，南方的瘟疫就要发生，长时间在异地的人热切地希望能够返回，情感上更是难以忍受。你们这些军民，在想到自己得不到安宁的苦楚时，也请你们为广大官兵想一想长时间离开家乡抛弃家庭的苦处，务必请你们尽主客之情，心里不要怀有怨恨官兵的情绪，我想等到事情完全平定之后，但凡是由于官兵们的来到而受到困扰的百姓，朝廷必定会给予补偿。如今各地都是军队，官府的供应已经忙不过来；所有的争斗、吵闹，都要忍让，不能够动不动就说官兵扰乱百姓，你们如今要暂且忍受一段这样的日子，让自己内心尽可能地平静。我能够体察百姓、官兵们的疾苦，我也想要替你们解除这些困苦。可是我心有余而力不足，我暂且将我的苦闷心情告诉你们，希望你们都能够体谅我的苦衷。

钦奉诏书宽宥胁从

节该伏睹诏书："朕亲统六师，正名讨罪，除首恶宸濠，并同谋有名逆贼不赦外，其余胁从之徒，尽行宽宥释放。钦此。"钦遵。

译文

我接到皇帝的诏书，诏书说："我要亲自统领六支军队，前来正名讨伐罪恶之徒，除了叛贼首领朱宸濠以及影响恶劣的朱宸濠同党不能够赦免他们的罪行以外，其他由于胁迫而参与叛乱的人，应当宽恕他们，钦此。”遵照执行。

照得先因宁府作乱，该本院出给告示，官兵临城之日，惟首恶是问，宗支、郡王、仪宾人等，各闭门自保，商贾买卖如故，军民弃甲投戈，各归生理，毋得惊疑。其有怀奸稔恶不悛者，必杀无赦。胁从人等，但能赴官投首，即与释放免罪等情，已经发仰远近张挂晓谕外，后宸濠既擒，被胁之徒，前后赴官投首不下千余，皆经查审释放。其间尚有欲赴首官司，多被地方拦阻，本院随又督解逆犯出外，以是一向迟疑，未即出投。续该钦差提督军务各衙门临省，前项被胁之人，始各赴官投首，就与本院事体一同，即是去恶从善之民。近访得有等无籍之徒，用言扇惑，乘机诈害，致使惊疑，未安生理。除访拿究问外，仰按察司抄捧回司，即便大书出给告示，发仰人烟辏集去处，常川张挂晓谕，自破城以后，但有被胁旗校军民人等，改恶迁善，已经赴官投首，验有执照者，皆系良善，俱仰遵照前项诏书内事理，尽行宽宥释放，各安生理，毋得信人恐吓，自生猜疑。地方里邻总甲人等，敢有怀挟私仇，罗织扰害，诳言扇惑，诈骗财物者，仰即赴院告理，以凭拿问发遣。仍取各首到官姓名，并给过告示晓谕缘由呈报。

译文

看到这里，我想到了之前因为宁王谋反作乱，我曾发出告示说，等到官军来到省城的时候，只追究那些倡导谋反人的罪过，皇室宗亲以及他们的服务人员等人，请他们务必自己保护好自己。买卖交易的应同原先的一样，叛乱的军队和百姓应当立刻放下武器，去寻找恢复自己的职业并由此安顿下来。不要有所惊慌也不要有所犹豫；对于那些心术不正，在罪恶的深渊中冥顽不化的，一定要将他们斩尽杀绝，绝对不能够宽容赦免。那些由于胁迫而参与谋反作乱的人，但愿他们能够自己主动来官府投案自首，这样就能够免除他们的罪过，并且释放他们。”告示已经发到了各个地方，要求各地进行张挂，晓谕群众。后来宸濠被活捉，那些胁迫参与谋乱的，前前后后到官府投案自首的不少于千人，经过调查核实审理后都已经释放，这中间还有想要到官府投案自首的，但是却被一些地方阻挠，随后我又押送叛逆重犯前往京城，所以有些人怀疑躲避而没有来投降，等到提督军务等各部门重新返回省城，前面说到的那些胁从叛乱的人，才分别到各部门来投案自首，这就和我想的办法目的差不多，那些投案自首的人都是弃恶从善的人。最近了解到有些没有户籍的人用不良的言辞来煽动蛊惑人心，乘机讹诈坑害百姓，使得那些主动来投降自首的人无法安心生活，除了调查追究责任以外，还要求按察司把皇上的诏书抄录下来送到各官府中，要多写、多挂一些安民告示。在人员聚集的地方，更是要经常张挂，告知他们，自从攻破省城以后，若是还有被胁迫的军官、百姓，都应当弃恶从善，已经来到官府投降自首的，检查到有凭证的，都属于良善的百姓，都应当按照前面所提到的诏书中规定的政策进行处理。要将他们宽大释放，让他们安心地生活，不要再听信他人的恐吓，乱生猜疑。地方上的乡村邻里、总甲等人，若是有胆敢于挟私利，心怀私仇，组织有关人员进行骚扰的，或者造谣惑众的，或者诈骗财物的，都准许百姓到官府报告，以便把这些人全都捉拿归案，并对他们进行审问治罪。仍然把各地到官投降自首人的姓名加以登记并发给他们安民告示，让他们知道原因，告诉百姓具体的情况，然后再将具体施行情况向上汇报。

批追征钱粮呈

据江西布政司呈，看得江西一省，重遭大患，民困已极，屡经奏免粮税，日久未奉明旨。近因南科奏停，随复部使催督，一以为蠲免，一以为追征，非惟下民无所遵守，亦且官府难于施行。今该司议谓兑淮起运，系京储额数，而王府禄米，亦岁月难缺。要行所属，先纳兑淮，次及京库折银，次及南京仓米，次及王府禄米，其余俱候明降等因。此亦深睹民患，欲济不能，委曲调停，计出无奈，仰司即如所议，备行各该府州县查照施行。后有恩旨，当亦止免十五年以后钱粮，其十四年以前拖欠，必须带征，终有不免，莫若速了为便，各府州县宜以此意备晓下民，姑忍割肉之痛，以救燃眉之急。

译文

江西布政司呈送的报告说，江西省遭受了那样大的祸害，老百姓已经贫穷困苦到了极点，多次上奏请求免除粮税，很长时间都没有得到明确的答复。近来上奏，可以免除南科税，可是过后不久户部又派人来催促监督征收南科税。一个说要免除，一个说要征收，不但百姓难于遵守，就是各级官府也难遵照执行。现在我司商议说途经安徽转运的粮食是属于国家储备的，而王府人员的口粮无论哪年哪月都不能缺少。要求我们管辖的地方，先缴纳调往安徽的粮食，再到京城府库中折换成银两，然后再交南京的粮税，其后再供应王府所需，至于其他的，等待明确的指示。这也是深知百姓疾苦的人啊，想帮助百姓摆脱困境却没法做到，想尽办法，实在是出于无奈，要求江南布政司就按他们商议的那样，通知各府州县具体执行。皇帝布恩降旨，也只是免除正德十五年以后要征收的钱粮，至于正德十四年以前拖欠的钱粮，不能免除，不如迅速地处理了这件事为好，各府州县应当将这些政策详尽地告诉百姓，暂且强忍一时的痛苦，以缓解燃眉之急。

呜呼！目击贫民之疾苦而不能救，坐视征求之患迫而不能止，徒切痛楚之怀，曾无拯援之术，伤心惨目，汗背赧颜，此皆本院之罪，其亦将谁归咎！各府州县官务体此意，虽在催科，恒存抚字，仍备出告示，使各知悉。此缴。

译文

唉！亲眼看到百姓的疾苦却不能帮助他们，看着百姓急切的哀求却无法解救他们，满心苦楚，却没有救助百姓的办法，我的内心十分悲痛，汗流浃背，愧疚难当，这都是我的罪过，还能归咎于谁呢！各府州县的官员务必体谅我的这番心情，虽然还在催缴租税，但还应当想法抚恤百姓，仍然要贴出告示，使百姓明白实情。上交这篇批呈。

再批追征钱粮呈

据江西布政司呈，看得本省十四年以前，一应钱粮，已经给事等官奉奏明旨："果系小民拖欠，俱准暂且停征，还着各该官司设法赈济，毋视虚文。"此朝廷之深仁厚德，悯念穷民，诚爱恻怛之所发，小民莫不欢欣鼓舞，臣子所当遵守奉行。乃今停征之令甫下，而催并之檄复行，赈济之仁未布，而棰挞之苦已加。法令如此，有司何以奉行，下民何所取信？夫为人臣者，上有益于国，下有益于民，虽死亦甘为之，今日所行，上使朝廷失信于民，下使百姓归怨于上，重贫民之困，益地方之灾。纵使钱粮果可立办，忍心害理，亦不能为，况旬月之间，而欲追并了绝，便使神输鬼运，亦于事势不能，徒使敛怨殃民，何益于事！除本院身为巡抚，不能为国为民，自行住俸待罪外，仰布政司行各该府县官，以理劝化小民，且谕以今日之举，非关朝廷失信，实由京储缺乏，司国计者势不得已，兴起其忠君亲上之心，勉令渐次刻期完纳。果克济事，两月之后，亦未为迟。其各该官员本非其罪，不必住俸，革去冠带，行令照旧尽心职业，勿因事变之难，有灰爱民之志。后有违慢之戮，本院自当其罪。仍呈提督漕运行督粮官及巡按衙门知会。此缴。

译文

江西布政司呈送的报告说，调查了解到本省在正德十四年以前，一切应缴交的钱粮，百姓还有不少拖欠的，已经按照圣旨发文给下级官员："如果真的是百姓拖欠，那么暂且停止征收钱粮，除此之外，还要求各地设法救济百姓，不要使这道命令成为毫无用处的空文。"这是朝廷深仁厚德爱惜百姓的具体体现。这样的命令一发布，百姓没有不高兴的，臣子理所当然地应当遵照执行。可是，现在暂停征收的文件刚刚发下去，几乎与此同时，催促征收钱粮的公文也颁行了，赈济百姓的仁政还没有广泛实行，百姓的苦楚又加重了。这样互相矛盾的法令，官员们怎样去执行呢？怎样得到下层群众的信任呢？作为臣子，他所做的事应当上对国家有利，下可以给百姓带来好处，如果能够这样，那么即使冒着生命危险，也会心甘情愿去做。现在实行的政策，在上使朝廷失去百姓的信赖，在下使百姓把各种不满归咎于国家，加重贫苦百姓的负担，增加地方上的隐患。纵然征收钱粮的事可立即执行，但像这种伤天害理的事，也不应该执行，况且在一个月的时间内想把要征收的钱粮征收完毕，即使有鬼神帮助，也完成不了，这样做只会增加百姓的不满，给百姓带来更大的灾难，这对办理征收钱粮及其他相关的事情有什么好处呢！我为巡抚，上不能为国办事为国分忧，下不能给百姓带来利益，自己停俸待罪等待处罚外，还要求江西布政司命令各府、县官员，用道理去劝解百姓，并且向他们说明现在政府的行为并不是朝廷不讲信用，实在是由于京城储备缺乏，管理国家财政的官员们迫于这种万不得已的形势，效忠皇上亲善朝廷的情感油然而生，才勉强要求分批分期征缴完。如果这样真的能够平息民怨，那么在两个月后完成也不算晚了。其他各级官员，本来不是他们的罪过，不必停发他们的俸禄或革去他们的官职，照旧要求他们尽心尽力，忠于职守，不要因为情况变得更加复杂而对安抚百姓的事心灰意冷。以后有因为这个而遭处罚的，我承担这种罪责。还要将这些命令通知提督、监督漕运的官员以及巡、按等部门的官员，让他们知悉。特此发出文告。

批南昌府追征钱粮呈

据南昌府所申凋弊征求之苦，本院缪当斯任，实切忧惭。部堂诸公，非无恤民之念，但身司国计，不得不以空乏为虞；在外有司，非无国计之忧，但目击民痍，不能不以抚恤为重。若使平民尚堪朘削，一时忍痛并征，以输国用，岂非臣子之心？但恐徒尔虐民，无济国事，非徒无济，兼恐生虞，斟酌调停，事在善处。仰布政司会同二司各官，将该府所申事理即加酌议，或先征新粮，将旧粮减半带征；或尽其力量可及，分作几限，令民依期逐渐办纳。但可通融调摄，皆须悉心议处，务使穷民不致重伤，而国用终亦无损。

一面备行各该府县查照施行，一面具由呈来，以凭咨奏。此缴。

译文

南昌府送来的报告介绍南昌府经济凋敝，征收钱粮很困难。我在江西任职，实在为这样的事感到惭愧。户部的那些官员，并不是没有安抚百姓的想法，但他们处在那样的位置，不得不从国家的角度来考虑问题，不能不为国家储备的空虚而感到不安；在地方上的官员，并不是不考虑国家的忧患，但是所接触到的常常是百姓生活的悲惨景象，不得不着重考虑如何去安抚百姓。假使百姓还能够再忍受一时的痛苦，向他们征收一部分以满足国家的急需，这难道不是我们作臣子的心愿吗？但是担心你们从百姓手中强征，这样对国事没有好处，不但没有好处，而且还可能带来其他的祸患，请大家好好斟酌，向百姓讲清道理，把这件事办好，要求布政司会同按察司、都司的官员，将南昌府提出的情况进行认真商议，或者先征收新粮，将旧粮减半征收；或者根据百姓的财力规定几个期限，要百姓按照规定的日期一一交纳。但是这需要通盘把握，需要尽心尽力地办理，一定要避免使贫困的百姓承受过重的负担，但国家所需却不因此而减少。一面要求各府县遵照执行，一面要求你们及时将情况汇报上来，以便我及时向上汇报。特此发布通告。

褒崇陆氏子孙

正德十五年正月

据抚州府金谿县三十六都儒籍陆时庆告，看得宋儒陆象山先生兄弟，得孔孟之正传，为吾道之宗派，学术久晦，致使湮而未显，庙堂尚缺配享之典，子孙未沾褒崇之泽。仰该县官吏将陆氏嫡派子孙差役，查照各处圣贤子孙事例，俱与尤免。其间有聪明俊秀堪以入学者，具名送提学官处选送学肄业。务加崇重之义，以扶正学之衰，俱依准缴。

译文

抚州府金谿县三十六都儒生陆时庆呈文，宋朝陆象山先生兄弟，真正领会并继承了孔孟的思想，成为一大儒学流派，但是我们现在搞学术研究的气氛早已不存，使得陆学正的思想我们很难知晓，陆象山的宗庙还没有举行过祭典，他的子孙后代也还没有享受到朝廷的恩惠。要求金谿县的官员将陆象山的后代直系子孙，按其他各处圣贤子孙事例，免去他们的一切差役。其中如果有特别聪明可以入学的人，把他们都呈交到学官处，使他们入学读书。请务必表明对他们的优抚尊重，以扶植儒学，避免学术研究的进一步衰落。按照此指示执行。

告谕安义等县渔户

告谕安义县等渔户，及远近军民人等：地方不幸，近遭大变，加以师旅征输，人民困苦已极，府官思欲休养赈恤而无由。近闻渔户人等曾被宁王驱胁者，虑恐官府追论旧恶，心不自安，往往废弃生业。询其所以，皆由仇家煽动，意在激使为恶，因而陷之死地，以快其愤。不知朝廷已屡有榜文，凡被宁贼驱胁者，一概释而不问，况访得安义等处渔户，各系诗礼大家，素敦良善，虽或间有染于非僻，及为王府所胁诱者，然乡里远近，自有公论，善恶终不可混。

译文

告示安义等县的渔民以及附近遭受的军民，地方最近遭难，再加上军队远征，百姓已经困苦到了极点，官府想使地方休养生息，安抚百姓，却没有理由。近来听说渔民等人员曾经受到宁王的胁迫从恶作乱，他们担心官府追究他们曾经的过失，心里很不安定，所以往往抛弃从事的职业。询问他们为什么这样做，他们都说是由于仇人的煽动，目的是使这些渔民继续干坏事，从而将他们置于死地，以宣泄他们的不满。这些渔民不知道朝廷已经发布了几道告示，凡是被叛逆宁王驱从胁迫的百姓，一概免罪释放，更何况我了解到安义等地的渔民大都出身于知书达礼的大户人家，一向崇尚善良，虽然偶尔也有一些人染上一些毛病，以至于被叛贼宁王胁迫，但是远近乡里自然有公正的评价，善良的人和胡作非为的人终究是不能混同的。

近据通判林宽禀称："各户痛惩既往，已将渔船拆卸，似此诚心改行，亦复何所忧惧。"为此特仰南康府通判林宽，将本院告谕，真写翻刊，亲赍各户，逐一颁谕，务使舍旧图新，各安生理，不得轻信人言，妄有疑猜，自求罪累。其素敦诗礼良善者，愈加劝勉，务益兴行礼让，讲信修睦，以为改恶从善者之倡。族党之中，果有长恶不悛，不听劝谕者，众共拘执送官，明正典刑，以安善类。毋容稂莠，致害嘉禾。若旧虽为显恶，今能诚心改化者，亦不得怀记旧仇，搜求罗织，激使为非，事发究竟，责有所归。

译文

通判林宽呈送来的报告说："那些被胁迫作乱的渔民，对自己当时的行为十分悔恨，并且已经将渔船拆掉了，像这样诚心诚意地要求改变自己的行为，还有什么值得你们担心害怕的呢？"为此特命南康府通判林宽将我的告示抄写刊印出来，亲自送到各户，一家一家颁发，一定要使渔民们弃旧从新，安居乐业，不得轻信他人的言论，以至于妄自产生猜疑，自己本无罪却自找罪受。那些一向崇尚诗书礼义和良好德性的人，更要花费精力劝导他们，务必使他们更加崇尚礼让，使他们讲信用，和邻里和睦相处，为那些改恶从善的人提供榜样，并使这些人积极地倡导他们改恶从善。如果乡村族人中真有长期作恶，顽固不化，不听劝告的人，乡村众人应当将他抓起来送到官府，进行审理判决，以保障善良百姓的平安，不能留下那些害虫危害乡里。如果有的人以前的罪过确实很大，但现在诚心诚意改恶从善，也不得记恨这人以前的仇怨，千方百计罗织罪名，使这些人激怒从而做坏事，一定要调查那些人胡作为非的原因，追究有关人的责任。

呜呼！吾民同胞，不幸陷于罪戮，恻然尚不忍见，岂有追寻旧恶，必欲置之死地之理。本院旧在南赣，曾行十家牌式，军民颇安，盗贼颇息。除各该地方行分巡、分守官编置外，前项渔户人等，就仰通判林宽照式逐一编置，务在着实举行，以收成效。特兹告谕，各宜知悉。

译文

唉！我们同胞的不幸，因为罪恶而被诛杀，不忍看见这样的事发生，怎么能追究以往的罪过，而将其置于死地呢？过去我曾在南赣发行过十家牌式，军民都颇为安宁，盗贼祸患很快平息。现在这些地方除按分巡、分守官编置外，前面提到的渔民等人，要求通判林宽按照十家牌式的方法编置，重要的是在于执行，以便收到成效。特此告示，大家都应当知悉。

批按察使伍文定患病呈

据江西按察使呈，看得按察使伍文定茂著戎功，新膺宪命，当其众难交攻，尚以一身独任；偶兹微恙，岂妨供职？谅本官自切百姓疮痍之忧，岂遑一身痛痒之顾。仰该司即行本官照旧管事，果有疾患，一面调理，毋得再呈辞，致旷职业。缴。

译文

根据江西按察使呈报，得知按察使伍文定战功卓著，刚刚接受任命，在各种困难同时压向他的时候，他尚且还只身一人克服了难题；现在偶然患了一点小病，怎么会妨碍工作呢？我体会到了该官忧虑百姓疾苦的急切心情，又怎会顾得上自身小小的不适。命令江西按察司通知伍文定，让其仍旧管理事务，如果真的有影响身体的病情，就妥善治疗调理，不要再送交辞呈，从而耽搁了本职工作。特此通知。

批临江府耆民建立生祠呈

据临江府清江县耆民董惟谦等呈立知府戴德孺生祠。看得知府戴德孺素坚清白之守，久著循良之政，今其去任，而郡民建祠报德，此亦可见天理之在人心，自不容已。仰该府县官俯顺民情，量行拨人看守，非徒激励后人，俾有所兴；且以成就民德，使归于厚。缴。

译文

根据临江府清江县的董惟谦等老人呈报，要求为临江知府戴德孺建立生祠。得知知府戴德孺一向清廉奉公，始终推行仁政，在临江府享有盛誉，现今他已经离任，原来受他治理的百姓要为他建造祠堂以报答他的恩德，这也可以看出公道自在人心，民意不容阻挡。现命令临江府清江县的官员们，顺从民意，根据情况派人帮助看守，这样不仅能激励后人，使他们有学习的榜样；而且也能弘扬百姓的品德，使人心归于淳厚。呈文批文上缴。

批吉安府救荒申

据吉安府申，备庐陵县申，看得所申要将陈腐仓谷，赈给贫民。此本有司之事，当兹灾患，正宜举行。但诚于爱民者，不徒虚文之举；忠于谋国者，必有深长之思。故目前之灾，虽所宜恤，而日后之患，尤所当防。以今事势而观后患，决有难测。近据崇仁县知县祝鳌申，要将预备仓谷，凶荒之时则倍数借给，以济贫民；收成之日则减半还官，以实储蓄，颇有官民两便。已经本院批准照议施行。看得各县事体，不甚相远，此议或可通行。仰布政司再加裁酌议处施行，各属遇灾地方，凡积有稻谷者，俱查照此议而行。仍仰各该掌印官务要身亲给散，使贫民得实惠之沾，官府无虚出之弊乃可。其一应科派物料等项，当兹兵乱之余，加以水灾，民不聊生，岂堪追并？仰布政司酌量缓急，分别重轻，略定征收先后之次，备行各属，以渐而行。庶几用一缓二之意，少免医疮剜肉之苦。通仰该司定议施行回报。

译文

根据吉安府转达的庐陵县的申报，看到申报中说要将官府仓库中存贮的陈谷拿出来赈济百姓。这本就是官府的责任，当地现在正面临着这样的灾祸，正应当开仓赈济百姓。然而，对于忠诚爱民的人来说，不应当只做表面文章；一心一意为国家着想的人，一定要有长远的打算。因此目前的灾难，虽然应该及时进行抚恤，但是日后的祸患，也尤其应当防备。根据现在的情况去判断以后的祸患，必然难以预测。近来根据崇仁县知县视鳌申报，将要预先准备好粮仓中的稻谷，等到灾荒的年份就按加倍借出，赈济受灾荒的百姓，等到收成的时候再将粮食减半归还官府，来充实仓库的储粮，这样官府及百姓都能得到方便。此项申报本院已经批准，按照商议的结果实行。看到各县的具体事务，大致相差不大，知县祝鳌的建议或许可以在各处推广。命令布政司再次商议审定，裁决施行，各自管辖的地方发生灾害时，凡是当地的官仓中储存有谷粮的，都按这个建议执行。还要求各地的掌印官员务必到现场亲自监督分发谷物，使贫苦百姓从中真正地得到好处，使官府没有虚发粮食的弊端才行。其他一切应当征收科派的事项，正值此次战争结束不久，又遭受水灾，民不聊生，百姓怎么能承担得起追加的负担？命令布政司根据情况分清各项事务的轻重缓急，大概拟定征收租税的先后次序，通告给各个地方，渐次征收。这样可以征收一项后暂缓一段时间，稍稍免除医治脓疮时割肉一般的痛苦。通知市政司商定具体办法后施行，并回报执行情况。

批抚州府同知汪嵩乞休呈

据抚州府同知汪嵩呈，看得同知汪嵩久存恬退，遇难复留，以尽报国之忠，仍坚归田之请，出处得宜，诚可嘉尚。但本官政素获民，年未甚老，已经勉留照旧供职，而本官称疾愈笃，求退益恳。仰府再行查看，如果病势难留，准令就彼致仕，该府以礼起送还乡。仍备行原籍官司，岁时以礼优待，务奖恬退，以励鄙薄。此缴。

译文

根据抚州府同知汪嵩的呈报，得知汪嵩长期以来都存有缓缓辞退的想法，之前恰逢宁王叛乱，他又暂时留任，以此尽到报效国家的忠心，却也仍然坚持退休回乡的请求，提出此事的时间与进退行事都比较适当，实在值得表彰。只是该官员为政一向得到百姓的拥护，年纪也不算太大，我已经尽力要求他暂时留下，继续担任原来的职务，然而该官员愈加笃定地声称自己身患疾病，加倍诚恳地请求引退。命令抚州府再具体调查，如果汪嵩的病情确实严重，难以留任，那么就批准他的辞呈，该府应当以应有的礼遇把他送回家乡。还要通知汪嵩原籍所在地的官府，每逢年节的时候都以应有的礼节去拜访探望，务必表彰他的光荣引退，来勉励那些后继者。特此通知。

批提学佥事邵锐乞休呈

据江西按察司呈，看得提学佥事邵锐求归诚切，坚守考槃之操；而按察使伍文定挽留恳至，曲尽缁衣之情。是亦人各有志，可谓两尽其美。然求归者虽亦明哲保身，使皆洁身而去，则君臣之义或几乎息；挽留者虽以为国惜贤，使皆腼颜在位，则高尚之风亦日以微。况本院自欲求退而未能，安可沮人之求退。仰该司备行本官，再加酌量，于去就之间，务求尽合于天理之至，必欲全身远害，则挂冠东门，亦遂听行所志。若犹眷顾宗国，未忍割情独往，且可见危受命，同舟共艰，稍须弘济，却遂初心，则临难之义，既无苟免于抢攘之日；而恬退之节，自可求伸于事定之余。兴言及此，中心怆切！

译文

根据江西按察司的呈报，得知提学佥事邵锐恳切地请求退休，为人处世廉洁秉公，遵守各项规章制度；按察使伍文定衷心诚恳地挽留他，尽到了同袍之情。这也是人有各自的志向，可以说两方都值得嘉奖。然而请求告老还乡的人，虽然也是明哲保身，使自己清白地引退，但是此后君臣间的大义就几乎不在；挽留的人虽然是为国家爱惜贤能，使他们都厚颜留在岗位上，但是高尚的从政作风也将一天天减退了。况且本官自己也是请求辞退却没有得到批准的人，又怎么能够阻挠别人申请退休呢？命令江西按察司通知本人，再仔细考虑一番，在留退问题上，一定要做得合乎情理，如果他一定要保全自己的良好声誉，远离各种灾祸，那么就让他把官服留下，满足他的愿望。如果他还眷恋国家朝廷，不忍心割断多年的情义独自离去，并且可以在国家危难时担起重任，与国家同甘苦共患难，那就需要勉力帮助他，以打消他当初的念头，这样一来，勇于面对危难时的忠义，既不会在战乱动荡的时期被埋没；忠诚引退的操守，自然可以在事情平定之后得到伸张。随性谈到这里，心中不免悲哀至极。

礼取副提举舒芬牌

照得当职奉命提督军务，兼理巡抚，深虑才微责重，无以仰称任使，合求贤能，以资赞翼。访得福建市舶提举司副提举舒芬，志行高古，学问深醇，直道不能趋时，长才足以济用，合就延引，以匡不及。为此牌仰福建布政司官吏，即行泉州府措办羊酒礼币，赍送本官，用见本院优礼之意。仍照例起关应付，前赴军门，以凭证访。本官职任，就委别官暂替。

译文

本官奉命管理提督事务，并兼任巡抚的职责，深感自己才疏学浅，肩负的责任重大，恐怕难以承担重任，所以我到处寻访贤能，以便使他们成为我的助力。查访到福建市舶提举司副提举舒芬，志行高洁，学识渊博，为人直爽，不攀附钻营，他的才能足以任用，应当将其招揽过来，以弥补我的不足。为此发令牌给福建省布政司的官员，要求他们立即到泉州府筹措礼币、羊酒赠送给舒芬，以表明本官对他优待礼遇的诚意。仍然依照旧例处理，先让其前往军中，以便咨询探访。该官员职内的事务，就暂时委派其他官员代理。

南赣乡约

咨尔民，昔人有言："蓬生麻中，不扶而直；白沙在泥，不染而黑。"民俗之善恶，岂不由于积习使然哉？往者新民盖常弃其宗族，畔其乡里，四出而为暴，岂独其性之异，其人之罪哉？亦由我有司治之无道，教之无方。尔父老子弟所以训诲戒饬于家庭者不早，薰陶渐染于里闬者无素，诱掖奖劝之不行，连属叶和之无具，又或愤怨相激，狡伪相残，故遂使之靡然日流于恶，则我有司与尔父老子弟皆宜分受其责。呜呼！往者不可及，来者犹可追。故今特为乡约，以协和尔民。自今凡尔同约之民，皆宜孝尔父母，敬尔兄长，教训尔子孙，和顺尔乡里，死丧相助，患难相恤，善相劝勉，恶相告戒，息讼罢争，讲信修睦，务为良善之民，共成仁厚之俗。呜呼！人虽至愚，责人则明；虽有聪明，责己则昏。尔等父老子弟毋念新民之旧恶而不与其善，彼一念而善，即善人矣。毋自恃为良民而不修其身，尔一念而恶，即恶人矣。人之善恶，由于一念之间，尔等慎思吾言，毋忽！

译文

向你们百姓传达，过去有句俗语道："蓬草生长在麻类中，无需扶持就能自然挺直；白沙堆积在泥矿中，不用染色就会自然变黑。"民众风俗的好坏，难道不是由于长期养成的习惯造成的吗？过去新民常常抛弃他们的宗族，背叛他们的故乡，四处游荡作恶，这难道仅仅是他们的性格与普通人不同，是他们生来就注定要犯下的罪过吗？这也是因为我们的官府在管理地方时缺乏应有的章程，教导百姓时缺乏相应的方法。你们的父老兄弟在接受家庭教育训导时不及时，使得他们渐渐染上了邻里的恶习，嘉奖劝诫的措施没有推行，也不具备彼此和睦相处的关系，又或者愤怒和怨恨交织在一起，奸诈虚伪的人相互残害，所以邪恶的习气很快盛行起来，情况一日比一日更坏，这样看来，我们的官府与你们的父老兄弟应当分别承担责任。唉！过去的事不能再弥补，未来的事还有机会补救。因此现在特地制订乡约，来协调百姓间的关系。从现在起，凡是受到同一乡规约束的百姓，都应当孝敬自己的父母，尊重你们的兄长，教导自己的子孙，与村里的百姓和睦相处，遇到灾祸丧事时应当相互帮助救济，同甘共苦，对于善良的行为要相互勉励，对于奸恶的行为要相互规劝，停止无谓的争端，讲求信义，与邻里和平共处，务必要为人善良，共同养成纯朴仁厚的风俗。唉！一个人即使再愚蠢，要求别人的时候也会变得聪明；一个人即使再聪明，规劝自己的时候也会变得蠢笨。你们这些父老乡亲，不要因为念及新民过去的不良行为而不善待他们，他们只要有了为善的念头，就会成为善良的人。也不要自以为是善良的百姓就不注意加强自身的修养，你们只要有了做坏事的念头，就会成为坏人。人的好坏，往往只在于一念之间，你们要仔细地考虑我说的话，不要轻忽大意！

一、同约中推年高有德为众所敬服者一人为约长，二人为约副，又推公直果断者四人为约正，通达明察者四人为约史，精健廉干者四人为知约，礼仪习熟者二人为约赞。置文簿三扇，其一扇备写同约姓名，及日逐出入所为，知约司之；其二扇一书彰善，一书纠过，约长司之。

译文

一、同一乡约中推举一位年长有德行，受到大家尊敬佩服的人作为约长，两人作为约副，再推举四位公平正直、办事果断的人作为约正，四位通情达理，明察事务的人作为约史，四位精明强健、廉洁干练的人作为知约，两位谙熟礼仪的人作为约赞。添置三本文簿，其中一本记录同一乡约管辖的乡民的姓名以及每天进出所做的事，由知约掌管；剩下的两本一本用来表彰乡内的善行，一本用来纠正乡民的过失，由约长掌管。

一、同约之人每一会，人出银三分，送知约，具饮食，毋大奢，取免饥渴而已。

译文

一、同一乡约管辖的百姓，每次举行集会时，每人交纳三分银钱，送交知约来准备饮食，不能过于奢侈，每人拿取后能够免除饥渴就行。

一、会期以月之望，若有疾病事故不及赴者，许先期遣人告知约，无故不赴者，以过恶书，仍罚银一两公用。

译文

一、集会的时间为每月十五日，如果有疾病或其他事情不能及时参加的，准许先派人向知约禀告，无缘无故不参加集会的，将作为一项过失记录在册，还要罚款一两银钱，充作公用。

一、立约所于道里均平之处，择寺观宽大者为之。

译文

一、在乡内平坦的地方设立乡约管理处所，或选择宽大的庙宇建设。

一、彰善者，其辞显而决；纠过者，其辞隐而婉。亦忠厚之道也。如有人不弟，毋直曰不弟，但云闻某于事兄敬长之礼，颇有未尽，某未敢以为信，姑案之以俟。凡纠过恶皆例此。若有难改之恶，且勿纠，使无所容，或激而遂肆其恶矣。约长副等，须先期阴与之言，使当自首．众共诱掖奖劝之，以兴其善念，姑使书之，使其可改。若不能改，然后纠而书之。又不能改，然后白之官。又不能改，同约之人执送之官，明正其罪。势不能执，戮力协谋官府请兵灭之。

译文

一、表彰善行的内容，措辞一定要明显清楚；纠正过失的内容，措辞一定要隐晦婉转。这也是忠厚仁德的道理。例如有人不对兄长不恭顺，不能直接写不孝顺兄长，只要写听说某人在事兄敬长的礼仪上还做得很不够，我们听后不相信这是事实，暂且把这事登记在这里等以后看是否是真的。凡属纠正过失的，都用这种方法记述。如果有难以更改的过失，暂且不要记录示众，让犯错的人成为众矢之的，这样可能激起反叛之心，反而加深他的恶行。约长、约副等人，必须先背地里跟那人交谈，使他自己能够坦白交代自己的过错，然后大家一起劝导鼓励他，使他能够产生从善的念头，然后暂且将这些事记录下来，使他能够改恶从善。如果不能改恶从善，之后再把他的各种过错全部记录下来。如果还不能改，之后可将这些情况向官府反映。如果再不能改恶从善，那么遵守同一乡约的百姓就应当将这人押送到官府，由官府公开宣明他的罪过。如果迫于形势无法将他押送到官府，那么同一乡约的百姓应当协助官府官兵，同心协力铲除这样的祸害。

一、通约之人，凡有危疑难处之事，皆须约长会同约之人与之裁处区画，必当于理、济于事而后已。不得坐视推托，陷人于恶，罪坐约长约正诸人。

译文

一、整个乡约的成员，如果遇到危急难以处理的事情，都需要约长和乡约的全体成员一同商量处理，商讨的办法务必合情合理，可以解决问题才行。乡约成员不能不闻不问、推脱责任，把人推向做坏事的境地，如发生这类情况约长、约正等人应当连坐。

一、寄庄人户，多于纳粮当差之时躲回原籍，往往负累同甲。今后约长等劝令及期完纳应承，如蹈前弊，告官惩治，削去寄庄。

译文

一、寄住在各乡村的外来人口，大多在应当交纳钱粮、听差服役的时候躲回原籍，往往加重村里人的负担。今后约长等人应督促他们按时完成分派的各项任务，如果仍像先前一样躲避，就上报官府，由官府对他们进行处罚，剥夺他们在乡村寄住的资格。

一、本地大户，异境客商，放债收息，合依常例，毋得磊算。或有贫难不能偿者，亦宜以理量宽。有等不仁之徒，辄便捉锁磊取，挟写田地，致令穷民无告，去而为之盗。今后有此告，诸约长等与之明白，偿不及数者，劝令宽舍；取已过数者，力与追还；如或恃强不听，率同约之人鸣之官司。

译文

一、当地的富裕人家或外来的客商，发放债务、收取债息时，都应当依照当地的习惯办理，不得重复计算。如果有的人相当贫困，不能按时偿还的，也应当酌情给予宽待。有的富户、客商不仁不义，动不动就以利滚利的方式收取债息，或者趁人之危，掠夺百姓的田地，致使贫穷的人无法告发他们，从而导致穷人流落为盗匪。现在下达这样的通知，请约长等人和那些富户客商讲清楚，对于不能偿还债息的百姓，命令他们予以宽待减免；收取的数量如果超过规定的，应当全力追回，偿还原主；如果凭借自己的钱势不听从约长等人规劝的，那么约长就应当带领同约的人将他们送交官府法办。

一、亲族乡邻，往往有因小忿投贼复仇，残害良善，酿成大患。今后一应斗殴不平之事，鸣之约长等公论是非，或约长闻之，即与晓谕解释。敢有仍前妄为者，率者同约呈官诛殄。

译文

一、亲族邻里间往往有人因为一些小的怨恨而去投奔盗匪，伺机报仇，残害善良百姓，酿成大的祸患。从今以后一切有关斗殴复仇的事，应告知约长等人，由集体一起判断是非曲直，如果约长听到有关斗殴、不公平等方面的事，就当即劝导开解他们，仔细地做教育说服工作。如果还有人敢同之前一样投奔盗匪肆意妄为的，约长带领同一乡约的民众呈报官府派兵剿杀。

一、军民人等若有阳为良善，阴通贼情，贩买牛马，走传消息，归利一己，殃及万民者，约长等率同约诸人指实劝戒，不悛，呈官究治。

译文

一、官兵百姓等人，如果有表面上正直善良，背地里与盗匪勾结，向贼匪买卖牛马、提供情报，把各种利益据为一个人所有，而使成千上万的百姓遭受祸害的，约长等人应当带领同一乡约的群众，详细指出他的罪行并予以劝诫，如果有顽固不化的，呈报官府进行处置。

一、吏书、义民、总甲、里老、百长、弓兵、机快人等若揽差下乡，索求赍发者，约长率同呈官追究。

译文

一、吏书、义民、总甲、里老、百长、弓兵、衙役等人，如果身负差事下乡后，向乡民索取钱财贿赂的，约长带领同一乡约的百姓呈报官府进行处置。

一、各寨居民，昔被新民之害，诚不忍言，但今既许其自新，所占田产，已令退还，毋得再怀前仇，致扰地方。约长等常宜晓谕，令各守本分，有不听者，呈官治罪。

译文

一、各村寨的百姓，过去受到新民的侵害，惨况实在不忍再说起，然而现在既然允许他们悔过自新，他们所侵占的土地财产，已经责令退还，就不能再怀恨在心，从而给地方带来灾难。约长等人应当时常开解劝告他们，让他们安守本分，如果有不听从的，就呈报官府治罪。

一、投招新民，因尔一念之善，贷尔之罪。当痛自克责，改过自新，勤耕勤织，平买平卖，思同良民，无以前日名目，甘心下流，自取灭绝。约长等各宜时时提撕晓谕，如踵前非者，呈官惩治。

译文

一、那些接受政府招安的新民，因为你们有从善的愿望，所以免除了你们之前的罪行。你们应当严格自省，改过自新，勤于耕织，公平买卖，时时刻刻想到自己和其他善良的百姓一样，不要再因为过去的情况，自甘堕落作恶，自寻死路。约长等人应时时提醒告诫他们，如果有继续重蹈覆辙，胡作非为的，呈报官府惩治。

一、男女长成，各宜及时嫁娶，往往女家责聘礼不充，男家责嫁妆不丰，遂致愆期。约长等其各省谕诸人，自今其称家之有无，随时婚嫁。

译文

一、男女长大成人，都应当及时娶亲、嫁人，往往有女方责备男方的聘礼不充足，男方责备女方的嫁妆不丰富，从而导致嫁娶之事延期。约长等人应当开导劝解百姓，从今以后，不管聘礼、嫁妆是否足够，都应当根据两家情况适时嫁娶。

一、父母丧葬，衣衾棺椁，但尽诚孝，称家有无而行。此外或大作佛事，或盛设宴乐，倾家费财，俱于死者无益。约长等其各省谕约内之人，一遵礼制。有仍蹈前非者，即与纠恶簿内书以不孝。

译文

一、父母逝世，办理丧事所需的衣被棺椁的采办，只要尽到自己的孝心，根据家里的经济状况采买即可。除此之外，如果有人大肆举行佛事，或者大摆丧宴乐礼，耗尽家财，这都对逝世的人没有一点好处。约长等人应提醒劝诫本约内的百姓，全部遵照丧礼的规定办理。如果仍有在办丧事时铺张浪费的，就把这些过失全部登记在簿册上，冠以不孝的罪名。

一、当会前一日，知约预于约所洒扫张具于堂，设告谕牌及香案南向。当会日，同约毕至，约赞鸣鼓三，众皆诣香案前序立，北面跪听约正读告谕毕。约长合众扬言曰："自今以后，凡我同约之人，祗奉戒谕，齐心合德，同归于善。若有二三其心，阳善阴恶者，神明诛殛。"众皆曰："若有二三其心，阳善阴恶者，神明诛殛。"皆再拜，兴，以次出会所，分东西立。约正读乡约毕，大声曰："凡我同盟，务遵乡约。"众皆曰："是。"乃东西交拜，兴，各以次就位，少者各酌酒于长者。三行，知约起，设彰善位于堂上，南向置笔砚，陈彰善簿。约赞鸣鼓三，众皆起，约赞唱："请举善。"众曰："是在约史。"约史出就彰善位，扬言曰："某有某善，某能改某过，请书之，以为同约劝。"约正遍质于众曰："如何？"众曰："约史举甚当。"约正乃揖善者进彰善位，东西立，约史复谓众曰："某所举止是，请各举所知。"众有所知即举，无则曰："约史所举是矣。"约长副正皆出就彰善位，约史书簿毕，约长举杯扬言曰："某能为某善，某能改某过，是能修其身也；某能使某族人为某善，改某过，是能齐其家也。使人人若此，风俗焉有不厚？凡我同约，当取以为法。"遂属于其善者，善者亦酌酒酬约长曰："此岂足为善，乃劳长者过奖，某诚惶怍，敢不益加砥砺，期无负长者之教。"皆饮毕，再拜会约长。约长答拜，兴，各就位。知约撤彰善之席，酒复三行，知约起，设纠过位于阶下，北向置笔砚，陈纠过簿。约赞鸣鼓三，众皆起，约赞唱请纠过，众曰："是在约史。"约史就纠过位，扬言曰："闻某有某过，未敢以为然，姑书之，以俟后图，如何？"约正遍质于众曰："如何？"众皆曰："约史必有见。"约正乃揖过者出就纠过位，北向立，约史复遍谓众曰："某所闻止是，请各言所闻。"众有所闻即言，无则曰："约史所闻是矣。"于是约长副正皆出纠过位，东西立，约史书簿毕，约长谓过者曰："虽然姑无行罚，惟速改。"过者跪请曰："某敢不服罪。"自起酌酒跪而饮曰："敢不速改，重为长者忧。"约正副史皆曰："某等不能早劝谕，使子陷于此，亦安得无罪？"皆酌自罚。过者复跪而请曰："某既知罪，长者又自以为罚，某敢不即就戮，若许其得以自改，则请长者无饮，某之幸也。"趋后酌酒自罚。约正副咸曰："子能勇于受责如此，是能迁于善也，某等亦可免于罪矣。"乃释爵，过者再拜，约长揖之，兴，各就位。知约撤纠过席，酒复二行，遂饭。饭毕，约赞起，鸣鼓三，唱申戒，众起，约正中堂立，扬言曰："呜呼！凡我同约之人，明听申戒，人孰无善？亦孰无恶？为善虽人不知，积之既久，自然善积而不可掩；为恶若不知改，积之既久，必至恶积而不可赦。今有善而为人所彰，固可喜；苟遂以为善而自恃，将日入于恶矣。有恶而为人所纠，固可愧；苟能悔其恶而自改，将日进于善矣。然则今日之善者，未可自恃以为善；而今日之恶者，亦岂遂终于恶哉？凡我同约之人，盍共勉之！"众皆曰："敢不勉。"乃出席，以次东西序立，交拜，兴，遂退。

译文

一、乡约成员集会的前一天，知约应当事先到约所内将场地打扫干净，摆上各种用具，在南边添设告示牌和香案。等到集会的那天，乡约成员都到齐后，约赞击鼓三次，各成员都到香案前面按次序站好，面朝北跪着听完约长读完告示。约长应该对众人说："从今以后，凡是和我们一起立订乡约的人，都应当恭敬地遵循乡约告示，同心同德，共同为善。如果有三心二意，表面上从善，背地里作恶的人，天上的神明一定会消灭他。"接着众人都说："如果有三心二意，表面上从善，背地里作恶的人，天上的神明一定会消灭他。"全体成员都跪拜两次后站起来，按照次序走出集会的地方，分东西两边站立。约正读完乡约后，大声说："凡是与我们一同订立乡约的人，都必须遵守乡约。"众人都说："没错。"于是东西两边的人互拜，站起来后，各自按次序就座，年少的都向年长者敬酒。三次后，知约站起来，在乡约堂上设立表彰善行的牌位，在南边放置笔砚，摆好表彰善行的簿册。然后约赞再击鼓三次，众人都站起来，约赞说："请讲出善行的事例。"众人说："此事由约史公布。"约史出列，来到表彰善行的位置上，高声道："某某人有某种善行，某某人能够纠正某过失，请记录下来，作为同约的人的榜样。"约正一个个询问众人说："是否赞同？"众人回答说："约史列举得非常恰当。"约正于是请那些善行突出的人到表彰善行牌位的位置，分成东西两边站立，约史再对众人说："我所列举的只有这些，请大家说出自己知道的表现突出的人。"众人如果有知道的就立即说出来，没有就说："约史所列举的完全正确。"约长、约副、约正都出列来到表彰善行的牌位处，约史在簿册上登记完成后，约长举杯大声说："某某能行某项善行，某某能够改正某项过失，这就是能加强自身的修养；某某能使同族的人行某种善行，改正某种过失，这就是能整顿管理家事。假使人人都能像这样，那乡内的风俗怎么能不淳厚呢？凡是我们乡约的成员，都应当效法这样的人。"于是就把行善表现突出的人记录下来，受到表彰的人也斟满酒，酬谢约长说："这怎么值得称为善行呢，实在是长者过誉了，某等诚惶诚恐，不敢不更严格要求自己，但愿不辜负长者的教诲。"都将酒喝完后，向约长拜了两拜，谢过约长，约长回拜，起身，各自返回原位。知约将表彰善行的席位撤去，再敬三轮酒，知约起身，把纠正过失的牌位设在台阶下，在北边放置笔砚，摆好纠正过失的簿册。接着约赞击鼓三次，众人纷纷站起来，约赞高声请求举出纠正过失的事例，众人都说："这些由约史公布。"约史来到纠正过失的牌位处，大声说："听说某某人有某些过失，不敢相信那是真的，姑且将这些事记录下来，以待之后检验，这样是否可行？"约正一个个地询问众人，"是否赞同？"众人都说："约史说的一定是有根据的。"约正于是把那些需要改正过失的人带出来，站到纠正过失的牌位处，面朝北站立，约史再对众人说："我所听到的只有这些，请各自说出你们听到的情况。"众如果有听到的就马上补充，没有就说："约史所说的完全正确。"于是约长、约副、约正都来到纠正过失的牌位处，分东西站立，约史把事情记录完成后，约长对犯了过错的人说："虽然暂且不进行处罚，但是你们也要尽快改正。”犯了过失的人跪着请求说：“某等不敢不认罪。”自己站起来斟酒，跪着饮完，对众人说：“不敢不尽快纠正自己的过失，使年长的人再为我们担忧。”约正、约副、约史都说：“某等不能及早进行劝诫，使你们落到这样的地步，又怎么能说没有过失呢？”于是都自己斟酒喝完，作为对自己的处罚。有过失的人再次跪下请求道：“某已经知道自己的过失，年长者又因此自罚，某不敢不立即接受处罚，如果允许我改正自己的过失，那么请年长者不要自罚，这就是我的幸事了。”接着后退斟酒自罚。约正、约副都说：“你能像这样勇敢承认自己的过失，并诚心进行自罚，这就表明你能够改过自新，弃恶从善，我们也可以免于罪责了。”于是放下手中的酒杯，犯了过失的人向他们拜了两拜，约长回拜，起身，各自回到自己的位次上。知约撤下纠正过失的席位，再敬酒两轮，就开始用饭。吃完饭后，约赞起身，击鼓三次，高声申明禁戒，众人都站起来，约正站在约所大堂的中间，大声说：“唉！凡是与我们一起订立乡约的人，请仔细听清乡约的禁戒，哪个人没有善良之处，又有哪个人没有缺点呢？做善事时虽然人们一时不知道，但如果好事做得多，天长日久，善行自然积累下来，终究是掩饰不了的；做了坏事如果不知道纠正，天长日久，过失积累得多了，一定会导致不可饶恕的局面。现在做了好事而受到别人的表彰，固然是值得庆贺的事；如果因此而骄傲自满，那么就将逐渐犯下坏事。有了过失而被别人纠正，固然是值得羞愧的事；如果能痛悔自己的过失而自己纠正，那么就将日益向善人靠拢了。因此现在做了善行的人，不可因自己有好的德行而自满；现在犯了过失的人，又怎么能终身都做坏事呢？凡是和我们一同订立乡约的人，都应该相互勉励！”众人都回答说：“不敢不相互勉励。”于是从席位上走出，在东西按次序排好，互相答拜，起身，方能退下结束。

旌奖节妇牌

访得吉水县民人陈文继妻黄氏，庐陵县生员胡究妻曾氏，俱各少年守制，节操坚厉，远近传扬，士夫称叹。当兹风俗颓靡之时，合行旌奖，以励浇薄。为此仰府官吏即行吉水、庐陵二县掌印官，支给无碍官钱，买办礼仪，前去各家，盛集乡邻老幼之人，宣扬本妇志节之美，务使姻族知所崇重，里巷知所表式，用奖贞节，以激偷鄙。仍备述各妇节操志行始末，及将奖励过缘由，同依准随牌缴报，以凭施行。

译文

了解到吉水县百姓陈继文的妻子黄氏，庐陵县生员胡究的妻子曾氏，都在年少时守孝，节操坚贞，远近闻名，有教养的人都称赞她们。在当下社会风气颓丧的时候，应当对她们进行奖励，以表彰他们的节操，勉励其他人。因此命令该府的官员立即通知吉水、庐陵两县的掌印官，支出银两，购置礼品，前去探望两家，并召集乡村的男女老幼到场，表彰两位妇女高尚的节操，务必使他们的亲戚朋友以及大街小巷的人都知道我们敬重、推崇的是怎样的人，嘉奖恪守贞节的人，以此劝诫节操不好的人。并且还要把这些妇女坚守节操的详细情况以及奖励她们的缘由，奖励时的情况，按照规定的顺序记录好，与令牌一同交纳呈报，以便推行她们的事迹。

兴举社学牌

看得赣州社学乡馆，教读贤否，尚多淆杂。是以诗礼之教，久已施行，而淳厚之俗，未见兴起。为此牌仰岭北道督同府县官吏，即将各馆教读，通行访择，务学术明正、行止端方者，乃与兹选。官府仍籍记姓名，量行支给薪米，以资勤苦，优其礼待，以示崇劝。以各童生之家，亦各通行戒饬，务在隆师重道，教训子弟，毋得因仍旧染，习为偷薄，自取愆咎。

译文

了解到赣州一带的社学及乡村学校，里面的教读先生良莠不齐，贤能之士与无才之人大多混杂在一起。因此诗书礼义的教育虽然推行了很久，但是淳朴宽厚的社会风俗并没有因此而兴盛。为此向岭北道下发令牌，命令岭北道会同府、县的官员，立即到各地的学馆、乡村学校探访教读先生，对他们进行考核选拔，只有那些学术扎实、品行端正的人，才可以选拔出来。官府要把他们的姓名登记造册，根据情况发给薪水俸禄，来帮助他们苦读勤工，给予他们优厚的待遇，以此表示对他们的鼓励和赞赏。对于各位童生的家里，也要通知下去，务必使他们尊师重道，教导自己的晚辈，不能再像以前一样沾染恶习，招致官府的责罚。

颁定里甲杂办

据龙南县申称："先年里甲使用，俱系丁粮分派，照日应当，以致多寡不均。要将正德十六年里甲通行查审，除逃绝人丁外，将一年使用，春秋祭祀，军需岁报，使客夫马等项，俱于丁粮议处，每石出银若干，陆续称收贮库。推举老人，公同里长，使用注簿，傥有余剩，照多寡给还"等因到院。簿查，先该赣州府知府盛茂、同知夏克义议过赣县里长额办杂办，已经批仰岭北道再加酌议。

译文

根据龙南县呈来的报告说："以前里甲所需的各种费用，都分摊到人丁应交的粮赋中，按时间收取，以致承担粮赋的多少不一样。应当同一核查正德十六年（1521）里甲的开支情况，除那些逃亡的人口之外，把一年所需要的费用，春、秋两季的祭祀，军队所需军饷，年末时向上汇报、招待客人、马匹饲料等项，都从人丁应交的粮赋中摊派，每石折出若干银钱，陆续收缴到官库中存储。推选老人和里长一道监管，支出时要在簿册上进行登记，如果还有剩余，则按征收时交纳的多少分别发还。"这个报告送到本院。我从呈送报告的登记簿册上查到，先前赣州府的知府盛茂和同知夏克义曾经商议过这赣县里长呈报的分内和额外开支的情况，已经下令要求岭北道再斟酌商议。

续据副使王度呈称："查算本县额办使用，该银三千七百三十一两七分二厘四毫九丝，原辖里长一百一十里内除十里逃绝，止有一百里，十六年分每粮一石算一分，人丁二丁算一分，一年丁粮共该一千一百二十六分半，每分该出银三两三钱一分二厘一毫一丝一忽。合行该县印钤收银文簿一扇，将各都该办银两，分为二次查追贮库。又置文簿二扇，一写本县支出数目，一发支用人役注附。每月选有行止老人二名，公同直日里长，赴县支领，每月备具用过揭帖三本，一送都察院，一分巡道，一本府，各不时稽察，年终羡余，并听上司查处，以补无名征需，府县不得擅支。仍将各里该纳分数，刷印告谕，遍张乡村晓谕。如有官吏额外科派，及收银人役多取火耗秤头，并里甲恃顽不办，许各呈告，以凭拿问。呈乞照详。又经批仰照议即行该县，永永查照，仍备刻告示，遍行晓谕，及多行刷印，颁给各里收照，以防后奸。”

译文

随后据王度呈送来的报告：“核算到我县正常所需银钱三千七百三十一两七分二厘四毫九丝，原管辖的里长一百一十里的范围内，除有十里地的人口逃亡外，还有一百里内的百姓，正德十六年，每一石粮算一分，两个人丁算一分，一年的人丁田赋总共是一千一百二十六分半，每分该出银钱三两三钱一分二厘一毫一丝一忽。命令该县制作、加盖收银文簿一本，将各处需上缴的银钱分成两批，监督存入银库。再准备两本薄册，一本写明本县应支出的数量，一本发给登记支出时的经办人，由他们签字及备注。每月选派二位有德行的老人和当地的里长，每月到县里领取所需费用，每月都要在三份票据上写清所支数目，一份送交都察院，一份送交分巡道，一份送交府里，这三级机关都要不定时地进行检查核对，年终时欠缺如果有结余，就等候上级核查处置，以此弥补意料外的开支，各府各县不能擅自支出。仍然要把各里应当交纳粮钱的数目印制成告示，到各村张挂，告知百姓。如果有官员额外征收钱粮，或者征收钱粮的人趁机贪图小利，或者里甲顽固不化不办理的，允许百姓向上告发，以便官府能处罚他们。报告已经书面呈送。已经批准按照商议结果通知该县，始终警惕核查，还要出具告示，广泛地告知百姓，并多加印制，并发给各里保存参考，以防止以后出现舞弊的事。”

今申前因，看与本院新定则例相同。及照宁都等九县，及南安所属大庾等县事体民情，当不相远，合就通行查编。为此仰抄案回道，即便速行各县，俱查本院近定规则，各照丁粮多寡，派编银两，追收贮库，选委行止端实老人，公同该日里长支用，置簿稽察，刊榜晓谕，禁约事宜，悉照原议施行。敢有违犯者，就便拿问呈详。通取各县派定过缘由，类报查考。

译文

现在龙南县呈报了之前的事，看到与本院最新制定的规则相同。又了解到宁都等九县以及南安管辖的大庾等县，具体的情况应当相差不大，可以按同样的办法进行调查编排。为此，向各道发公文，要求他们立即通知各县，都要查看本院最近制定的细则，分别按照人口粮赋的多少，分摊应缴的钱银，收缴国库，选派品行端正的老人会同当天值班的里长到县去支取费用，备好簿册登记，以便检查核对。应当张榜告示百姓，禁令以及约定好的事项，都按照原来商议的措施办理。敢有违抗命令不遵照执行的，立即捉拿问罪，向上呈报。统一收集各县办理此事的原委，以便日后核查。

批江西布政司设县呈

据江西布政司呈将新淦县知县田邦杰建言设县缘由。看得近来各处设县，皆因穷山绝谷，盗贼盘据，人迹罕通，声教不及，不得已而为权宜之计。若腹里平衍，四通五达之区，止宜减并，不贵增添。盖增一县，即增一县之事，官吏供给，学校仓库，囹狱差徭，一应烦费，未易悉举。且又有彼此推避之奸，互相牵制之患，计其为利，不偿所害。古人谓省吏不如省官，省官不如省事，凡今作事，贵在谋始。仰布政司再行会同二司各官从长计议，设县之外，果无别策可以致理，具议呈夺。缴。

译文

根据江西布政司呈来的报告，提到新淦县知县田邦杰建议增设县治一事。了解到近来各地纷纷增设县治，都是因为那些地方崇山峻岭，悬崖绝壁，盗匪在这一带盘踞，普通百姓很少到访，政策教化也很难抵达，增设县治实在是没有办法的办法。如果这些地方地势平坦，道路四通八达，那就只适合减少、合并行政单位，而不适宜增添县治。因为增设一县，就增加了一个县的事务，官员的薪俸，学校官库的建设，监狱以及相应差役的管理，所有事宜都需要相应的费用，全部办成并不是容易的事。况且在一些官员间又有相互推脱、逃避责任的奸诈行为，以及互相牵制、钩心斗角的隐患，考虑到增设县治的好处还抵不上这件事带来的弊端。古人说要裁减官员不如裁减官位，裁减官位不如削减行政管理的琐碎事务，现在要从事的事情，最重要的就是要提前筹划。命令布政司再和其他两司的各位官员从长远考虑，是否除了增设县治之外，再没有其他的办法可以把地方管理得更好，把详细情况都汇报上来，以便向上呈报定夺。特此通知。

议处官吏廪俸

照得近来所属各州县卫所仓场等衙门，大小官吏以赃问革者相望，而冒犯接踵。究询其由，皆云家口众多，日给不足，俸资所限，本以凉薄，而近例减削，又复日甚。加有上下接应之费，出入供送之繁，穷窘困迫，计出无聊。中间亦有甘贫食苦刻励自守者，往往狼狈蓝缕，至于任满职革，债负缠结，不得去归其乡。夫贪墨不才，法律诚所难贷，而其情亦可矜悯。夫忠信重禄，所以劝士，在昔任人，既富方谷，庶民在官，禄足代耕，此古今之通义也。朝廷赋禄百司，厚薄既有等级，要皆使各裕其资养，免其内顾，然后可望以尽心职业，责以廉耻节义。今定制所限，既不可得而擅增，至于例所应得，又从而裁削之，使之仰事俯育，且不能遂，是陷之于必贪之地，而责之以必廉之守，中人之资，将有不能，而况其下者之众乎？所据前项事理，非独人情有所未堪，其于政体，亦有所损。合行会议查处，参酌事理轻重，及查在外官员，自二品至九品，并杂职吏胥等俸米，除本色外，其折色原例，每石作银若干，于何年月裁减，作银若干，应否复旧，或量行加增，务要议处停当，呈来定夺施行。

译文

得知近来下属的各州、县、卫、所、仓场等官府机构，大小官员由于贪污而被革职问罪的人很多，触犯律法的官员一个接一个。查问他们这样做的原因，都回答说家里人口众多，每天的食物供应不够，他们的薪俸本来就不多，近来还日复一日地降薪减酬。再加上还有接待上下级官员的花费，还要频繁地迎接各处官员领导，因而贫穷到了极点，实在无可奈何，被迫而为。在这些官员中也有能吃苦耐劳、忍饥挨饿，激励自己坚守节操的，他们往往衣衫破旧，样子十分狼狈，等到任满离职的时候，背了一大堆债务，不能回到自己的家乡拖累家人。不履行职守，贪污受贿，这固然是国法所不允许的，然而这种情况也实在值得同情。古人云，对待官员要讲究忠信，并且用优厚的俸禄供养他们，这才是劝勉贤能为国效力的方法，过去任命官员，给予的俸禄总是比较富足，平民百姓担任官职，得到的俸禄足够取代从事耕作时的收入，这是过去和现代通用的道理。朝廷给各级官员发放俸禄，多少是有等级规定的，要使他们靠俸禄能够生活得比较好，以消除他们生存的忧虑，只有这样，才能指望他们在自己的岗位上尽心尽力，才可以用廉耻礼义去约束他们。现在由于俸禄制度的限制，既不能够擅自增加额外的收入，至于按照规定应当得到的部分，又逐渐削减，使他们奉养父母、养育子女都难以做到，这是让官员们不得不去贪污，却又要求他们必须遵守廉洁奉公的节操，即使是中等富裕程度的人尚且做不到，更何况那些不富裕的下层官员呢？前面所谈及的那些事情，不仅伤害了官员们的爱国忠心，对于国家政权也有损害。应当召集会议商讨处理，根据事件的轻重，并调查有关官员，从二品官到九品官以及杂役和小官员的俸米，除标准俸米外，其他折合成标准俸米的各是多少，每石折合成银两是多少？从哪年哪月开始削减，折合银两多少？是否应该恢复到原来的标准，或者根据实际情况适当增加？务必调查商议妥当，将情况汇报上来，以便决定实行。

咨六部伸理冀元亨

照得湖广常德府武陵县举人冀元亨，忠信之行，孚于远迩，孝友之德，化于乡闾。本职往年谪官贵州，本生曾从讲学。近来南赣，延之教子。时因宁藩宸濠潜谋不轨，虐焰日张，本职封疆连属，欲为曲突徙薪之举，则既无其由，将为发奸擿伏之图，则又无其实。偶值宸濠饰诈要名，礼贤求学，本职因使本生乘机往见宸濠，冀得因事纳规，开陈大义，沮其邪谋；如其不可劝喻，亦因得以审察动静，知其叛逆迟速之机，庶可密为御备。本生既与相见，议论大相矛盾，宸濠以本职所遣，一时虽亦含忍遣发，而毒怒不已，阴使恶党，四出访缉，欲加陷害。本生素性愿悫，初不之知，而本职风闻其说，当遣密从间道潜回常德，以避其祸。后宸濠既败，痛恨本职起兵攻剿，虽反噬之心无所不至，而天理公道所在，无因得遂其奸。乃以本生系本职素所爱厚之人，辄肆诋诬，谓与同谋，将以泄其仇愤。且本生既与同谋，则宸濠举叛之日，本生何故不与共事，却乃反回常德，聚众讲学？宸濠素所同谋之人如李士实、刘养正、王春之流，宸濠曾不一及，而独口称本生与之造始，此其挟仇妄指，盖有不待辩说，行道之人皆能知者。但当事之人，不加详察，辄尔听信，遂陷本生一至于此。

译文

湖广常德府武陵县的举人冀元亨有忠诚信义的德行，远近闻名，孝敬父母，团结友邻，使乡里间的百姓都深为感动。本官以前到贵州去任职时，冀元亨曾经跟随我去讲学。前些日子我来到南赣，就请他来教导自己的子女。当时由于宁王宸濠暗中密谋造反，他的反动气焰日益嚣张，本官统帅一方百姓，想要预先准备，扼杀宁王的阴谋，却又一时找不到借口，想派奸细去捉拿他，却又缺乏捉拿他的证据。偶然碰到宁王宸濠为了掩饰他的反动面目，赢得爱才的名号，礼贤下士，招纳贤才，本官因此派遣冀元亨借此机会前去拜见宁王，希望冀元亨能够根据情况因势利导，用家国大义规劝宁王，从而阻止他的反叛企图；如果宁王到了不可救药、劝阻无用的地步，也可以借机观察宁王那里的动静，了解他们谋反的具体时间，使我们能够暗地里有所防备。冀元亨和宁王相见后，他们的观点互不投机十分矛盾，宸濠认为冀元亨是我派遣来的，一时虽然忍气吞声将他遣返回去，但私下里十分恼火，暗地里派出人手四处搜寻缉拿，想把冀元亨置于死地，冀元亨一向为人恭谨，起初不知道宁王宸濠想害死他，本官却当时听到了一点风声，立即让他偷偷走小道回到常德，以躲避杀身之祸。后来宸濠兵败，十分痛恨我带兵追剿他，虽然为了寻求报复不择手段，但天理正义站在本官一边，他的奸计没能够得逞。又因为冀元亨是本官一向欣赏重用的人，所以就大肆诋毁诬陷他，说冀元亨是他的同谋，想要以此发泄他的仇恨愤怒。如果冀元亨是宸濠的同谋，那么宸濠他们发动叛乱的时候，冀元亨为什么不和他们一起造反，反而要返回常德，招募学生讲学呢？一向和宸濠合谋的人，例如李士实、刘养正、王春之类，宸濠一个都没有提及，却唯独声称冀元亨和他一道策划谋反，这是因为宸濠怀着私人仇怨而凭空栽赃，不需要过多辩解，路上的行人都能清楚明白这一点。然而负责此事的官员，没有经过仔细调查就听信了宸濠的谎言，才使冀元亨遭受诬陷，以至于到了现在这样的地步。

本生笃事师之义，怀报国之忠，蹈不测之虎口，将以转化凶恶，潜消奸完，论心原迹，尤当显蒙赏录，乃今身陷俘囚，妻子奴虏，家业荡尽，宗族遭殃。信奸人之口，为叛贼泄愤报仇，此本职之所为痛心刻骨，日夜冤愤不能自已者也。本职义当与之同死，几欲为之具奏伸理，而本生虽在拘囚，传闻不一，或以为既释，或以为候旨。兼虑当事之人或不见谅，反致激成其罪，故复隐忍到今，又恐多事纷纭之日，万一玉石不分，竟使忠邪倒置，徒以沮义士之志，而快叛贼之心，则本职后虽继之以死，将亦无以赎其痛恨。为此合行具咨贵部，烦请咨询鉴察，特赐扶持分辨施行。

译文

冀元亨一向坚守敬奉师长的礼义，心怀报国的赤诚，为了国家赴汤蹈火，前往不可预知的险境，想用家国大义来教化那些凶恶的人，背地里消灭他们图谋不轨的计划，从他的志向和行动来看，尤其应当予以表彰嘉奖，可是现在冀元亨却身陷囹圄，他的妻子儿女变成了奴隶，家产全部充公，连宗族都受到牵连。一些官员因无知而听信奸人的谗言，为乱臣贼子泄私愤、报私仇，这是本官深感痛心疾首，且日夜为其受到的冤屈愤懑不平，无法自已的事情。按照道义来说，本官理应同冀元亨一道赴死，几次想将情况奏明以便为他申冤，然而冀元亨虽然被关押在监狱中，但是传闻并不一致，有的说他已经被释放了，有的说他在等候陛下的圣旨。又考虑到亲历战争的人可能一时不能谅解，反而弄巧成拙，给冀元亨定罪，因此本官才隐忍到现在，又担心当下事情动荡繁杂的时候，万一个别官员好坏不分，将忠诚与奸诈颠倒混淆，只会熄灭有识之士报效国家的热情，满足叛贼挑拨离间的心愿。那样本官即使随后跟着冀元亨一道赴死，也无法挽回他所遭受的痛苦，不能安抚他的怨恨。为此本官理应将实际情况写下，呈送给贵部，烦请贵部官员仔细调查，帮忙本官分辨清楚冀元亨的功过后再相应实行。

奖励主簿于旺

看得近来所属下僚，鲜能持廉守法。访得兴国县主簿于旺，独能操持清白，处事详审，近委管理抽分，纤毫无玷，奸弊划革，抚属小官之内，诚不多见。相应奖励，以劝其余。为此牌仰官吏即便支给商税银两，买办花红、彩段、羊酒各一事，并将本院发去官马一匹，带鞍一付，备用鼓乐，差官以礼送付本官，用见本院奖励之意。

译文

得知近来下属官员们，很少有人能够廉洁奉公，遵守规章制度。探访到兴国县的主簿于旺，尤其能够廉洁奉公，处理事情详细慎重，最近委派他管理收税方面的事，一丝一毫都不曾贪污，作奸犯科的事也杜绝无踪，在我管辖的范围内，这样清廉的基层官员实在不多见。应当给他以相应的奖励，来勉励其他官吏。为此下发令牌，命令相应官员立即从商税中支出银两，购买花红、彩缎、羊酒各一份，并代表本院奖励官马一匹，鞭绳马鞍一副，击鼓奏乐，派遣官员用隆重的礼仪送至于旺家中，以表示本院对他的嘉奖鼓励。

申谕十家牌法

本院所行十家牌谕，近来访得各处官吏类多视为虚文，不肯着实奉行查考，据法即当究治，尚恐未悉本院立法之意，故今特述所以，再行申谕。

译文

本院颁行的十家牌告示，近来了解到各地的官员们大多把十家牌看成是虚文，不愿意按照告示上的规定检查考核，对这种情况按照律法的规定应当追究治罪，又担忧有的官员没有知悉本院设立十家牌法的意图，所以现在特地将原因再次说明。

凡置十家牌，须先将各家门面小牌挨审的实，如人丁若干，必查某丁为某官吏，或生员，或当某差役，习某技艺，作某生理，或过某房出赘，或有某残疾，及户籍田粮等项，俱要逐一查审的实。十家编排既定，照式造册一本留县，以备查考；及遇勾摄及差调等项，按册处分，更无躲闪脱漏。一县之事，如视诸掌。每十家各令挨报甲内平日习为偷窃，及喇唬教唆等项不良之人，同具不致隐漏，重甘结状，官府为置舍旧图新簿，记其姓名，姑勿追论旧恶，令其自今改行迁善。果能改化者，为除其名；境内或有盗窃，即令此辈自相挨缉。若系甲内漏报，仍并治同甲之罪。又每日各家照依牌式，轮流沿门晓谕觉察。如此即奸伪无所容，而盗贼亦可息矣。十家之内，但有争讼等事，同甲即时劝解和释，如有不听劝解，恃强凌弱，及诬告他人者，同甲相率禀官，官府当时量加责治省发，不必收监淹滞。凡遇问理词状，但涉诬告者，仍要查究同甲不行劝禀之罪。又每日各家照牌互相劝谕，务令讲信修睦，息讼罢争，日渐开导，如此则小民益知争斗之非，而词讼亦可简矣。

译文

凡是设立十家牌的，应首先将各家大门前的小牌检查核对清楚，如家里有多少人，何人任什么官职，何人是读书的生员，或者从事什么差事，有什么特长手艺，做什么生计，或者过继到某房出赘，或者有什么残疾，以及户籍、田地、缴纳粮钱等项目，都要逐一调查核实准确。十家牌编好确定后，按照原来的样式造一本簿册留在县里，以便检查核实；等到遇有处理公务或派遣差役等事，可以按簿册上登记的情况进行分派，就不会有躲闪遗漏的事情发生。这样一个县内的事情，就如同观察手掌一样遍览无遗。每十家分别要求他们挨个申报甲内平时有惯于偷窃以及恐吓、教唆他人从恶的奸人，这些都要上报，不得遗漏，十家都应立下保证，登记造册，官府也应为他们建立舍旧图新的簿册，登记他们的姓名，姑且不追究以往的过失，让他们从现在起改恶从善。如果确实能够弃恶从善的人，将他们的名字从簿册上删除；管辖的地区内如果出现盗匪、窃贼，就让这些人去捉拿。如果是甲内漏报了这样的奸人，那么连同甲内的十家一同治罪。每天各家按照十家牌式上的要求，轮流沿着道路挨家挨户地查访同甲众人。这样一来，作奸犯科的行为无处容身，盗匪也就可以平息了。十家之内，只要有发生争执的，同甲里的人应当及时劝解协调，如果有不听同甲劝解，欺负弱小以及诬告他人的，同甲内的其他人应当禀告官府，官府应当立即根据情况酌量进行批评或者处罚，不必将有过失的人投入监狱关押。官府在审问供词时，如果遇到状告不实涉及诬告者，也要追查同甲的人不进行劝导禀告的过错。每天各家还要根据十家牌式的要求互相劝诫，务必使甲内的百姓讲求信用，邻里之间和睦相处，平息争吵、争斗，每天都相互开导谅解，这样，普通百姓就会愈加懂得争吵的弊端，前往官府告状的也会相应减少了。

凡十家牌式，其法甚约，其治甚广。有司果能着实举行，不但盗贼可息，词讼可简．因是而修之，补其偏而救其弊，则赋役可均；因是而修之，连其伍而制其什，则外侮可御；因是而修之，警其薄而劝其厚，则风俗可淳；因是而修之，道以德而训以学，则礼乐可兴。凡有司之有高才远识者，亦不必更立法制，其于民情土俗，或有未备，但循此而润色修举之，则一邑之治真可以不劳而致。今特略述所以立法之意，再行申告，言之所不能尽者，其各为我精思熟究而力行之，毋徒纸上空言搪塞，竟成挂壁之虚文，则庶乎其可矣。

译文

十家牌式，它的条文比较简单，然而它包含的内容很广泛。如果官府真能按照牌式的要求执行，不但盗匪可以根绝，诉讼可以减少，根据十家牌式来调整政策，弥补不足，纠正弊端，那么百姓的赋役就可以均衡；根据十家牌式来防御布局，将每五家联结起来，从而控制十家，那么就可以抵御来自外界的袭击；根据十家牌式来教化百姓，劝诫不好的习俗，鼓励实行良好的习俗，那么民风就可以变得淳厚；根据十家牌式来规范礼仪，用良好的道德来引导村民，用讲学来训导他们，那么礼乐就可以兴盛。凡是官府中有远见卓识的官员，也不必另行设立法制，涉及民情习俗的规定，如果有不完备的地方，只要依据十家牌式加以润色丰富，那么一个地方的治理就可以不必费太多的精力而取得成效。现在特意将当初设立十家牌式的目的简单说明，再次申明告知各官，言语上不能完全表达出来的部分，各位要深入思考，尽力实践，不要只在呈报书上用空话搪塞，使此法成为挂在墙壁上的虚文，这样地区的治理就会日益完备了。

申谕十家牌法增立保长

先该本院通行抚属，编置十家牌式，为照各甲不立牌头者，所以防胁制侵扰之弊。然在乡村，遇有盗贼之警，不可以无统纪，合立保长督领，庶众志齐一。为此仰抄案回司，即行各道守巡兵备等官，备行所属各府州县，于各乡村推选才行为众信服者一人为保长，专一防御盗贼。平时各甲词讼，悉照牌谕，不许保长干与，因而武断乡曲；但遇盗警，即仰保长统率各甲设谋截捕。其城郭坊巷乡村，各于要地置鼓一面，若乡村相去稍远者，仍起高楼，置鼓其上，遇警即登楼击鼓。一巷击鼓，各巷应之，一村击鼓，各村应之。但闻鼓声，各甲各执器械齐出应援，俱听保长调度，或设伏把隘，或并力夹击，但有后期不出者，保长公同各甲举告官司，重加罚治。若乡村各家皆置鼓一面，一家有警击鼓，各家应之，尤为快便。此则各随财力为之，不在牌例之内。俱仰督令各县即行推选增置，仍告谕远近，使各知悉。各府仍要不时稽察，务臻实效，毋得虚文搪塞。查访得出，定行究治不贷。

译文

先前本院递知安抚地方，组织、安置、推行了十家牌式，各甲没有设立专门的负责管理十家牌式的负责人，这是因为想防止胁迫、压制或侵害骚扰百姓等一系列的弊端。然而在乡村，一旦遇有盗匪骚扰这类的紧急事件，不能没有一个统一管理的人，应当设立保长统领各甲，以便在紧急情况时能统一大家的意志。为此发公文到各司，要求通知各道守巡、兵备等官员，通知他们所统管的各府、州、县，在每个乡村推举有德有才，为众人所信服的一人作为保长，专门防御盗匪。平时各甲内的诉讼争端，都按十家牌法中的规定办理，不允许保长插手干涉，从而使判决失去公允，扭曲十家牌式的本意；一旦遇到盗匪作乱，当即命令保长统率各甲百姓，设计筹划，拦截捉拿盗匪。各乡村、城镇、街巷都要在关键地段设置一面大鼓，如果乡村之间相距比较远的，那么就在这些地方建起高大的鼓楼，将鼓安置在楼上，遇到紧急情况就登楼击鼓。一个街巷击鼓，其他街巷也应当击鼓响应，一个村子击鼓，其他村子也应当击鼓响应。只要听到鼓声，各甲就要拿好武器装备，一齐出去支援，所有人都要听从保长的调动指挥，或者预先埋伏，把守住重要的关隘，或者合力夹击，如果有听到鼓声后故意拖延，不前往支援的，保长应和各甲一道向官府举报，严加惩治。如果同一乡村内每家都设置一面鼓，一家遇到紧急情况击鼓，各家都纷纷响应，这样会更加迅速便捷。这种情况各地根据自己的经济条件办理，不在十家牌式的规定之内。命令各官监督各县立即增设推举保长，并且将推举的保长向附近的乡村、城镇通报，使各地互相知晓。各府仍然要不定时地进行检查，务必使这一举措获得实效，不能在报告上写空话套话，敷衍了事。如果查出这种情况，一定追究治罪，绝不宽恕。

颁行社学教条

先该本院据岭北道选送教读刘伯颂等，颇已得人，但多系客寓，日给为难，今欲望以开导训诲，亦须量资勤苦，已经案仰该道通加礼貌优待，给薪米纸笔之资。各官仍要不时劝励敦勉，令各教读务遵本院原定教条尽心训导，视童蒙如己子，以启迪为家事，不但训饬其子弟，亦复化喻其父兄；不但勤劳于诗礼章句之间，尤在致力于德行心术之本。务使礼让日新，风俗日美，庶不负有司作兴之意，与士民趋向之心，而凡教授于兹土者，亦永有光矣。仍行该县备写案验事理，揭置各学，永远遵照去后。今照前项教条，因本院出巡忙迫，失于颁给，合就查发，为此牌仰本道府即将发去教条，每学教读给与二张，揭置座右，每日务要遵照训诲诸生。该道该府官员亦要不时亲临激励稽考，毋得苟应文具，遂令日就废驰。

译文

本院先前从岭北道了解到，该道选拔了教读刘伯颂等到社学讲学，已经得到了许多学生的欢迎，然而这些教读先生大多客居此地，薪资支持每日的花费有些困难，现在希望各官对这些教读进行开导安抚，也要对他们的辛勤给予相应的犒赏，我已经下达公文要求岭北道尊敬、优待他们，并补助给他们口粮、纸笔等方面的费用。各位官员还要经常对教读们进行敦促鼓励，使各位教读务必遵守我原来制定的教学条例，尽心尽力地教导学生，把就读的童生看成自己的子女，把教导他们看成是自己的家事，不但要教诲这些晚辈，也要教化影响他们的父兄；不仅要努力为学生们讲述诗礼文章，还要致力于培养学生的良好德行，夯实做人的根本。务必使礼义谦让的品德不断有新的进展，乡村风俗日益变好，这样才能不辜负官府大力支持社学的期望，以及百姓学子们想要学习的心愿，凡是在这片土地上教授学识、传授美德的人，也将永远葆有荣光。要求该县拟好社学规章，将规章发到各个社学，以便之后永远遵照规章行事。现在根据前面提到的教学条例，由于我外出视察工作，日程繁忙紧迫，使得拟订的条例没有颁发执行，应当核实后尽快下发，为此向岭北道各府发出令牌，要求立即将我拟订的教学条例下发，每个社学的教读各发两张，张贴在自己座位的右边，每天都要按照条例训导教诲学生。岭北道各府的官员也要时常亲自到社学中考察激励，不能只做表面文章应付差事，使这一教学条例日渐荒废。

清理永新田粮

据参议周文光呈，看得江西田粮之弊，极于永新，相传已非一日。今欲清理丈量，实亦救时切务，但恐奉行不至，未免反滋弊端。依议定委通判谈储、推官陈相、指挥高睿，会同该县知县翁玑设法丈量。该道仍要再加区画，曲尽物情，务仰各官秉公任事，正己格物，殚知竭虑，削弊除奸，必能一劳永逸，方可发谋举事。如其虚文塞责，则莫若熟思审处，以俟能者。事完之日，悉照该道会议造册，永永遵守施行。缴。

译文

根据参议周文光呈来的报告，得知江西省田地的丈量分配存在弊端，永新县的情况最为严重，据说那些弊端的存在已经不是一两天的事了。现在想清除那些弊端，重新丈量田地，实在也是切中时弊，挽救危局的关键，只是恐怕执行不善，不免会反而滋生其他弊端。依照与同僚们商议的情况，决定委派通判谈储、推官陈相、指挥高睿，会同永新县的知县翁玑，想办法重新丈量田地。该道仍然要根据情况再具体规划，因地制宜，满足百姓的意愿，务请各官员秉公办事，严于律己，求真务实，大力贡献自己的才智与力量，铲除弊端，消灭邪恶，必须要想出一劳永逸的计划后，再开始实行。如果只做表面文章，敷衍塞责，那么不如暂且再考虑规划着，等待能干的官员来推行。等到事情办完的时候，按照该道所作的决议，将丈量的情况全部登记造册，永远按照簿册上登记的田地数量分摊相应的粮钱，特此通知。

批宁都县祠祀知县王天与申

据宁都县申，看得知县王天与旧随本院征剿横水、桶冈诸贼，屡立战功，后随本院讨平宁藩，竟死勤事。况其平日居官，政务修举，威爱兼行。仰该县即从士民之请，建祠报祀，用伸士夫之公论，以慰小民之遗思。

译文

根据宁都县的申报，得知王天与过去曾随我一道征讨横水、桶冈一带的贼寇，立下许多战功，随后又随我征讨、平定了宁王的叛乱，临死时还在办理公务。况且王天与平常为官，政务一向处理得井井有条，对下属恩威并济，深得爱戴。命令宁都县顺从百姓的请求，为王天与建立祠堂进行祭祀，以符合官民对王天与的褒奖，安慰百姓对其的思念。

晓谕安仁余干顽民牌

正德十五年二月

照得安仁、余干各有梗化顽民数千余家，近住东乡，逃避山泽，沮逆王化，已将数年。即其罪恶，俱合诛夷无赦。但本院抚临未及，况查本院新行十家牌谕，各官因各民顽梗，尚未编查，若遽行擒剿，似亦不教而杀。为此牌仰抚州府同知陆俸，督同东乡县知县黄堂，及安仁县知县汪济民，余干县知县马津亲诣各民村都，沿门挨编，推选父老弟子知礼法者晓谕教饬，令各革心向化，自求生路，限在一月之内，仇者释其怨，愤者平其心，逋者归其负，罪者伏其辜，具由呈来，仍旧待以良善。若过限不改，不必再加隐忍姑息，徒益长奸纵恶，即便密切指实申来，以凭别有区处施行。

译文

了解到安仁、余干等县各有几千家思想顽固不化的百姓，近来他们居住在东乡一带，逃到山林河湖间躲藏，不接受天子的教化，他们这样已经有几年了。就他们的罪过来说，都应当处死，不能得到赦免。然而我还没有时间处置他们，况且我最近刚刚推行十家牌式，当时执行这一政策的官员，由于这些百姓冥顽不化，还没有按十家牌式将他们进行编排，如果就这样对他们进行剿杀，似乎也会落下不予教化就杀害百姓的名声。为此向抚州府发出令牌，命令同知陆俸带领东乡县知县黄堂以及安仁县知县汪济民、余干县知县马津亲自到这些人的村子，按十家牌式的要求挨家挨户进行编排，推举那些知礼守法的父老乡亲教育劝导他们，使他们洗心革面，重新做人，为自己寻一条生路，限期一个月之内，身怀仇恨的人要清除自己的怨恨，内心愤怒的人要消除心中的不平，逃亡的人要承认自己的过错，犯下罪过的人要投案伏法，把这些情况详尽坦白，就依旧把他们作为良民看待。如果超过期限还不思改过，就不必再对他们进行忍让姑息，这样只会助长他们的奸诈恶行，当即将情况秘密地如实呈报，以便用其他的办法来处置。

告谕顽民

十二月十五日

告谕安仁、余干、东乡等县父老子弟：自本院始至江西，即闻三县间有顽梗背化之民数千家，其时本院方事剿平闽、广、湖、郴诸蛮寇，且所治止于南赣，政教有所未及。自去岁征讨逆藩，朝廷复有兼抚是方之命，随因圣驾南巡，奔走道路，故亦未遑经理。今复还省城，备询三司府县各官，及远近士夫军民，皆谓尔民梗化日久，积恶深重，已在必诛无赦。夫朝廷威令，雷厉风行于九夷八蛮之外，而中土郡县之民，乃敢悖抗若此，不有诛灭，以示惩戒，亦将何以为国？欲即发兵剿捕，顾其间尚多良善，恐致玉石无辨，且前此有司所以处之，亦有未善，何者？

译文

告知安仁、余干、东乡等县的父老兄弟：从我到江西任职起，就听说三县内有几千家顽固倔强、不听教化的百姓，那时候我正在追剿福建、湖广、广东、郴州等地的盗匪，况且那时管理的范围只到达南赣，政治教化还没有到达此处。自从去年我率兵发动叛乱的宸濠后，朝廷又命令我同时巡抚这些地方，随后因为陛下亲自出巡南方，我在为陛下的旅途奔走效力，所以也没有来得及进行管理。现在我重新回到江西省城，询问三司、各府县的官员以及附近的社会贤达、名人雅士、军队官兵和地方百姓，都说你们这些百姓顽固不化，罪孽深重，已经到了必须诛杀不能赦免的境地。朝廷威严的号令，在边境蛮夷所在的地方尚且可以执行得严格迅速，现今位于国家中心郡县的百姓，竟然敢这样违背反抗官府的政令，不将你们诛杀以示惩处，朝廷又凭借什么来治理国家呢？我想立即派兵进行捉拿剿杀，考虑到其中尚且还有许多良民，恐怕在追剿时不能将好人和坏人区别开来，况且之前的官员在处理这样的问题时，也没有处理妥当，为什么呢？

安仁、余干里分，本少于东乡，而地势又限以山谷，顾乃割小益大，以启尔民规避之端。其失一矣。既而两邑之民徭赋不平，争讼竞起，其时若尽改复旧，亦有何说？顾又使其近东乡者归安仁，近安仁者附东乡，以益尔民纷争之谤，其失二矣。及尔等抗拒之迹既成，尚当体悉尔等中间或有难忍之怨，屈抑不平之情，亦须为之申泄断理，或惩或戒，使两得其平。若终难化谕者，即宜断然正以国法。顾乃惮于身任其劳，一切惟事姑息，欲逃租赋，遂从而免其租赋；欲逃逋债，遂从而贷其逋债。于彼则务隐忍之政，而听其外附；于此又信一偏之词，而责其来归。纪纲不立，冠履倒置，长奸纵恶，日增月炽，以成尔民背叛之罪，而陷之必死之地。其失三矣。

译文

安仁、余干的乡里面积本来就比东乡少，而且地形又多以山地、丘陵为主，所以就将面积小的地区划拨给面积较大的地区管理，造成了你们逃避国家法令政策的开端，这是第一个处理不当的地方。因为这样，所以两地的百姓承担的徭役赋税并不相同，争端日渐兴起，当时如果全部恢复到之前的标准，还有什么可说的呢？可是他们又将靠近东乡县的百姓划归安仁县，靠近安仁县的百姓划归东乡县，这就使得你们百姓间的纠纷更加频繁，这是第二个处理不当的地方。等到你们抗拒国家政策法令的苗头已经形成的时候，还应当体谅到你们这些人中或许确实有难以忍受的怨愤，有受到冤屈而愤愤不平的心情，也应当为你们申诉处理，评断公正，对于该惩处的就进行惩处，应当批评教育的就进行批评教育，使得双方都心服口服。如果有始终难以教化的，就应当立即绳之以法。然而有的人害怕负责任又懒惰不愿意办理其分内的事情，一切只是姑息放纵，有的人想逃避赋税，就顺从免去他们的赋税；有的人想逃避债务，就顺从赦免他们的债务。官员们对外处处忍让刁民，以刁民的意见为主；对内又只听信单方面的谗言，责难那些真正归顺官府的人。官府的规矩和威严荡然无存，官吏和百姓的位置相互调换，助长奸诈之风，放纵恶人恶行，使得那些恶劣的风气日盛一日，最终使你们背上了背叛朝廷的罪名，并且把你们推向了必死的境地。这是第三个处理不当的地方。

然尔等罪恶，皆在本院未临之前。自本院抚临以来，尚未曾有一言开谕尔等。况查本院新行十家牌谕，以弭盗息讼，劝善纠恶，而各该县官又因尔等恃顽梗化，皆未曾编查晓谕，尔等皆未知悉。其间或有悔创自新之愿，亦未可知。若遽行擒剿，是亦不教而杀，虽尔等在前之恶，受此亦不为过，然于吾心终有所未尽也。近日抚州同知陆俸来禀，尔等尚有可悯之情，各怀求生之愿，故特委同知陆俸亲赍本院告谕，往谕尔等父老子弟，因而查照本院十家牌式，逼行编排晓谕，使各民互相劝戒纠察，痛惩已往之恶，共为维新之民。

译文

然而你们这些人的罪过，都发生在我还没有到任的时候。自从我巡抚地方以来，还没有说过一句教诲你们改过的言辞。况且我最近推行十家牌式，以此来平息盗匪，消除争讼，劝导人们行善，改正人们的过失，而这些县的官员们又因为你们冥顽不化，不服从命令，都没有按十家牌式法编排、告知你们，你们都还不知道。你们中或许有人有悔过自新的愿望，我也还不清楚。如果就这样捉拿剿杀你们，这也是不先进行教导就将你们杀死，虽然凭借你们此前所犯下的罪过，承受被诛杀的结局也理所应当，但是对我来说，心里始终会有所愧疚。近日抚州同知陆俸来汇报时说，你们还有值得怜悯的地方，不少人还抱有求生的希望，所以特地派同知陆俸亲自带着我的告示，前来教诲你们这些父老兄弟，并按我制订的十家牌式，统一编排告知你们，使百姓们互相劝导督促，互相纠正，深刻反省弥补以往的陋习，共同成为推行新政的良民。

尔等父老子弟，其间知识明达者盍亦深思熟虑之：世岂有不纳粮，不当差，与官府相对背抗，而可以长久无事终免于诛戮者乎？世岂有恃顽树党，结怨构仇，劫众拒捕，不伏其辜，而可以长久无事终免于诛戮者乎？就使尔等各有子弟奴仆，与尔抗拒背逆若此，尔等当何以处之？夫宁王宸濠挟奸雄之资，借宗室之势，谋为不轨积十余年，诱聚海内巨寇猾贼，动以万计，奋其财力甲兵之强，自以为无敌于天下矣。一旦称乱举事，本院奉朝廷威令，兴一旅之师，不旬日而破灭之，如虏匹雏。尔辈纵顽梗凶悍，自以为孰与宸濠？吾若声汝之罪，不过令一偏裨，领众数百，立齑粉尔辈如机上肉耳。顾念尔等皆吾赤子，其始本无背叛之谋，止因规利争忿，肆恶长奸，日迷日陷，遂至于此。夫父母之于子，岂有必欲杀之心？惟其悖逆乱常之甚，将至于覆宗灭户，不得已而后置之法。苟有改化之机，父母之心，又未尝不欲生全之也。前此官府免尔租税，蠲尔债负，除尔罪名，而遂谓尔可以安居复业，是终非所以生汝。吾今则不然，不免尔租赋，不蠲尔债负，不除尔罪名，尔能听吾言，改恶从善，惟免尔一死，限尔一月之内，释怨解仇，逃税者输其赋，负债者偿其直，有罪者伏其辜，吾则待尔如故。尔不听吾言，任汝辈自为之，吾心既无不尽，吾可以无憾矣！尔后无悔。

译文

你们这些父老兄弟中那些识大局明理义的人也应该仔细思考这些问题：

世上哪里有不交租纳赋，不当差服役，与官府相对抗，却能长久平安无事，不遭受诛杀的人呢？世上哪里有凭借自己的顽固，纠集党羽，与百姓结仇结怨，抢劫他人财富，拒绝官府逮捕，不承担其罪责，却能够长久平安无事，不遭受诛杀的人呢？假使你们这些人都有后辈仆从，如果他们与你们对着干，像你们背叛朝廷一样背叛你们，那么你们会怎样处理这样的事呢？宁王宸濠拥有奸雄的才略和资本，凭借着皇室宗亲的威势，密谋反叛、苦心经营达十余年之久，纠集全国范围内的盗匪首领以及其他的反动势力，人数动辄以万计，自满于他多年积聚的雄厚财富、训练有素的军队，自认为天下没有谁有能力战胜他。他一朝叛乱谋反，我奉朝廷的命令，率领一支弱小的军队与宸濠作战，不出十天就将其击溃，像抓获刚孵化的小鸟一样将宁王捉拿。你们这些人纵然顽强凶悍，自己觉得与宁王的势力比起来哪个更强？我如果将你们的罪责宣扬出去，以肃清贼匪的名号讨伐你们，只需要命令手下的将领带着几百个兵士，立刻就可以像剁碎案板上的肉一样将你们碾成粉末。只是念及你们是我管辖下的百姓，起初并没有背叛朝廷的计划，只是由于贪求私利，惯于争执，放纵自己的恶行和邪念，日益迷茫堕落，以至于到了这样的境地。父母对于自己的子女，难道会有一定要杀死他们的念头吗？只是因为他们过分地违背纲常伦理，大逆不道，将要招致家庭甚至整个家族的不幸，在万不得已的情况下才按国家的律法去处置。只要他有改恶从善的希望，对于做父母的来说，一定会希望他好好地活下来。前任官员免除了你们应交纳的租税，赦免了你们应偿还的债务，除去了你们应得的罪名，然后说你们可以安居乐业，这终究不是使你们获得新生的办法。现在我不会这样，不免除你们应交纳的租税，不赦免你们应偿还的债务，不除去你们应得的罪名，若果你们能听从我的劝导，改恶从善，只能免去你们的死罪，限你们在一个月之内，消除心中的怨怼，化解邻里间的仇恨，逃避纳税的交还赋税，欠债的偿清债务，有罪的认罪伏法，这样我就会像对待良民一样对待你们。如果你们不听从我的劝导，那么你们想干什么就干什么，我的责任已经尽到，也没有什么可感到遗憾的了！希望你们以后不要后悔。

批江西都司掌管印信

看得三司各官推举该卫所掌印佥书等官，颇已得宜，俱依议仰行按察司将本院原发贮库印信，看验明白，照议给领掌官。兹当该卫改革之初，仍行各官务在图新更始，端本澄源，共惟同心同德之美，以立可久可大之规，不独显功业于当时，必欲垂模范于来裔，上不负庙堂之特选，而下可副诸司之举任。其或庸碌浮沉，甚至欺公剥下，岂徒败其身名，亦难免于刑宪。其余空闲各官，观其才识，皆可器使，但以阙少人多，未及尽用，各官惟务持身励志，藏器待时，但恐见用而无才，勿虑有才而未用。若果囊中之锥，无不脱颖而出，毋谓上人不知，辄自颓靡，是乃自弃，非人弃汝矣。俱仰备行各官查照施行。

译文

得知三司各官员商议推选各卫所掌印佥书等官职的人选，商议过程和结果都十分恰当，都依照商议的结果，命令按察司把我原来发往官府，贮存在府库的印信检查清楚，按照商议的情况派人发给各官掌管。现在正是各卫、所改革之初，依然要告知各官致力于弃旧图新，端正为政的根基，澄清思想源头，共同做到同心同德的美行，设立可以长久大范围适用的法规，不仅在当下显现出它的作用，而且一定要为后世树立榜样，向上不辜负朝廷的派遣与期望，向下也能符合各位官员对他们的举荐。如果被推荐的人碌碌无为、随波逐流，甚至欺瞒上级、盘剥百姓，不仅会败坏自己的名声，也难逃国家法律的制裁。其他空闲的官员，根据他们的才能，都可以安排使用，然而由于岗位少、官员多，不能完全发挥出每个人的才能，各位官员一定要坚守信念，磨练才能，等待时机，只需担心自己能否胜任现在担任的职责，不必担心有才能却不被重用。如果真的像囊中的尖锥一样出类拔萃，这样的人没有一个不会脱颖而出的，不要认为上级官员没有赏识就自己一蹶不振，这是自己放弃自己，不是别人放弃了你。要将我的批文告知各位官员，让他们遵照执行。

牌行崇义县查行十家牌法

看得新开崇义县治，虽经本院委官缉理经画，大略规模已具，终是草创之初，经制未习，该县官员若不假以威权，听其从宜整理，则招徕安习之功，亦未可责效。除行守巡兵备等衙门外，牌仰知县陈瓒上紧前去该县，首照十家牌谕，查审编排，连属其形势，辑睦其邻里，务要治官如家，爱民如子，一应词讼、差徭、钱粮、学校等项，俱听因时就事，从宜区处，应申请者申请，应兴革者兴革，务在畜众安民，不必牵制文法。大抵风土习尚虽或有异，而天理民彝则无不同。若使为县官者果能殚其心力，悉其聪明，致其恻怛爱民之诚，尽其抚辑教养之道，虽在蛮貊，无不可化。况此中土郡县之区，向附新民，本多善类，我能爱之如子，后亦焉有不爱我如父者乎？夫仁慈以惠良善，刑罚以锄凶暴，固亦为政之大端。若此新民之中，及各县分割都图人户，果有顽梗强横不服政化者，即仰遵照本院钦奉敕谕事理，具由申请，即行擒拿，治以军法，毋容纵恣，益长刁顽。

译文

了解到新增设的崇义县治，崇义县虽然由我委派官员进行治理，治理的大政方针已经确定，治理规划也有基本的框架，但是崇义县毕竟才刚刚设置，对一些制度还未形成习惯，假如不给崇义县的官员们相应的权威，让他们依据实际情况处理、解决相关问题，那么辛苦将他们召集来，让他们在这里工作的功劳，也不能有什么成效了。除了要求守巡、兵备等衙门执行命令外，还发令牌要求知县陈瓒立刻前往崇义县，起初就按照十家牌式进行检查、编排，将乡里之间连接起来，必让百姓邻里和睦，务必要像管理家庭一样管理官府，爱护百姓就像爱护自己的子女一样，一切有关诉讼、徭役、赋税、学校等事务，都由你观察时机安排，根据具体情况灵活处理，应当向上申报的就向上申报，应当推行改革的就推行改革，目的在于使百姓安居乐业，不一定要涉及具体的条例规定。大概一县境内的风俗习惯可能有差异，但是天理与百姓奉行的常道却没有什么差别。假如崇义县的官员们能够尽心竭力，充分发挥各自的聪明才智，尽到自己宽厚仁慈、爱护百姓的热忱，使用好各种安抚、教导百姓的方法，那么即使是野蛮尚未开化的百姓，也没有谁是不能教化的。况且崇义县在朝廷管辖的中心地区，向政府投降自首归顺官府的百姓，本来就有许多良民，假如我们能像爱护自己的子女一样爱护他们，他们哪能不像敬重父亲一样敬重我们呢？因此用仁慈来鼓励善良的德行，用刑罚来铲除残暴的恶癖，本来也是为政的关键。假如这些新近归附的百姓以及其他县迁移来的人户中，确实还有顽固强横、不听从官府教化的，就请按照我接到的圣旨的规定进行处理，把情况及时上报，当即对这些人进行捉拿，按军法严惩，不要纵容他们，使他们胡作非为，助长他们刁蛮的气焰。

牌谕都指挥冯勋等振旅还师

牌谕都指挥冯勋、通判林宽、典史徐诚等，本月二十一日据知县熊价所禀，已知安义叛贼略平，所漏无几，俟余党一尽，各官即行振旅而还。就将所擒叛贼，通行牢固绑缚，分领解赴军门。各官在途，务要肃整行伍，申严纪律，禁缉军兵，不得犯人一草一木。今差参随官詹明赍执各官原领令旗令牌，监军而回，但有违令侵扰于人者，即行斩首示众。其奋命当先，被杀被伤义勇之士，及获功人役，各官务要从公从实开报，以凭优恤给赏，不得互分彼此，辄有偏私轻重。但能推功让美者，勤劳虽微，亦在褒赏；若有争功专利者，功迹虽茂，亦从摈仰。其奉新兵快，往年从征，多犯禁令，今既效有勤劳，尤宜保全始终，毋蹈前非，自取军法重罪。知县熊价不必解贼，且可在县抚安被扰军民，令各安居乐业。既行申严十家牌谕，互相保障，仍量留九姓义勇，分班守县，候事体定帖，以渐散回。

译文

给都指挥冯勋、通判林宽、典史徐诚等人发布了令牌，本月二十一日，根据知县熊价的禀报，已经知晓安义县的叛乱分子基本被平定，叛乱分子漏网逃脱的没有几个，等到残余的叛党被清除后，各官就要整顿军队回到原处。将捉拿的叛乱分子全部牢牢绑住，分别把他们押送到军中。各指挥官在率部回归的途中，务必要整顿队伍，严明纪律，约束所率兵士，不能侵犯百姓的一草一木。如今派遣参随官詹明前来收回先前发给各领兵官的令牌、令旗，监督队伍返回原来的驻地，一旦有违抗命令、侵扰百姓的，立刻斩首示众。对于那些听从指挥、奋勇杀敌，在战斗中英勇牺牲或者受伤的战士，以及立有战功的人员，各指挥官务必要从公正的角度如实上报，以便对有关人员进行优抚赏赐，不要相互分别，因为私心而区别对待。假如有为人谦逊，把自己的战功让给别人的，即使他们立下了微小的功劳，也应当表彰奖励；假如有争夺战功、企图独霸战果的，即使他的战功卓著，也不应当对这样的人进行奖励。奉新县的队伍，以往跟随出征讨伐，官兵们经常违背禁令，如今付出了劳苦，收获了战果，更应该珍惜自己队伍的荣誉，不要再重犯先前的错误，从而自己招致军法治罪。知县熊价不必亲自押送叛乱分子，可以在县城安抚因叛贼叛乱而受到骚扰的军民，让他们各自安居乐业。并严格推行十家牌式，告示军民，让他们互相保护、相互支援，并且根据情况留下九支义勇军，分班守卫县城，等到局势完全稳定了，再慢慢把他们遣散回乡。

批瑞州知府告病申

看得知府胡尧元，始以忠义，兴讨贼之功；继以刚果，著及民之政。虽获上之诚或有未孚，而守身之节初无可议。据申告病情由，亦似意有所为。大抵能絜矩者，必推己及人；当大任者，在动心忍性。仰布政司即行本官，照旧尽心管理府事，毋因一朝之忿，遂忘三反之功，事如过激，欲抗弥卑，理苟不渝，虽屈匪辱。此缴。

译文

得知瑞州知府胡尧元，最初凭借对国家的忠诚，在兴兵讨伐叛贼的过程中立下了很大的战功；随后又以刚正廉洁、雷厉风行的作风取得了造福人民的政绩。虽然还没有完全得到上级的赏识；但是胡尧元对自己的严格要求以及清廉的节操是没有什么可值得议论的。最近他呈来的因自己的病情而要求引退的报告中，也似乎谈到了希望自己能够有所作为。大概那些行为端庄、遵守各种规章制度的人，必定会以自己的情况去推知他人；身居高位、担当重任的人，要能够心志坚韧，不畏困难。命令布政司立刻通知该官，仍然像过去一样认真管理瑞州府内的公务，不要因一时心中不快，就忘记了自己以往所建立的功业。如果事情处理得过于激烈，表现得越激愤就越显出自卑，假使自己的信念不曾动摇，即使受到了委屈也不会辱没自己的才志。特此告知。

赈恤水灾牌

据南康、建昌、抚州、宜黄等县申称：非常水灾，乞赐大施赈恤，急救生灵流移等情。看得横水非常，下民昏垫，实可伤悯！但计府县所积无多，实难溥赈，其地方被水既广，而民困朝不谋夕，若候查实报名，造册给散，未免旷日迟久，反生冒滥。已行二府各委佐贰官，及行所属被水各县掌印等官，用船装载谷米，分投亲至被水乡村，验果贫难下户，就便量行赈给。

译文

根据南康、建昌、抚州、宜黄等县的申报称：由于突发大水，受灾情况十分严重，请求上级官府大范围施放赈济，实行紧急援助，使灾民不至于生活无依，流离失所。我得知灾情相当严重，普通百姓常因饥饿成片昏倒，实在值得同情悲叹！然而经过统计，各府各县贮存的钱粮不多，确实难以做到大范围的救济，受水灾的地方已经很多，百姓也困苦到极点，到了朝不保夕的地步，假如等到核实受灾情况，再将困难的百姓登记造册，按名册进行赈济，未免花费时间太多，反而会致使冒名顶替、滥领救济的情况出现。我已经命令两府各自委派佐贰官，还通知了遭受洪水灾害的各县的掌印官员等，用船装载粮食，分别亲自到被洪水浸淹过的乡村，调查清楚如果确实是生活困难的居民，就当即发粮进行赈济。

为照南昌所属水灾尤剧，但居民稠杂，数多顽梗，若赈给之时，非守巡临督于上，或致腾踊纷争。为此仰分守巡南昌官吏，即便分督该府县官于预备仓内米谷，用船装运，亲至被水乡村，不必扬言赈饥，专以踏勘水灾为事，其间验有贫难下户，就便量给升斗，暂救目前之急。给过人户，略记姓名数目，完报查考，不必造册扰害。所至之地，就督各官申严十家牌谕，通加抚慰开导，令各相安相恤。仍督各官俱要视民如子，务施实惠，不得虚文搪塞，徒费钱粮，无救民患，取罪不便。

译文

得知南昌县受灾尤其严重，然而该县人口稠密，并且有不少居民是冥顽的刁民，假如赈济这里的百姓时，守巡不亲临现场进行监督，很可能会招致一些刁民争斗抢夺。为此命令分守巡南昌县的官员，立刻督促该府、县的官员，将用于赈济灾民的粮食准备好并装上船，亲自押运到被洪水侵害的乡村，不必大肆宣扬要赈济贫民，做出专门调查地方灾情的样子，在调查中如果发现有生活特别困难的百姓，就酌量发给粮米，缓解他们当前的急难。对于那些受赈济的民户，把他们的姓名以及接受赈济的数量简要记录好，完事后上报以便查核，不需要专门登记造册，带来麻烦。到了各地的乡村，就督促当地各官严格实行十家牌式，对百姓进行开导劝慰，使百姓们相互帮助、相互体谅。还要告诫官员们，要将百姓看作自己的子女，推行的各项措施务必要给百姓带来实惠，不能只作表面文章、敷衍塞责，白白地浪费钱粮，不能解救百姓的疾苦，从而给自己招致罪责。

仰湖广布按二司优恤冀元亨家属

照得湖广常德府武陵县举人冀元亨，忠信之行，孚于远迩云云，已经备咨六部院寺等衙门详办去后。今照冀元亨该科道等官，交章申暴，各该官司，办无干碍，先已释放，不期复染疟痢身故。该部司属官员，及京师贤士大夫莫不痛悼，相与资给衣棺。本院亦已具舟差人扶柩归葬。但恐本生原籍官司，一时未知详悉，仍将家属羁监，未免枉受淹禁。除将本生节义，另行具本奏请褒录外，拟合通行，为此牌仰抄案回司，即行常德府速将举人冀元亨家属，通行释放，财产等项亦就查明给还收管。仍将本生妻子，特加优恤，使奸人知事久论定之公，而善类无作德降殃之惑。其于民风土习，不为无补矣。

译文

湖广常德府武陵县举人冀元亨，品行端正，为人忠信，他的美好的德行远近闻名，不需一一列举，前段时间，冀元亨蒙冤受辱，我已经给六部写了文函，说明事情的原委，为他申冤，要求六部对冀元亨一案重新调查、审理。冀元亨原属的科道等官员争相向陛下上奏申诉此事，一路办理顺利，很快便将冀元亨释放，不料其出狱后身患疟痢，因病身亡。六部的官员和京城里那些贤德、有声望的人，对他的病逝无不感到痛心哀悼，相继为冀元亨购置衣服棺木。我也已经备好船只派人护送棺柩回乡安葬。只是我担忧冀元亨原籍所在地的官员一时间还不知道详情，仍然监禁看管着冀元亨的家属，不免使他们白白遭受冤狱。除了将冀元亨的德行功绩另外题本上奏，请求嘉奖之外，还特此向常德府武陵县下达令牌，待公文抄回道里以后，就命令常德府立刻将举人冀元亨的家属全部释放，对于没收的冀元亨的家产等也立即查清返还给家属保管。对于冀元亨的妻子儿女等人，要特别进行优待抚恤，使那些奸诈之徒明白事情最终会大白于天下，得到公正的判处，义勇之士不会有从善报国却招致祸端的迷茫。这对于弘扬良好的民风民俗，也会有所裨益。

批江西按察司故官水手呈

看得佥事李素，处心和易，居官清谨，生既无以为家，死复无以为殓，寡妻弱妾，旅榇万里，死丧之哀，实倍恒情。该司议欲加拨长夫水手护送，非独僚友之情，实亦惇廉周急之义。准议行令各府佥拨长夫水手，照例起关，差人护送还乡。

得知江西按察司佥事李素，平时向来态度和蔼，从政为官廉洁奉公、办事严谨，生前没有什么地方为家，死后也没什么地方收敛安葬，只留下丧夫的妻子和柔弱的妾侍，带着棺木漂泊万里回乡安葬，死伤的哀痛实在远超一般人。江西按察司经过商议，计划派遣差役和水手护送李素的灵柩返回原籍，这不仅是因为同事长期在一起共事的感情，实在也是官员们敦厚廉洁，周济急难的大义。我批准他们的请求，命令各府调派差役、水手把李素的灵柩护送还乡。

仰南康府劝留教授蔡宗兖

据南康府儒学申，看得教授蔡宗兖，德任师儒，心存孝义，今方奉慈母而行，正可乐英才之化。况职主白鹿，当宋儒倡道之区；胜据匡庐，又昔贤栖隐之地。偶有亲疾，自可将调，辄兴挂冠之请，似违奉檄之心。仰布政司备行南康府掌印官，以礼劝留，仍与修葺学宫，供给薪水，稍厚养贤之礼，以见崇儒之意。缴。

译文

根据南康府的儒学学堂申报，得知蔡宗兖教授，教授儒学，德高望重，心存孝敬的大义，如今他正奉送自己的母亲回乡，正可以让他来教导那些有前途的英才学子。况且蔡宗兖先生在白鹿书院任职，白鹿书院自古便是儒生们探讨学问、倡导仁道的地方；又在江西的匡庐书院供职，这是过去的贤者隐居交往的地方。如果蔡宗兖先生因家母的病情回乡，自然可以把他调离南康府，假如他想辞官回乡隐居，似乎违背了朝廷任命他的愿望。命令布政司通知南康府的掌印官员，以应有的礼节挽留蔡宗兖先生，还要为其要修建学馆，提供薪水，以侍奉贤德的方式优厚礼待，以表明崇尚儒学的心意。特此通知。

批江西布政司礼送致仕官呈

据江西布政司呈，查勘新建知县李时，告送佥事李素丧归云南，任内无碍缘由。看得知县李时所呈，量才能而知止，已见恬退之节；因友丧而求去，尤见交谊之敦。既经查勘明白，亦合遂其高致。仰司即行该府听令本官以礼致仕，动支无碍官银，置备彩帐羊酒，从厚送饯。加拨长夫水手，资送还乡。该司仍将本官致仕缘由，行原籍官司，用彰行谊之美，以为风俗之劝。缴。

译文

根据江西布政司呈送的报告中说，调查到新建县知县李时，要求护送佥事李素的灵柩回到云南，对他职责范围内的政务没有影响之事。我看了知县李时呈来的报告，他明辨自己的才能，懂得进退，表现出了淡泊名利、安然退隐的气节；因为好友离世而要求辞退，更显示出了他们之间深厚的友情。既然布政司已经调查清楚，那么也应当满足其高尚的志愿。命令布政司立刻通知南昌府，同意李时的请求，以隆重的礼遇送李时告老还乡，从府库专用银两中支取款项，购置彩帐、羊酒，隆重地为其饯行。再派遣差役、水手护送李时回乡。并且还要将李时辞退的详细情况告知他原籍所在地的官员，以此表彰他高尚的品行以及与友人之间的深厚情谊，作为劝导民风民俗的榜样。

卷之十八　别录十

公移三

总督两广，平定思田，征剿八寨

钦奉敕谕通行

嘉靖六年十月初三日

嘉靖六年七月初七日，节该钦奉敕谕："先该广西田州地方，逆贼岑猛为乱，已令提督两广等官都御史姚镆等督兵进剿。随该各官奏称，岑猛父子悉已擒斩，巢穴荡平。捷音上闻，已经降敕奖励，论功行赏。及将该设流官添设参将等事条陈，又经该部议拟覆奏施行去后。续该各官复奏，恶目卢苏倡乱复叛，王受攻陷思恩。又经切责各官计处，不审，行令将失事官员戴罪督兵剿捕，及调江西畲兵，湖广永、保二司土兵，并力剿杀，务收全功，并敕巡按御史石金纪功外。但节据石金所奏前项地方，卢苏、王受结为死党，互相依倚，祸孽日深，将来不可收拾。又参称先后抚臣，举措失当，姚镆等攘夷无策，轻信寡谋，图田州已不可得，并思恩胥复失之，要得通行查究追夺。朕以事难遥度，姚镆等前功难泯，后有疏虞，得旨切责之后，能自奋励，平寇有功，亦未可知，难遽别议。乃下兵部议奏，以各官先后所论事宜意见不同，且兵连两广，调遣事干邻境地方，必得重臣前去总制督同议处，方得停当。今特命尔提督两广及江西、湖广等处地方军务，星驰前去彼处，即查前项夷情，田州因何复叛，思恩因何失守，督同姚镆等斟酌事势，将各夷叛乱未形者，可抚则抚；反形已露者，当剿则剿，一应主客官军，从宜调遣，主副将官及三司等官，悉听节制，治以军法，明示威信，务要计处合宜。仍令御史石金随军纪验功次，从实开报，以凭升赏。贼平之后，公同计处，应设土官流官，何者经久利便，并先今抚镇等官，有功有过，分别大小轻重，明白奏闻区处。凡用兵进止机宜，及一应合行之事，敕内该载未尽者，悉听便宜从长处置。事体十分重大者，具奏定夺。朕以尔勋绩久著，才望素隆，特兹简任。尔务以体国为心，闻命就道，竭忠尽力，大展谋猷，俾夷患殄除，地方安靖，以纾朕西南之忧。仍须深虑却顾，事出万全，一劳永逸，以为广人久远之休，毋得循例辞避，以孤众望。尔钦哉！故谕。钦此。”钦遵。

译文

嘉靖六年七月初七日，我接到了皇上发来的圣旨，圣旨中说：“之前广西田州一带叛贼岑猛时常在此作乱，已经命令提督两广的官员都御史姚镆等统率两广的军队进剿叛贼。随后这些地方的官员们呈来报告说，岑猛父子都已经被活捉斩杀了，这一带的叛贼老巢，已经歼灭完毕。胜利的消息我早已听说，并发布了嘉奖的命令，要求按战功的大小进行奖赏。及上书分条陈述请求在这些地方设立流管制度、增加参将等事务，又经过相关部门商议拟定策略上奏施行之后，随后不久，又陆续收到一些官员的奏议说，土匪头子卢苏纠集乱贼又发动了叛乱，叛乱分子中一个叫王受的头目攻陷了思恩。于是我又要求各有关官员仔细商量这件事，想出具体的策略，不用等我审查，直接下达命令，要求那些有过失的官员戴罪领兵进剿，并调集江西畲兵，湖广永顺、保靖二司的地方部队，合力剿杀盗匪，一定要把那些叛乱分子全部歼灭，并发敕令给巡按御史石金，要求他记录追剿期间官兵们的功过情况。但我接到石金呈送的奏报说，在广西、田州一带，卢苏已经与王受结成死党，他们彼此依存，共荣共辱，危害越来越大，假如不及时剿杀他们，到时局面将越来越难以收拾。并且还奏告说，先后到这里负责抚慰地方的使臣，采取的措施有失恰当，姚镆等官员对于剿匪没有好的策略，轻信别人，独断专行，攻打田州不但没有攻下来，反而使思恩也落入了叛乱分子之手。应当彻底地追究他们的责任，夺回田州、思恩失地。我想平定叛乱分子这件事本来就很艰难，难于在遥远的朝堂进行推测，但姚镆等官往日的战功是不能被抹杀的，后来有过失，我降旨责备他们以后，想必他们能够因此发奋，激励自己，在平定这场叛乱中再立战功，这也不是不可能的事，难以仓促地有别的定论。于是就将问题交给兵部商议，要求他们将商议的结果向我奏报。按照各位官员先后阐述的情况可知，他们的意见很不统一。况且剿杀叛乱分子的战争在两广境内进行，调遣邻近省区的兵力，涉及很多重要的地方事务，必须得让地位高的大臣前去统帅，总揽统筹规划谋略，才能够把叛乱平定。如今特命你总揽两广及江西、湖广等地方的军政大权，立刻赶赴这一地方，调查前面提及的夷匪情况，田州为何又会反叛，思恩为何会失守，你应当与姚镆等一起详细分析当地的形势，将各夷族地区的叛乱依据情况，尚未形成气候的，能安抚他们时则安抚他们；反叛朝廷的行为已经表现出来的，可以剿灭的，则应当剿灭他们。一切当地的和外地的军队都听从你的调遣。主将、副将和三司等以下的各级官员，全部听从你的调遣。用军法进行管理，显示自己的威信，务必要想出杀贼的妙计。依然命令御史石金随军记录官兵们的功过，均要如实记录并及时报告给我，以便选拔和奖赏。等到平定这一带的叛乱以后，你还要同当地官员商议，应当在当地设立土官还是流官制度，哪一制度实施起来更长久更便利，并对现如今的巡抚官与镇守官员，分别讲明功过，区别功绩的大小轻重，清楚明白地上奏令我知晓，以便区别对待。凡属用兵如何进退等事宜以及所有该办的事，而在我发给你的敕令中没有载明的，你都可以相机从长远出发自行处理。事件十分重大的，要具体上奏等我定夺。我认为你功勋卓著，才智与威望一向享有盛誉，特命你赴任承担这项繁重的任务。你务必要以国家利益为重，接到命令就立即赴任，竭尽忠诚与能力，充分施展自己的谋略，一旦蛮夷的祸患根除，地方安定了，那么就可以消除我对西南地区的忧虑了。你们仍旧要深谋远虑反复思考，想出并施行非常有把握的策略，辛苦地把事情办好以换取永远的安逸，以便为两广的百姓带来长久的安宁，不要像往常一样用一些言辞来推脱自己的责任，辜负两广人民对你们寄予的厚望。请谨记！因此向你下了这道敕令，钦此。”我谨慎地执行圣旨。

照得当爵猥以菲才，滥膺重寄。多病之余，精力既已减耗；久废之后，事体又复阔疏。大惧弗堪，有负委托。及照两广之与江西、湖广，虽云相去辽远，而攘地相连，士夫军民，往来络绎。传闻既多，议论有素，况在无嫌之地，是非反得其真。且处傍观之时，区画宜有其当，合行咨询，以辅不逮。除委用职官，及调遣军马，临时相机另行外，拟合通行。为此仰抄捧回司，照依案验备奉敕谕内事理，即行本司掌印佐贰，及各道分巡兵备守备等官，并所属大小衙门各该官吏，凡有所见，勿惮开陈。其间或抚或剿，孰为得宜？设土设流，孰为便利？与凡积弊宿蠹之宜改于目前，远虑深谋之可行于久远者，备写揭帖，各另呈来，以凭采择。各该官吏，俱要守法奉公，长廉远耻，去患卫民，竭忠报国。毋以各省而分彼此，务在协力以济艰难。果有忠勇清勤、绩行显著者，旌劝自有常典，当爵不敢蔽贤。其或奸贪畏缩、志行卑污者，黜罚亦有明条，当爵亦不敢同恶。深惟昧劣，庶赖匡襄，凡我有司，各宜知悉，仍行镇守抚按等衙门知会，一体钦遵施行。

译文

我才疏学浅，以浅薄的胸怀承担着朝廷对我的重托。况且我除了体弱多病之外，精力也消耗很多；长久的衰退之后，对问题的思考筹划也更显得不周密、细致了。我非常担心，恐怕不堪此重任，辜负朝廷的重托。照得两广与江西、湖广地区，虽然说相距遥远，但是边界相连，士人、农夫、军兵、良民相互往来，络绎不绝。有关各地的传闻、议论一向很多，况且在不涉及自己的地方，对于那些是是非非反倒看得真切。并且处在旁观者时的位置，各种谋划就恰如其分，应当进行调查询问，以弥补考虑不足的地方。除了委派官员以及调遣军队车马需要临时根据情况行动外，其他的事务可以统一管理调配。因此，要求官员们把皇上的圣旨抄录下来，按照圣旨中规定的各种原则处理问题，并立刻命令我的左右助手以及各道分巡、兵备、守备等各机关的官员们，以及所属的大小各级官员，假如有什么见解，不要有所忌惮，要把它陈述出来。在这期间是安抚还是征伐，哪一种办法更好？设立土官制度还流官制度，哪一个更为便利？以及凡是涉及目前应当改革的积久的弊政，经过深思熟虑后可以长久实行的措施，应当写出详细的说明报告，分别呈缴上来，以便选择。各级官员都务必要奉公守法，刚正廉洁，远离卑劣，消除祸患，保卫百姓，尽忠报国。不要因为省份不一样而分出你我，务请大家同心协力、共渡难关。假如有忠心、勇敢、清廉、勤于政务、功绩卓著的官员，奖赏激励自有惯例，我怎么敢掩盖贤明的人的美好德行呢！假如有奸诈、贪婪、胆小怕事或者不安规章行动、行为卑鄙者，也有相应的条款对这些人进行处罚，我也不敢与这样的人同流合污。我深感自己愚昧卑劣，希望诸位鼎力相助。各级官员都应当深知这些情况，还要让镇守官、巡抚官、巡按御史官等衙门官员知道这些情况，都按皇上的圣旨要求处理各项事务。

湖兵进止事宜

十月

据广西桂林道右参政龙诰、佥事申惠会禀："原调永、保二司宣慰官，舍土兵共六千余员名，八月自辰州府起行，九月尽可到省城，各职即日起程，前去全州、兴安等处接应督押。为照大兵进止，自有机宜；今未奉节钺抚临，莫知适从。查得旧规，兵至即发哨径趋宾州听遣，如至宾州而未用，恐接境思、田二府不无致生疑变，合无将各兵前赴梧州府屯扎，听候军门抚临调度。"等因。

译文

据广西桂林道右参政龙诰、佥事申惠共同递来的报告，说："原来计划调集永顺、保靖二司的宣慰官，安置驻扎土兵部队共计六千多名。他们八月自辰州府出发，九月就可到达广西省城桂林，各有关官员也当天就启程，赶赴全州、兴安等地接应统率指挥有关部队。对于大部队行进与驻扎的安排，自有相应的方针规定；如今我还未持符节信物抚慰过问，不知道怎么办才好。查看以往旧的惯例，部队到后就应立刻出发直接到宾州去听从调遣，如果大部队到达宾州后而未立即进军剿匪，恐怕会引起与宾州接壤的思恩、田州二府境内的匪徒恐慌骚乱叛乱的可能。不如先把部队调遣到梧州府驻扎下来，听候总督府的指挥调度。"等等情况。

照得本年八月二十四日，先准兵部咨，该本爵看得，先任总督巡抚都御史姚，已蒙钦准致仕，而本爵又以扶病就医，听候辞本命下，未即起程；况湖兵未至，秋暑尚深，遥计贼情正在懈弛，机有可乘，事宜从便，已经行仰各该失事带罪立功。守巡参将，及各领兵督哨等官，务要相度机宜，若各叛目诚心投抚，中间尚有可怜之情，朝廷岂以必杀为事，且宜从权抚插，听候本爵督临查处。若是阳投阴叛，谲诈反覆，度其事势，终难曲全，则宜密切相机，乘间行事，务在获厥渠魁，不得滥加无罪。各官务要协和行事。既无参错抵牾，有乖共济之义，亦无贪功轻率，仰戾好生之仁。又经行仰各遵照施行去后。

译文

今年八月二十四日，依照兵部下发的咨文，我得知原来担任总督巡抚的姚御史，承蒙皇上恩准，已经退职告老还乡了。而我也病情严重，身体状况很差，一边接受医生治疗，一边等待上级辞退的诏令，还没有启程；况且湖广的队伍还没有来临，时值夏秋之际，我在这遥远的地方估量着贼匪的情况，想必盗匪一定放松了警惕，对我们来说恰好是可以消灭他们的时机，应当快速采取措施，轻装出动，我已经命令以前失事、有过失的官员戴罪立功。各位守巡、参将以及各支队伍的指挥官员，务必要根据具体情况采取灵活的策略，假如各盗匪中的头目诚心投降、接受安抚并且还确实值得同情的，朝廷岂能只以赶尽杀绝为准则，应当衡量时机寻找机会安抚，等候我的统领监督与安排。假如那些叛贼只是在表面上投降官府，而在实际上仍然反叛朝廷，狡猾奸诈，出尔反尔，反复无常，全面地估量盗匪的具体情况，终究难以委曲求全，那么就应当密切地关注情况的发展，抓住有利时机及时出击，务必要抓住叛贼的头目，不得滥杀，祸及那些不幸的受害者。各位官员，务必要协调行动，不可以意气用事。既不用要互相闹矛盾，有悖互相援助的理义，也不要贪图战功而轻易率军冒进，违背爱惜生灵不嗜杀的仁德。又向各有关官员发布了这样的命令，请他们遵照执行。

今据前因，看得湖兵既至，势难中止，非徒无事漫行，有失远人之信，亦且师老财费，重为地方之忧。但闻诸道路，传诸商旅，皆谓各目投抚之诚，今已甚切；致乱之情，尚有可原。且朝廷以好生为德，下民无必死之仇，是以本爵尚尔迟疑，欲候督临，乃决进止。顾传闻未真，兵难遥度，各官身亲其事，必皆的知。况原任总督虽已致政，尚在统领，老成慎重，当无随策。若果事在不疑，即宜乘机速举，一劳永逸，以靖地方。如其尚有可生之道，亦且毋为必杀之谋，匪曰姑息，将图久安。及照各处流贼，素为民患，非止一巢，若用声东击西之术，则湖兵之来，未为徒行。各官俱密切慎图，务出万全。本爵亦已扶病昼夜速进，军中事宜，从便施行，一面呈禀抚镇巡按等衙门一体通行知会，俱毋违错！

译文

如今从前面陈述的情况可以看出来，湖广的队伍马上就到了，势必难以终止他们的行进，若让队伍无任务、漫无目的地行进，会很容易让这支远道而来的队伍失去对我们的信任，并且容易使队伍失去朝气，还会消耗大量资财，为地方增添新的祸患。但通过道听途说、行旅商人的传播，多认为叛贼头目投降官府、接受安抚是诚心诚意的，现在达到了迫切的程度；至于发动叛乱等情况，尚且可以原谅。况且朝廷向来将爱护人的生命视作自己的重要德政，而且下面的百姓也没有一定要他们去死的仇恨。因此我还在犹疑不决，想要等到上任之后才决定进止。我想各种传闻不一定全部都是真实的，军情难以在遥远的地方揣测把握，各位指挥官亲自统领队伍，一定会了解这种情况。况且前任总督虽然已经被批准退休了，但还在统领指挥军队，老总督办事老成谨慎，自然不会随便决定策略。假如情况良好，不值得怀疑，那么就应当乘机采取措施，作一次艰苦战斗换来永久的安逸，以安定地方。假如叛乱分子尚有可免一死的余地，那就不要实施置于他们死地的谋略，这不是说无原则地宽恕他们，而是谋求地方长治久安的策略。我们都很清楚，各地的流窜贼匪向来就是百姓的祸患，盗匪的据点不止一个，假如用声东击西的办法出击，那么湖广的队伍来到这里也就算没有白行动了。各位官员都应当密切注视形势的发展，谨慎地筹划，务必想到最好的办法。我也带病连夜赶路，想尽快到达。军中的有关事情，请随机处理，同时把处理情况向抚镇、巡按等司报告，以便使他们能够从全局把握各方面情况。请各官员不要违抗命令，以致造成不必要的危害。

牌谕安远县旧从征义官叶芳等

十一月

往年本爵提督南、赣、汀、漳等处军务，因地方盗贼未平，身亲军旅，四出剿除，尔叶芳等乃能率领兵夫，来随帐下奋勇杀贼，效劳为多。后遭宁藩之变，尔叶芳又能坚辞贼贿，一闻本爵起调牌到，当即统领曾德礼等及部下兵众，昼夜前来，远赴国难。一念忠义，诚有可嘉！备历辛苦，立有战功，赏未酬劳，予心慊慊。尝欲表奏尔一官，以励忠勤，随因本爵守制还家，未及举行。今兹奉命总制四省军务，复临是境，看得旧时从征军士，多被忌功之徒百般屈抑，心殊为之不平。念尔叶芳旧劳未酬，合就先行奖励，故特差典史张缙将带花红羊酒，亲至尔家，用旌尔功。尔其益谨礼法，以缉下人，益殚忠勤，以报上德。省谕部下之人，务要各安生理，各守家业。人惟不为善，未有为善而不获善报者；人惟不为恶，未有为恶而不受恶殃者。

闻尔所居之地，傍近各寨新民，虽云向化，其间尚多与尔为仇，尔宜高尔墙垣，严尔警备，以戒不虞。尔等尝与杜柏、孙洪舜等不和，各宜消释，讲信修睦，安集地方。吾所以惓惓诲谕尔等者，实念尔等辛勤从我日久，吾视尔等不啻如父子，虽欲已于言，情有所不容已也。吾今以军机重务，即赴两广，不得久留赣城，尔等但体吾教戒之意，各安室家，不必远来候见，徒劳无益。其曾德礼等，俱各谕以此意。

译文

以前我总揽南宁、赣州、汀州、漳州等地军务时，由于地方上的盗匪没有被剿除，地方上还很不安宁，我亲自率领军队征讨各地的盗匪，而你叶芳等人还能率领士兵民夫，来投奔我的麾下奋勇杀贼，立下了很多战功。后来又遇到了宁王宸濠谋反叛乱，你叶芳又能坚决拒绝宁王的贿赂、拉拢，一接到我发出的调集他们征讨宁王的令牌，立刻就统率曾德礼等人及属下的一众士兵，昼夜兼程，前来解救国难。我想你叶芳等向来忠义，确实应当进行表彰。你们历经苦难，奋力苦战，战功卓著，既没有给予你们奖励，也没有对你们进行慰劳，我心里确实万分惭愧。我当时想上奏朝廷，为你们求得一官半职，以劝导、勉励那些忠勇勤勉之人，哪知随后不久我就回到家乡守丧，没来得及办这件事。如今我奉皇上的旨令统揽四省的军政事务，再次来到江西，看到先前曾跟随我一起出征的官兵，多被那些忌惮他们功劳的人百般压制，为此，我心里愤愤不平。想到你叶芳往日立的战功还没有进行奖励，合计着先对你进行奖励，于是特命差典史张缙带花红、羊肉、好酒亲自送自来到家里，以此表彰你往日的战功。你应当更加地谨慎遵循礼法，来教化自己的部属，要更加尽忠竭力以报答朝廷的恩德。并告诫自己的部属，要求他们安居乐业，认真、勤恳地操持自己的家业。人只怕不做好事，没有做了好事而得不到善报的；人只有不做坏事，没有干了坏事却不遭恶报的。听说你所居住的地方，挨着那些刚刚投降官府改恶从善的百姓，虽然他们已经归顺了官府，可他们中还有不少人牢记着对你的仇恨，你应该把自己住所的围墙做得更高更坚固一些，严格督促自己的保卫人员，以防不测事件发生。你等曾经与杜柏、孙洪舜等人不和，你们应该捐弃前嫌，讲求信誉，和睦相处，以使地方安定。我之所以诚恳地开导你们，确实是因为想到你们辛苦勤勉，跟随我那么长的时间，我关心你们绝对不比做父亲的关心自己的子女差，我即使想跟你们多说一些，可是形势不允许我多说了。我如今担负着国家的重托，总揽四省的军政事务，立刻就要到两广去，不能再久留于江西省城了。但愿你们能够明白我对你们进行谆谆教导的用意，各自把自己的家室安顿好，不必远道而来和我见面，对事情没有什么帮助的。那曾德礼等人，还应当把我的这番话全部转告给他们。

批南康县生员张云霖复学词

看得张云霖原系本院檄召起兵从征人数，立有功次，已经核实造报，皆本院所亲知。后因忌功之徒搜求罗织，遂令此生屈抑至此，言之诚为痛愤。仰分巡岭北道即于查审教官费廷芳招案，有无干涉；功赏银两，曾否收给。仍行提学道收送复学，则有功之士不至于抱冤愤，而本生仗义勤王之节，庶亦不负其初心矣。（批赣县生员雷瑞词同。）

译文

张云霖原是我在发布起兵讨伐叛逆文告时参加的从军人员，后来在征伐叛军的过程中，他立有战功，而且已经核查属实，造册上报了。这些情况我都知道。后来因为忌惮别人功绩的人搜罗编造罪名，就让张云霖受到了压制，以至于到了现在这种状况，说到这里，我实在感到痛心啊。我要求分守岭北道马上调查教官费廷芳已经招供一案与张云霖有没有瓜葛；因功而奖励给张云霖的赏银是否发放？我还要命令提学道接收张云霖，让其复学。这样，才不至于使有功于国的人因身受冤屈而对朝廷不满，那么像张云霖一样有德行、身怀报国之志的人才会不改变他们的初衷了。（批复关于赣县生员雷瑞一案的内容和这相同。）

放回各处官军牌

十二月二十五日

照得先医田州等处变乱，前任军门抽拨两省官军及差官，取调左右两江土官目兵，前赴南宁等处驻扎，听候征剿。今照各夷皆来告，要诚心向顺，已渐有平复之机，且各处城池边隘缺人防守，往往来告盗贼乘间窃发，亦不可不为之虑。况今春气萌动，东作方兴，各兵屯顿日久，霜眠草宿，劳苦万端，应合放回。为此牌仰本官即将军门原调各处官军、机兵、打手，及各土官目兵尽数撤散，放回休息，及时农种，防守城池。惟湖广永、保二司土兵，姑留听候，俟沿途夫马粮草完备，然后发回。各具由回报，毋得违错。

译文

先前因为田州等地发生叛乱，前任总督抽调湖广、广东两省的将士与官吏，并调动左江道与右江道的土目官兵，前往南宁等地驻扎，听候调遣征伐叛乱。如今各夷族争相来请求，表明诚心诚意地归附朝廷的心愿，已经渐渐地有了平息这一带叛乱的转机了，况且各地的城池和边界要地缺少防守的人员，常常有人来报告说有盗匪趁着官兵调走的时机偷偷地活动，对这类事也不得不考虑。可况现在春雷始鸣，万物苏醒，水田的耕作正在进行，各部队士兵驻扎停顿时间也长了，睡在结霜的地下，露宿草丛，很是辛勤劳苦，将该给他们放假回家。因此请我允许总督府原来调遣到各地的将官、机械兵、打手以及各地的土目官兵全都撤离解散，放假回家休息，及时地耕种农田，防守各自的城池。只有湖广永顺、保靖二司的土兵暂且停留等候，等到沿途给他们准备好了杂役、车马、粮食、草料后，再按照命令返回原地。各地都要把撤离、遣散部队以及地方驻防的情况全部写在报告上呈报上来，请不要违反命令而招致失误。

犒谕都康等州官男彭一等

十二月二十八日

看得广西某州县官孙族某，官男头目某等，统领土兵前来南宁宾州地方，屯哨日久，劳苦良多。即今岁暮天寒，各兵远离乡土，岂无室家之念，故今特加犒劳，通放归复业安生。本族官目务要严整行伍，经过地方，毋得侵扰人家一草一木，有犯令者，即时照依军法斩首。到家之后，仰本州县官仍要爱惜下人，辑和邻境，毋得恃强凌弱，倚众暴寡，越理逾分，自取罪累。遵守朝廷法制，保尔土地人民。牌仰本州县官执照遵守，到家之日，俱依准回报。

译文

了解到广西某州的县官孙姓某某，官男头衔的首领某某人等，率领地方部队前来到南宁宾州一带驻扎，听候调遣，已经很长时间了，经受的劳累苦难很多。现在正处于年末，天气严寒，各将士远离家乡，难道他们不想念家乡、思念亲人吗？因此，现在特地对这支地方部队进行犒赏，全部允许他们返回故里，安居乐业。部族的掌权人务必要严厉整顿约束队伍，凡是队伍经过的地方，不要骚扰损坏百姓的一草一木，有违犯禁令的，严格按照军法治罪，立刻就地斩首。回到家乡以后，要求该州、县的官员依然要爱护下层百姓，与邻境州县团结和睦，不要仗势欺人，依凭人多而欺负人少的，违背礼义，不守本分，自己为自己找罪受。请遵照朝廷的法令制度办事，保护好你们所管辖的百姓。发令牌到该州、县的官员一定要遵照以上命令，等到地方部队返回以后，把具体情况呈报上来。

札付永顺宣慰司官舍彭宗舜冠带听调

据湖广永顺等处军民宣慰使司领征官带舍把彭明伦、田大有等呈称“统兵土舍彭宗舜，系致仕宣慰彭明辅嫡生次男，伊兄彭宗汉身故，本舍应该袭替。嘉靖五年，宗汉奉征田州，蒙军门札付冠带杀贼。惟本舍见统目兵听用，又自备家丁三千报效，窃恐未授官职，军威无所瞻肃。呈乞比照故兄彭宗汉事体授职便益”等因，到爵。

译文

据湖广永顺等地的军民宣慰使司领征官带舍把彭明伦、田大有等人呈来的报告中说：“统领地方部队的彭宗舜，是已经退休的前宣慰使司彭明辅的嫡系儿子，排老二，他的哥哥彭宗汉已经去世了，彭宗舜应当接替他的职位。嘉靖五年，彭宗汉奉命领兵征伐田州，承蒙军中承诺给他官职，使他能够勇敢杀贼，彭宗舜现在统领自己的目兵听从调遣，又率领自己的三千家丁前来报效朝廷，我们私下担心没有授予彭宗舜官职，使他在军队中的威信难以树立。因此我们呈送报告，请求按照他已去世的兄长彭宗汉的事例，给彭宗舜授予官职，这样更为妥当。”等情况到我这里。

为照军旅之攻，非威严则不肃；等级之辨，非冠带无以章。今官舍彭宗舜于常调之外，自备家丁，随父报效，不避艰险，勤劳王事，固朝廷之所嘉与，况又勘系应袭次男，今以土舍领兵，于体统未肃。合就遵照敕谕便宜事理，给与冠带，以便行事。除事宁另行具奏外，为此札仰官舍彭宗舜先行冠带，望阙谢恩，乃须秉节持身，正己律下，申严约束，而使兵行所在，无犯秋毫；作兴勇敢，而使兵威所加，有如破竹。务竭忠贞，以图报称，功成之日，具奏旌赏，国典具存。先具冠带日期，依准缴报。仍行本省镇巡衙门知会，毋得违错。

译文

我很清楚，要治理军队，没有威信则难以治理约束军队的官兵；军队中职位高低的辨别，只有通过官服才能显示清楚。如今彭宗舜统率的队伍除了正常的调派之外，还带来自家的仆从人丁，像他父亲一样报效国家，不辞艰难和风险，辛勤地效忠朝廷。所以，朝廷本来就应当进行嘉奖，况且彭宗舜又是按惯例该接替其兄职位的彭明辅的第二个儿子，如今以一个土司属官的身份统率军队，这对于整个军队的体制来说就不严整。于是我就按照皇上圣旨中规定的原则相机处理，发给彭宗舜官服，以便能更好地发挥他的作用。除等到地方秩序安定之后向上汇报外，为这此事，将要求彭宗舜先穿上官服，北望宫廷，感谢朝廷的大恩大德，还需要保持自己的良好节操，严于律己，严格约束自己的下属，申明军纪，并使自己率领的部队所到之处，秋毫无犯；劝勉他们英勇作战，让他率领的军队名声远扬，一路势如破竹。要他务必竭忠尽力，以报效国家。等到大功告成时，按实际的功劳上报朝廷，按照国家的规定，进行隆重的奖赏。穿好官服的日期，以檄文通告为准，还要通报湖广的抚镇、巡按等官府的官员们知道这一情况，不得违背以至于招来失误。

批广西布按二司请建讲堂呈

据参政汪必东、佥事吴天挺呈请建讲堂号舍以便生员肄业事。看得感发奋励，见诸生之有志；作兴诱掖，实有司之盛心。不有藏修之地，难成讲习之功。况境接诸蛮之界，最宜用夏变夷，而时当梗化之余，尤当敷文来远。虽亦俎豆之事，实关军旅之机。准如所议，动支军饷银两，即为起盖，务为经久之计，毋饰目前之观。完日，开数缴报。

译文

据广西参政汪必东、佥事吴天挺呈送来的报告，说的是请求批准建造学堂与学生们的宿舍，以便让学生们能够在这里完成他们的学业的事。我看了这份报告后深受感动，浑身都洋溢着一股新的活力，可以想到那些书生们有远大的志向；当地的官员们对学生们进行及时的引导与提携，当地的官员们也是颇费心机。没有可供专心学习的地方，很难达到讲议研习的功能。况且广西一地，处在和各少数民族交界处，最适合用华夏文明去感化、改造他们，而目前的少数民族顽固无礼，不服从教化，最好辅以文化方式来使他们归附朝廷。教学看起来虽然是小事情，但却是关系到用不用兵的大事。允许按他们的请求办理，动用军队的军饷银两，立刻动手建造学堂和校舍，务必要将它看成是一件长久的大事来对待，不得只满足眼前的需要。等到建造完毕的时候，将所花费的钱财数目，一一记录清楚，向上汇报。

批立社学师耆老名呈

嘉靖七年正月

据思明府申称，要令土人谭绩、苏彪加以社学师名号，乡老黄永坚加以耆老名号。看得教民成俗，莫先于学。然须诚爱恻怛，实有视民如子之心，乃能涵育薰陶，委曲开导，使之感发兴起。不然，则是未信而劳其民，反以为厉已矣。据本县所申，是亦良法，但须行以实心，节用爱民，施为有渐，不致徒饰一时之名，务垂百年之泽始可。该道守巡官仍加劳来匡直，开其不逮。备行该府查照施行。

译文

据思明府提交的申请报告说，请求给思明府当地人谭绩、苏彪加封社学师的名号，给当地一位叫黄永坚的老者加封耆老的名号。我们比较清楚，引导百姓遵从良好的习俗，最好的方法就是对他们进行教育。然而务必使教导者有诚信慈爱恻隐之心，也就是有爱护百姓就像爱护自己的子女一样的心肠，只有这样，才能够涵养化育影响学子，委婉细致地教导他们，让他们的心智有所感受，受到启发，从而迅猛增长。反之，假如不这样，那么教导者就没有建立令人信服的形象，从而使百姓徒劳无功，反而害了他们。本县报告中所提及的，当然也是安抚百姓的一种好方法，但依然需要行使实实在在办事的心，节约费用，爱护百姓，教导他们必须循序渐进，不要只追求一时的虚名，务必要为树立百年的良好社会风尚打好基础。各道的守巡官员们，依然需要加倍努力，来帮助扶持那些好的东西，找出并弥补那些不足之处。要求该府按照要求具体实施。

议处江古诸处瑶贼

节据各道哨守官兵呈报，照得广西府江、古田、洛容诸处瑶贼，日来势益猖炽，皆由近年以来，大征之举既为虚文，而雕剿又复绝响，是以为彼所窥，肆无忌惮。今思、田事体渐就平息，湖兵西归有日，正可相机行事。为此牌行左布政严纮，密切会同参政龙诰，按察使钱宏，副使李如圭、翁素，将各稔恶贼巢，务访的确，密拘知因乡道，备询我兵所由道路险夷远近，及各贼巢所在，议谋既定，即可迎约湖兵，决机行事。要在声东击西，后发先至，但诛其罪大恶极者一处两处，其余且可悉行宽抚，容令改恶从善。务在去暴除残，惩一戒百，不必广捕多杀，致令玉石无分，惊疑远迩，后难行事。若其事势连络广远，关系重大，亦且不宜轻动。本院尚驻南宁，彼中事机，势难遥度，谅各官平日素有深谋沉勇，秉义奋功，一切机宜，自能周悉。近报划平之获，已见用心之勤，尚须后效，一并奏请。凡有申禀，密切封来。

译文

从各道驻守的官兵呈送来的报告得知，广西府江、古田、洛容等地方的瑶贼，近来日益猖獗，都是由于近年来大兴征伐之事，声势浩大，尽是空话，最终擒贼先擒王的策略泄露，结果我军虚实都被他们看清，因此他们肆无忌惮，行凶作恶。如今思恩、田州一带的叛乱之事基本平息了，湖广的队伍没几天也就要西行返回原来驻地了，正可利用这一时机，采取具体措施。为此向左布政使严纮发布令牌，要求他密切会同参政龙诰，按察使钱宏，副使李如圭、翁素一起，务必把各处作恶多端的贼匪据点调查清楚，秘密找来那些熟悉各处方向、道路的人，向他们咨询有关我军进军的道路情况，如道路的远近、道路是不是平坦、各贼匪据点的位置所在，等到谋划妥当了，立刻会同湖广的地方部队，抓住时机，进行出击。重要的是声东击西，后发制人，要选择作恶较多，危害较大的一两个贼匪据点作为进攻的主要对象，把它们彻底铲除。对于其他地方的贼匪据点的盗匪，可以对他们安抚，允许并要求他们改恶向善。目的在于消除残暴，铲除凶恶，杀一儆百，不需要大面积的追捕，无节制地把那些人杀掉，以至于使好坏不分，使远近都对进剿、惩处表示震惊，对我们的政策表示怀疑，给我们以后处理相关问题造成严重恶果。假如这些贼匪的活动势力和其他地方的贼匪势力交织在一起，涉及的面比较广，关系重大，也不宜轻易采取行动。我还在南宁驻扎，这里的具体情况，在远方的我确实难以估量，我想各位官员，平时向来思考问题比较深谋远虑，勇猛沉着，应当坚持道义奋勇杀贼，一切有关的筹划，我相信都能考虑得比较周全。最近有人呈报在筹划方面的进展与收获，由此可见大家已经费了很多精力，可是还需要努力筹划，把各种情况及时向我汇报。凡是有要求处理重大问题的，请秘密把报告送来请示批复。

批岭西道立营防守呈

二月

据佥事李香呈称顾募打手立营防守缘由。看得所议既得其要略，但屯兵固不可分，而合兵又不宜顿，必须该道及统兵官时将屯聚之兵督率于贼盗出没要害，往来巡视操演，因而或修复营堡，或开通道路，或戒饬反侧瑶寨，或抚安凋弊民村。巡行惯熟，远近不疑。择其长恶不悛者，间行雕剿，惩一戒百。如农夫之植禾，必逐渐而耕耨；如园丁之去草，必以次而芟除。庶屯聚之兵无坐食之患，而有日新之功矣。仰备行各官查照施行。

译文

据岭西道佥事李香呈送来的报告，谈到要求招募打手建筑营寨以便加强地方的防守等情况。我从报告中可以看出，佥事李香等人的商议谈到了问题的关键之处。但是驻扎部队本来不宜把部队分散，但是把部队集中起来又不宜驻扎。应当要求该岭西道以及有关的指挥官，到时将从驻扎集中在一起的军队，统领到盗匪常常出没的地方，在这一带进行巡视、演练，并乘这个时机修建营寨堡垒，或者修筑道路，或者利用这个时机告诫附近的反叛的瑶贼，或者安抚这一带生活特别贫困的乡村百姓。长时间在这一带巡视操练成为惯例，远近的居民百姓也就见怪不怪了，选择一些比较顽固、作恶较多的盗匪，抓住时机把他们剿灭，达到杀一儆百的目的。这就好比农民进行水稻种植，必须首先将田耕好，然后才能进行种植；就好像管理花园的人去除园中的杂草，必须一株一株地把它拔去，然后才能除尽一样。那么这样驻扎在一起的队伍，也就没有不劳而食等方面的忧虑了，并且还可以天天都立新功。要求各有关官员按照我所讲述的办法去做。

犒送湖兵

照得先该军门奏调湖广永顺、保靖二宣慰司土官目兵前来征剿田州等处。今照各夷自缚归降，地方平靖。为照宣慰彭明辅、彭九霄，虽未及冲冒矢石，摧坚破敌，然跋涉道途，间关山海，不但劳苦之备尝，且其勤事之忠，赴义之勇，不战而胜，全师以归，隐然之功，亦不可掩。所据宴劳之礼，相应照旧举行。其沿途该用廪给口粮等项，亦合计算总支，庶免阻滞，及省偏州下邑之扰。为此牌仰本官行会左参政龙诰，佥事吴天挺，参议汪必东督行南宁府，于赏功彩段金银花枝银两内，照依开数支出，赍送各宣慰，并给赏各舍目收领，以慰其劳。仍将永、保二司官舍头目人等合用廪给口粮等项，查取见在确数各有若干，亦行南宁府，查自本府起，至梧州府止，计算几县，每驿扣算该银若干，就于军饷银内支给；又自梧州起，至桂林府止，查算县驿若干，亦就行该府支银应付；又自桂林府起，照前计算至全州止，银两亦行该府查给。其各州县止是应付人夫，再不许别项科派于民。仍通行南宁、浔州、梧州、平乐、桂林、全州，各查照单内，预行整办犒劳，下程听候各官舍目到彼，分送犒劳给赏施行。

译文

以前总督府奏报请求调遣湖广地区永顺、保靖二宣慰司的土目官兵前往田州府等处进军剿伐夷贼。如今这些叛乱的夷人自绑着前来请求归附朝廷，地方上已经安定了。宣慰彭明辅、彭九霄，虽然未有机会冒着刀剑乱石，摧毁敌人的堡垒，英勇杀敌，但是他们率领部队远道而来，其间历经重关，跋山涉水，不但劳苦异常，而且他们以为朝廷效力的忠诚、赶赴剿匪的勇气，未经战斗而取得胜利，队伍没有任何损伤而返回去，其中隐含着的功绩，无论如何也是掩饰不了的。原来要求为湖广土目部队举办的犒劳宴会，应当按原计划举行。他们在返回途中需要的粮饷等项，也应当计算个总数一块支付给他们，以避免让他们停滞在路上，即省去了他们对偏僻的下级州县的骚扰。我向左参政龙诰、佥事吴天挺、参议汪必东发布令牌，要求他们一起赶赴南宁府，从购置彩缎、金银、花枝等用来赏赐的款项预算中，按实际应该花费的数目一一支出赠送给各宣慰司，并赏赐给有关官兵收取，以此表彰他们的劳苦辛劳。还要核算永顺、保靖二司的官兵所需要的粮饷等项准确数目分别是多少，从南宁府开始，核实从南宁府到梧州府这一段，沿途部队要经过几个县，各有关的驿站应扣下多少银两，直接从南宁府库军饷内支付；又核算从梧州府到桂林府这一段，调查部队沿途要经过几个县几个驿站，也直接从梧州府库军饷内支付银两；又自桂林府开始，按照之前的计算方式，一直计算到全州府，银两花费也是按照惯例从桂林府库军饷内支付。其他各有关州县，只需要到时派出接待湖广地方部队的人员差役，再也不允许向百姓进行其他形式的摊派。还要求南宁、浔州、梧州、平乐、桂林、全州，分别按照有关规定，预先准备好犒劳湖广地方部队的相关事宜，临别时馈赠他们盘缠，下一个地方等候迎接他们，每到一地，都要施行对他们犒劳赏赐的工作。

批岭西道抚处盗贼呈

看得各处盗贼，全在抚处得宜，绥柔有道，使之畏威怀德，岁改月化，自然不敢为恶，乃为善策。虽雕剿之举，亦不得已而后一行。至于待其猖獗肆恶，然后悬金以购首级之获，掩袭以求斩捕之多，抑亦末矣。今后该道官务思抚处绥柔之长策，如驾舟之舵，御马之辔，操持有要，而运动由己。若舍舵与辔而广求驾御之术，虽极工巧习熟，终亦不免倾跌之虞。一应赏罚，量功大小以为多寡。军门原有旧规，军职累功升级，亦有见行事例。临阵退缩，仰遵敕谕事理，当时以军法从事。俱仰查照施行。缴。

译文

我认真地考察了各地平定贼匪的情况，重点在于安抚贼匪得当，抚绥措施有章法，使那些贼匪敬畏天威而受到良好的道德感化，日复一日、年复一年地改变他们先前的陋习，他们自然不敢再做坏事，这才是最好的安抚盗匪的办法。即使要擒贼先擒王的策略，也是万不得已的最后一个行动。至于等到贼匪特别猖獗恣意作恶的时候，再出赏金来购买贼匪的首级，出其不意地袭击，尽可能多地把他们斩杀，这就是最下等的策略了。今后各道的官员们务必好好思考，采取什么样的好办法来安抚盗匪，就好比江河中驾驶船只时的舵，骑马时的马辔，只要操持有要领，那么如何行动就由自己掌控了。假如抛弃舟舵与马辔，而多方寻找驾驶它们的好方法，虽然做工精巧、操纵娴熟到极致，但是终究还是不免有失足跌倒的可能。一切的奖赏与惩罚，都依据战功的大小、多少而决定轻重。军队中原来有的旧规定，军中官职根据战功的多少进行提拔、任用，也可以参照以往的惯例。凡是临阵退缩、逃避的官兵，就请按照皇上给我的圣旨中规定的原则处理，立刻按军法进行处罚！请各位官员都要遵照执行。此公文收回。

禁革轻委职官

据广东布政司呈参："广州左等四卫掌印指挥王冕、海信、杜隆、冯凝，千户陆宗等，百户刘恺等，不修职业，委弃城池，远出经旬，肆无忌惮，应合参问。"参看擅离职役，律有明条。今各处军卫有司官往往辄因私事弃职远出，或因上司经由，过为趋谄，越境送迎，往回动经旬月，上下相安，恬不为异。仰布政司通行禁革究治。今后不系紧急军机重务，其余问候申请等项，虽亦公事，势有轻缓者，止役吏胥差使，不许经委职官，非但廪给夫马，骚扰道途，劳费不少，抑且城池库狱，一有亏失，贻累匪轻。各该衙门首领官，今后俱要置立文簿，凡遇掌印佐贰及带俸等官公事出入，俱要开记月日，因某事到某处送迎，或承何衙门到某处差委，某年月日回任。岁终缴报本院，以凭查究。

译文

广东布政司呈来报告控诉说："广州左等四个卫的有关官员，掌权指挥官王冕、海信、杜隆、冯凝，千户长陆宗等，百户长刘恺等，不认真地履行自己的职责，抛弃镇守的城池，远远躲开长达十天，肆无忌惮、有恃无恐，应当追究他们的责任，治他们的罪。"我认真地查看了有关擅离职守的条例，早就已经有明确的处罚规定。如今各地的军营、卫所等部门的官员，往往因为自己的私事，而不履行自己的公职，离开任所，远走他方，或者由于上级有关官员经过他的任所，为了表达对上级官员的无限尊敬，迎送上级官员时常越过自己的任所管辖地，这样一来一回往往需要十天半个月的，就这样上上下下都相安无事，大家也都怡然自得，没感到有什么不一样的。这种状况祸害无穷，要求布政司向各自所辖地发布命令，禁止这样的行为，并追究处罚这种行为。从今以后，凡是不属于紧急的军情及重大事务的，其他像问候、申请等，虽然也属于公事，但情势有轻重缓急，只要委派小吏衙差就行，不要轻易委派官员办理，不仅要为这些人提供食宿、马匹等，使沿途都受到干扰，还要花费不少费用，而且城池、官库、监狱这些地方，万一出了什么意想不到的损失，那么造成的危害就不会小了。各衙门的主要负责官员，从今以后都要准备专门的文簿，凡是有掌权大印的辅佐官以及拿国家薪水的官员因公事外出的，都要把年、月、日记录下来，载明因何事到何地迎送，或承接到什么部门衙门的委派到什么地方去办理有关的事务，哪年哪月哪日返回到自己的岗位。等到岁末时，把这个文簿呈送给我，便于我依据记录的情况进行核查。

大抵天下之不治，皆由有司之失职；而有司之失职，独非小官下吏偷惰苟安侥幸度日，亦由上司之人，不遵国宪，不恤民事，不以地方为念，不以职业经心。既无身率之教，又无警戒之行，是以荡弛日甚，亦宜分受其责可矣。仰布政司备行各该守巡、各兵备、守备及府州县卫所等大小衙门，仰各查照施行。该卫掌印等官姑记未究。其陆宗、刘恺遵照本院钦奉敕谕事，先行提究，以警其将来。此缴。

译文

大概某个地方没有管理好，都是因为有关的部门没有很好地履行自己的职责；而有关部门没有很好地履行自己的职责，又不单是那些小官小吏性情懒惰、苟且偷生侥幸地过日子，也由于不少高级官员不遵守国家的法令制度，不体察民情，不把地方事务放在心上，不把自己应该承担的责任当作一回事。既没有身体力行，对下级官员起模范表率作用，又没有用有关的法律条文、规章制度来约束自己的行为，就这样，放荡的行为一天比一天严重，所以，地方上各级高官也应当承担一部分责任。要求布政司的各守巡、兵备、守备以及府、州、县、卫、所等各级衙门调查情况按照条例执行。那些掌印主管官等，姑且暂记未追究。对于陆宗、刘恺等人，遵照皇上给我的圣旨中规定的原则处理，先追究他们的责任，以便警戒他们以后重犯。这公文要收回。

分派思田土目办纳兵粮

四月

照得思恩、田州二府，各设流官知府，治以土俗。其二府原旧甲分城头，除割田州八甲分立土官知府，以存岑氏之后。其余悉照旧规，不必开图立里，但与酌量分析，各立土目之素为众所信服者以为土官巡检，属之流官知府，听其各以土俗自治，照旧办纳兵粮，效有勤劳，递加升授。其袭授调发，必皆经由于知府；其官职土地，皆得各传其子孙。除具题外。为照各甲城头既已分析，若不先令各目暂行分管，诚恐事无统纪，别生弊端。为此牌仰田州府土目龙寄等遵照后开甲分，每岁应该纳办官粮，查照开数，依期完纳，出办一应供役征调等项事情，悉听知府调度约束。本目仍要守法奉公，正己律下，爱养小民，保安境土，毋得放纵恣肆，逾分干纪，自取罪累，后悔无及。候奏请命下，仰各钦遵施行。

译文

按照思恩、田州二府，分别设立流官知府制度，来治理教化当地的风土人情。这二府原有的各甲以及各城头，除从田州分出八甲，成立土官知府，以保存岑氏宗族的后代外，其他的依照原有的规定，不必另行设立图镇村里，但应该针对具体情况进行分析，各自任命土目中向来为当地人信服的人为巡检土官，隶属流官知府，任凭他们依据当地的风俗民情实际情况进行管理。依旧照原有的办法向国家交纳钱粮、服兵役等，有勤于政事、功绩卓著者，按相应的条例进行奖励、提拔。他们的升迁、调动以及承袭，都得经知府办理；他们的官职、土地都可以传给自己的子孙。除这些具体规定之外，现在还了解到一些甲的城头，已经分出好几支了，如今假如不暂时让各分出来的头目们进行管理，的确恐怕没有统一的管理、约束，而带来很多弊端。因此，向田州府的土目龙寄等人发布令牌，要求他们按照后来最新甲目的分属情况查清，每年应当向官府交纳的钱粮，调查核实应收数，分别开列出来，在规定的期限内交纳完毕，一切应当承担的徭役、征调等方面的事情，都要听从知府的安排调度管理。这些头目本人也要奉公守法，首先严格要求自己，再去要求下面的人，关爱自己管辖地的百姓，让自己所管辖的地方安定有序，不可以放纵自己，胡作非为，肆意践踏国家的法律，破坏各种规章制度。自己为自己积聚罪恶，到受惩罚的时候，后悔也已经来不及了。等我的上奏批准之后，那么就请按皇上给我的批示中规定的办理。

计开：凌时甲每年纳夏税秋粮米八十八石八斗七升七合。每调出兵三百八十四名。每年表笺用银三钱二分。须知一本，赴广西用银一钱一分。须知二本，赴京用银八钱八分。每年纳官猪等例银一十三两。每年纳官禾四十担，重一百斤。每年供皂隶禾七担。完冠砦陶甲。

译文

合计：凌时甲，每年应缴纳夏税、秋粮八十八石八斗七升七合。每次调遣应出兵员三百八十四名。每年的表册笺簿花费的费用是三钱两分。应该知道送一本文簿到广西，要花费一钱一分银钱。还应该知道送两本文簿到北京，用银八钱八分。每年应交纳给官府的生猪等份额一十三两银钱，每年应上交给官府的粮食四十担，每担约计一百斤。每年还应供应差役粮费七担。完冠砦陶甲。

案行广西提学道兴举思田学校

照得田州新服，用夏变夷，宜有学校。但疮痍逃窜之余，尚无受廛之民，即欲建学，亦为徒劳。然风化之原，终不可缓云云。除具题外，拟合就行。为此仰抄案回道，着落当该官吏，备行所属儒学遵照，但有生员，无拘廪增，愿改田州府学，及各处儒生愿附籍入学者，各赴告本道，径自查发。选委教官一员，暂领学事，相与讲肄游息，或兴起孝弟，或倡行乡约，随事开引，渐为之兆。俟休养生息一二年后，该府建有学校，然后将各生徒通发该学肄业，照例充补增廪，以次起贡，俱无违错。

译文

田州等地刚刚归附朝廷，要用中原地区的文化去同化这些地方的少数民族，应该办学校才好。但是目前到处都非常凋敝、破败不堪，百姓逃难在外，尚且还有定居的居民，如今就去建学校，也是徒劳。可是学校关系到田州一带社会风俗、习惯的改变，不能放慢它的步伐。除把这些具体情况向上题奏外，合计打算开始实施计划。因此请把我的命令誊写好发回道里，要求有关官员具体负责，通知在自己所属范围内的各有关儒学机构都要遵照执行。一旦有学生，就不要限制廪膳生员和增广生员，凡是愿意转到田州府学堂的，以及各地的儒生愿意入籍，加入到田州府的学堂进行学习的，各有关官员都要及时报告给田州所在的道府，直接亲自考查、了解。还要选派一名教官，暂时负责学校中的有关事务，给学生们讲学，和学生们游玩休憩，或教他们怎样遵守孝道、敬爱兄长，或者向他们倡导遵守乡规民约。一些高深的道理，都应当从日常生活中的具体小事中引发出来，那么逐渐地我们就可以看到教育带来的好结果。等到休养生息一两年之后，田州府已经建立了学校，那么可以将其他地方的学生迁到田州府来上学就读。遵照惯例增加学生学习经费，按学习成绩让他们参加考试当官，请有关官员为兴办学校出力，不要违抗这道命令。

揭阳县主簿季本乡约呈

四月

据揭阳县主簿季本呈为乡约事，足见爱人之诚心，亲民之实学，不卑小官，克勤细务。使为有司者皆能以是实心修举，下民焉有不被其泽，风俗焉有不归于厚者乎！但本官见留军门听用，该县若无委官相继督理，未免一暴十寒。况本院近行十家牌谕，虽经各府县编报，然访询其实，类是虚文搪塞。且编写人丁，惟在查考善恶，乃闻加以义勇之名，未免生事扰众，已失本院息盗安民之意。访得潮州府通判张继芳，持身端确，行事详审，仰该府掌印官将发去牌式，再行晓谕所属，就委张继芳遍历属县，督令各该县官勤加操演，务要不失本院立法初意。仍先将牌谕所开事理再四紬绎，心须明白透彻，真如出自己心，庶几运用皆有脉络，而施为得其调理。该县乡约仰委县丞曹森管理，毋令废堕！

译文

收到了揭阳县主簿季本有关乡约的呈报，透过这份呈报足见主簿季本热爱百姓的诚挚之情，亲近百姓的真才实学，他不因自己是小官就没志气，而是勤恳地工作，致力于做好各项具体的工作。假如从政为官的人都能有主簿季本一样干实事的热忱，努力制定并推行具体的措施，那么老百姓怎能享受不到官员们给他们带来的恩惠，地方上的风俗怎能不淳厚呢！但是现在季本被提拔到我衙门中以发挥他的聪明才干，而揭阳县如果没有委任官员继续监督管理，不免产生间断。况且我近来推行十家牌式法，虽然各府县都已经编排上报给我了，但是调查、探询十家牌式法的真实实施情况，也多是一纸空文，被敷衍塞责。并且编写人口册籍，意在考查人员的善恶情况，听说有的在里面添有义、勇等名目，这些行为未免有意制造事端、扰乱民众，已经失去了我设立十家牌式法最初的剿灭盗贼、安抚百姓的愿望了。我得知潮州府的通判张继芳，为人正直，办事仔细认真，于是我要求潮州府的主要负责人向通判张继芳发出令牌，并告示他所管辖的地方，委派张继芳到所管辖的各县巡回检查，督促各县的官员们认真办理十家牌式法，一定要不偏离我最初设立十家牌式法的初衷。仍旧用令牌告诉各有关官员们要把办理的具体事务理出一个头绪，让各有关官员心里对这些要办理的事务非常清楚明了，就跟自己心里想的一样，如此实施起来就会有章法，那么结果也会达到良好的预期。至于揭阳县季本所提的乡约事，要求委派县丞曹森管理实行，不能使它废弃。

赈给思田二府

四月

照得近因思、田二府攘乱，该前总镇等官奏调三省汉土官军兵快人等，前来南宁府屯住防守，军民大小，男不得耕，女不得织，而湖兵安歇之家，骚扰尤甚。今虽地方平靖，湖兵已回，然疮痍未起，困苦未苏，况自三月已来，天道亢旱，种未入土。民多缺食，诚可悯念！已经行仰同知史立诚遍查停歇湖兵之家，开报相应量行赈给。为此牌仰南宁府着落当该官吏，专委同知史立诚，即将十名以上七十一家，各给米二石，盐鱼二十斤；五名以上三百五十六家，各给米一石三斗，咸鱼十三斤；五名以下四百五十四家，各给米一石，咸鱼十斤。就于该府军饷米鱼内支给开报。其余大小军民之家，谕以本院心虽无穷，而钱粮有限，各宜安心生理，勤俭立家，毋纵骄奢，毋习游惰。比之丰亨豫大之日虽不足，而方之兵戈扰攘之时则有余矣。

译文

最近，由于思恩、田州两府发生骚乱，这两地的前总镇等官员，上奏要求调动三省的汉、土官兵、衙役等人，前往南宁府驻扎，协助防守，无论是官兵还是百姓，男人无法从事耕种，女人无法从事纺织，而有湖广队伍住宿的人家，受到的扰乱更大。如今思恩、田州两府一带虽然已经安定了，湖广队伍也已经回去，然而战争带来的破坏还没有一点改变，百姓的疾苦还没有一点改观。况且从三月起，这些地方又发生严重的旱灾，种子没有播种，百姓大多数缺少粮食，这些情况，的确值得我们怜悯！我已经要求同知史立诚，认真调查湖广队伍停歇的人家，并把情况呈报上来，根据具体情况进行赈济。为此向南宁府发出令牌交代当权的官吏，专门委派同知史立诚，立刻给借住十个以上湖广士兵的七十一户人家，分别发放救济米二石，盐腌的鱼二十斤；给借住五个以上十个以下湖广士兵的三百五十六户人家，分别发放救济米一石三斗，咸鱼十三斤；给那些借住五个以下湖广士兵的四百五十四户人家，发放救济粮一石，咸鱼十斤。直接从南宁府现存的军饷、米粮、咸鱼额数内支出供给，并记录上报。剩下的大大小小的士兵和百姓家庭，向他们说明我的心里也很想救济他们，但是政府的钱粮的确十分有限，各户应当安心生活，勤俭持家，不要奢侈浪费，不要染上游手好闲的坏习惯。如今的生活和他时丰收的年成比起来虽然差得很多，但是和战乱刚兴起的时候比则要好得多了。

牌行灵山县延师设教

六月

看得理学不明，人心陷溺，是以士习益偷，风教不振。近该本院久驻南宁，该府及附近各学师生前来朝夕听讲，已觉渐有奋发之志，但穷乡僻邑，本院既未暇身至其地，则诸生亦何由耳闻其说？合行委官，遍行训告。

译文

如今理学不兴盛，人们的精神状态一天不如一天，所以学子在学业上日益懒惰，风俗教化也毫无生机振奋。最近，我一直驻守在广西南宁，南宁府及其附近各学校的师生，都来到我所在的地方整天听我讲学，我已经感觉到了这些人有了振奋向上的志气，但是那些贫困而又偏僻的地方，我还没有时间到那里去，那么那里的学生如何能够亲耳听到我的学说要义呢？应当委派官吏，到各个地方去训导那些学生。

看得原任监察御史，今降合浦县丞陈逅，理学素明，志存及物，见在军门，相应差委。除行本官外，为此牌仰灵山县当该官吏，即便具礼敦请本官于该县学安歇，率领师生，朝夕考德问业，务去旧染卑污之习，以求圣贤身心之功。该县诸生应该赴试者，临期起送；不该赴试者，如常朝夕听讲。或时出与经书策论题目，量作课程，不得玩易怠忽，虚应故事。须加时敏之功，庶有日新之益。该县仍要日逐供给薪米之类。候该县掌印官应朝之日，本官不妨训迪诸生，就行兼署该县印信。

译文

我得知原来的监察御史，如今调到合浦县做县丞的陈逅，对理学有非常深的造诣，他的志向可以从他对待事物的态度上表现出来。现在他人在总督府，应当委以他重任。除了通知他本人之外，还向灵山县的当权官员们发送令牌，要求他们立刻以非常周到的礼仪诚恳地请求陈逅到灵山县来讲学，并把他好好地安顿在县学馆中。让他率领本地的教师、学生，整天考察他们德行，询问他们的学业，务必要求去除以往的卑鄙的行为习惯，以便使他们都成为具有高尚道德情操的人。本县假如有生员要求参加选拔考试的，那么等到要启程时，应当欢送他们赴考；不需要参加考试的，要像平常一样整天听教师讲学。或者偶尔参考经书设计一些策论题目，作为课程研习的一部分，不要浪费时间，不认真对待学业，马马虎虎地应付了事。应当加倍努力，进行深入的领会，那么每天都会有新的收获。灵山县还应当每天向师生提供薪柴、俸米之类的资费。到了本县的当权官员入京上朝的日子，陈逅可以在不妨碍训诫、教导、启发师生的情况下，兼职代管当权官员的县衙印信。

牌行委官陈逅设教灵山

看得理学不明云云，除行廉州府及所属县外，牌仰本官即便前去该府及所属县行各掌印官，召集各该县师生，遍行开导训告，各行立志敦本，求为身心之学，一洗日习之陋。度量道里，折中处所，于灵山县儒学住歇，令各县师生可以就近听讲。其诸生该赴试者，临期起送；不该赴试者，如常朝夕聚会，考德问业，毋令一暴十寒，虚应文具。亦或时出经书策论题目，量作课程，就与讲析文义，以无妨其举业之功。大抵学绝道丧之余，人皆骇于创闻，必须包蒙俯就，涵育薰陶，庶可望其改化。谅本官平日素能孜孜汲引，则此行必能循循善诱。该县掌印官应朝之日，本官不妨训迪诸生，就行兼署该县印信，待后县官应朝回日，方许交还。

译文

我得知理学不兴盛的种种情况后，除了向廉州府与廉州府所管辖的有关县发布命令外，也向你这位县丞发出一道令牌，要求你立刻前往廉州府及有关的县，拜见这些地方的主要官员，召集府、县的各处师生，对他们进行普遍深入的教育，务求让他们立下大的志向，忠实于本有的伦理道德规范，力求传授给他们如何修身养志的学问，让他们全部彻底地改掉往日的陋习。斟酌各道各里，衡量各处所，决定让你在灵山县的儒学校舍中安顿下来，以便附近各县的学生能够到这里听你讲学。你所教导的学生，假如有要参加选拔考试的，等到快要考试的时候，应当欢送他们赴考；不参加考试的，则应该与平常一样，把他们召集在一起，检查他们德行与学业的情况，不要三天打鱼两天晒网，让他们敷衍了事。也可偶尔从经书中抽出一些题目让学生作策论，也算作课程内容，对学生们讲解文辞，分析其中蕴含的道理，以不妨碍他们的学业。大概在儒学断绝、天道沦丧的时候，学生们都害怕听到罕闻的事，那么必须采取相应的方法对他们进行教育，对他们产生潜移默化的影响，那么学生们的过失、缺点以及其他不好的恶习就有希望改掉了。我想你平时对理学很有研究，想必这次你能对学生们进行循循善诱。等到灵山县主要负责官员上朝时，你在不妨碍对学生进行教导、训诫的情况下，可暂时代理这个县的有关事务，等到上朝的官员回来时，再把印信交还给他。

牌行南宁府延师设教

看得理学不明，人心陷溺，是以士习益偷，风教不振。近该本院久住南宁，与该府县学师生朝夕开道训告，颇觉渐有兴起向上之志；本院又以八寨进兵，前往贵州等处调度，则兴起诸生，未免又有一暴十寒之患。看得原任监察御史，今降揭阳县主簿季本，久抱温故知新之学，素有成己成物之心，即今见在军门，相应委以师资之任。除行本官外，仰南宁府掌印官即便具礼，率领府县学师生，敦请本官前去新创敷文书院，阐明正学，讲析义理。

各该师生务要专心致志，考德问业，毋得玩易怠忽，徒应虚文。其应该赴省考试者，扣算程期，临时起送；不该赴试者，仍要如常朝夕质疑问难。或时出与经书题目，量作课程，务加时敏之功，以求日新之益。该府县仍要日逐量送柴米供给。

如今理学不兴盛，人心沉溺于世俗的阿谀奉承，所以学子在学业上日益懒惰，风俗教化也毫无生机振奋。最近，我一直驻守在广西南宁，南宁府及其附近各学校的师生，都来到我所在的地方整天听我讲学，我已经感觉到了这些人有了振奋向上的志气；我因为又要向八寨派兵，前往贵州等地指挥调度，因而那些与我在一起的学生，难免又要荒废他们的学业。我了解到原来担任监察御史，如今在揭阳县作主簿的季本，知识渊博，学问高深，向来就有干一番事业或帮助他人成就事业的良好愿望，而季本如今就在我衙门中。我将委派他教官的职务。除给季本发布命令之外，还要向南宁府的重要官员发放令牌，要求他们立即准备礼节，带领府县的教师、学生真诚地邀请季本前往南宁府创办的敷文书院，阐扬理学，分析、讲解各种道理。这里的师生们，务必要专心致志，考问德行与学业，不得松散懈怠、敷衍塞责。那些需要参加省试的，算一算他们的考期，等到他们临行赴考时，应当欢送他们；不参加考试的师生，仍旧像以往一样，早晚质疑经学、发难教官。或者从经书上抽出一些题目，供学生们作答，这也算作他们课程的一部分。务必要时常督促他们，以便使他们每天都得到新的启发。南宁府仍旧要逐日供给教官、师生们柴、米等物用。

牌行委官季本设教南宁

看得理学不明，人心云云，除行该府掌印官率属敦请外，仰本官就于新创敷文书院内安歇。每日拘集该府县学诸生，为之勤勤开诲，务在兴起圣贤之学，一洗习染之陋。其诸生该赴考试者，临期起送；不该赴试者，如常朝夕聚会。考德问业之外，或时出与经书论策题目，量作课程，就与讲析文义，以无妨其举业之功。

译文

在我了解到理学不兴盛、人们的道德思想日渐下降等情况后，除了给南宁府的主要负责人发放了令牌，要求他们对附近的师生进行教导之外，还要求你到新创办的敷文书院内安顿下来，每天都要召集南宁府县的学生，对他们进行耐心细致的教育工作，务必在此地兴起圣贤的学问德行，以全部革除以往他们所染上的一些不好的行为习惯。师生中假如有要参加科举考试的，等到他们启程赴考时要欢送他们；不需要参加考试的，就和往常一样早晚集会进行学习。在考察的德行、提问学业之外，可时不时从经书上抽取一些题目，供学生们作策论用，这也算作学生们的课程内容，并给他们分析讲解，让他们知道其中的道理，但是又不能妨碍他们的功课。

大抵学绝道丧之余，未易解脱旧闻旧见，必须包蒙俯就，涵育薰陶，庶可望其渐次改化。谅本官平素最能孜孜汲引，则今日必能循循善诱。诸生之中有不率教者，时行槚楚，以警其惰。本院回军之日，将该府县官员师生查访勤惰，以示劝惩。

译文

大概在儒学断绝、天道沦丧的情况下，很难摆脱旧的听闻与见解，你必须包容迁就愚昧的学生，务必采用较为隐蔽的方式，让学生们在不知不觉中受到感染、熏陶，让他们逐渐地改掉以往的坏习惯。我想你平时刻苦钻研理学，如今必能发挥你的特长，对学生们进行循循善诱了。假如学生中有不听教导或者不愿意学习的，就要时常加以笞打责罚，以警告他们的懒惰行为。等到我返回南宁时，会把南宁府、县师生学习的勤惰情况调查清楚，给以劝导或责罚。

批岭东道额编民壮呈

六月

据岭东道巡守官呈："议将各额编民壮存留，照旧守城，并追工食，雇募打手调用。"看得本院自行十家牌式。若使有司果能着实举行，则处处皆兵，家家皆兵，人人皆兵，防守之备既密，则追捕之兵自可以渐减省，以节民财，以宽民力。但今有司类皆视为虚文，未曾实心修举，一旦遂将额设民壮三分减一，则意外不测之虞，果亦有如各官所呈者。合且姑从所议，将各民壮照旧存留，备行该道所属查照施行。仍仰各官务要用心举行十家牌式，不得苟且因循。惟事支吾目前，徒倚繁难自弊之术以为上策，反视易简久安之法以为迂缓。噫！果有爱民之诚心、处官事如家事者，其忍言者之谆谆，而听之乃尔其藐藐耶？凡我各官，戒之敬之！此缴。

译文

根据岭东道巡守官呈送报告，说道："我们想把原来各部队收编的民夫壮丁保留，让他们依旧守卫城镇，并发给他们粮饷，并招募打手，以便调用。"看到这里，我又想起了我要求编排的十家牌式法。假如有关官员都能认真地推行十家牌式这一制度，就能使推行十家牌式的地方到处都是士兵，家家的人丁都是兵员，每个人都可充当一位士兵，如此各地自然会防守得很严密，那么追捕贼匪的正规士兵就可以逐渐地减少了，进而节约百姓的财富，减轻百姓的负担。但是如今不少地方的官员都将十家牌式法看成是一纸空文，从来就没有认认真真地办理过这方面的事，一旦将来把原来收编的民夫丁壮裁减三分之一，那么很多不可预料的事情就要发生，就会像各位官员在他们的呈文中所谈及的一样。暂且就同意你们的建议，将已经收编的民夫丁壮名额已经保留下来，并要求该道所管辖的地方按照批呈具体执行。同时还要求各位官员务必要认认真真地推行十家牌式法，不能得过且过。办事只应付眼前，只把那些繁杂困难有毛病的办法看作是最好的策略，反而把那些简单易行、可确保地方长治久安的方法看作是非常迂腐、见效非常慢的方法。唉！假如真有爱惜百姓的好心肠、办理公家的事就像办理自己家里的事情一样用心尽力，怎能忍心让说话的人诲人不倦，而听着的人若无其事呢？凡是我所管辖的地域内的官员，务必要以此为戒，好好地执行十家牌式法。这项行文已经上呈。

裁革文移

据布政司呈："今后但有牌案行属者，则于备仰语后止令奉行官吏具遵行过缘由回报。"看得近来官府文移日烦，如造册依准等项，果系徒劳徒费，虚文无补，本院欲革此弊久矣，因军务纷剧，未及举行。据呈前因，可谓先得我心之同然者。

译文

据布政司呈来的报告："今后假如有牌令、公文发行到所管辖的地方，则应当要求被通知的有关人员备文附后，将遵照执行情况的缘由写清楚向上汇报。"可见近来官府收到的文书一天天增多，比如各种登记造册、批准公文，等等，的确是白白耗费精力、浪费财产，全是一些没有实际效用的空文，我想革除这些弊端已经很久了，随后由于军务繁忙，未能及时办理这件事。如今看着前面呈文中提到的情况，与我的想法差不多。

自今事关本院，除例该奏报及仓库钱粮金帛、赃罚纸价、预备稻谷等项，仍于每岁终，开项共造手册一本，送院查考外，其余一应不大紧要文册，及依准等项，通行裁革，务从简实，以省劳费。凡我有官皆要诚心实意，一洗从前靡文粉饰之弊，各竭为德为民之心，共图正大光明之治。通备行各该衙门查照施行。缴。

译文

从今以后，有关事务涉及我衙门的，除例行应当开奏上报的，以及涉及府库中的钱粮、衣帛、赃物、罚款、储藏的谷物等事项的，仍旧要在每年的年终分门别类地把这些记录好，造一簿册呈送到我衙门，以便检查核对外，其他有关记载的不太重要的文册以及批准的奏报等都要裁减，务必言简意赅，以节省时间，减少费用。凡是在我管辖范围内的各位官员，务必要诚心诚意、脚踏实地地进行政务的处理，改变过去浮夸虚报的不正之风，都应当全心全意地为百姓办事，共同图谋光明磊落的治理风气。通知各有关官府，按照我的命令办理。这项行文已经上呈。

批右江道调和寨目呈

据副使翁素呈：湖润寨目兵径赴镇安取调，准议备出印信下帖，给与该府该司；各永永执照，以杜后争。湖润既已自知原属镇安，自此必益供事大之职。镇安既欲自求仍统湖润，自此必益施字小之仁。须要诚心协和，庶可永绝祸患。若徒迫胁矫诬于一时，终必反覆变乱于日后，此自取灭亡，后悔何及。仰各知悉，遵照毋违！此缴。

译文

据副使翁素呈来的报告说："请求把湖润寨的土目官兵直接调到镇安。"我批准了翁素的请求，并写好了令文，发往该府该司；请他们长久地执行这一政策，以避免以后两地的斗争。湖润人既然已经知道了自己原来归镇安管辖，调往镇安后，湖润人必定会越来越多地参与镇安的事务。镇安既然想管理湖润，从此以后也就更应该给湖润人施以小恩小惠。需要与湖润人协调一致，这样才可以避免日后的祸患。假如只求一时平稳，采取胁迫高压的政策，篡改历史上的沿革，使一方从属于另一方，那么以后不可避免地要发生祸乱，这种政策措施将招致灭亡，到时后悔可就晚了。请各有关官员要知道这种状况，执行我的命令，不可违抗。特此通知。

批南宁府表扬先哲申

据南宁府申称："北门外高岭，原有庙宇，以祠宋枢密使狄武襄公青，经略使余公靖，枢密直学士孙公沔，邕州太守忠壮苏公缄，推官忠愍谭公必缘，年久倾颓，止存基址。今思、田既平，所宜修复，以系属人心，以耸示诸夷。"看得表扬先哲，以激励有位，此正风教之首。况旧基犹存，相应修复，准支在库无碍官银，重建祠宇。其牌位祭物等项，照旧修举。完日具由回报。此缴。

译文

据南宁府送来的呈报说："在南宁府的北门外的一个高山上，原来有一座庙宇，这座庙宇是用来纪念枢密使狄武襄公青、经略使余公靖，枢密直学士孙公沔，邑州太守忠壮苏公缄，推官忠愍谭公必缘。由于年久失修，庙宇倒塌了，如今只剩下地基遗址。现在思恩、田州两府既然已经安定了，的确应当修复庙宇，以便让百姓也有所寄托，并震慑诸夷族。"还可以借表彰过去那些有功绩、有德行的人物，激励如今各在任的官员，这也是用良好的道德风范教化后人的极为重要的手段。况且原来的庙宇基址还存在，应当尽快把它修好，批准从官府中支出闲置无安排的银两，进行重建庙宇。对于庙宇中的牌位、祭祀用的物品等，仍旧要按照原来的模式规模办理，等到庙宇修建完毕时，再把全部情况向我汇报。此公文收回。

批增城县改立忠孝祠申

据增城县申称："参得广东参议王纲，字性常，洪武年间因靖潮寇，父子贞忠大孝，合应崇祀。于城南门外天妃庙改立忠孝祠。"看得表扬忠孝，树之风声，以兴起民俗，此最为政之先务，而该县知县朱道澜乃能因该学师生之请，振举废坠，若此则其平日职业之修，志向之正，从可知矣。仰行该县悉如所议施行，其神像牌位及祭物等项，俱听从宜酌处。完日具由回报。此缴。

译文

据增城县呈来报告说："我得知广东先前的参议王纲，字性常，在洪武年间，由于平定潮州一带的敌寇，王纲父子表现出对朝廷的一片忠心坚贞，应当设立祭坛纪念他们。可将县城南门外的天妃庙改为忠孝祠。"那阐扬忠孝、树立良好风气以改良民俗，这的确是各级官员们在处理政务时首先要完成的任务。而增城县的知县朱道澜能应县学校师生的请示，振兴好的纲纪，中止坏的陋习，由此可知知县朱道澜平时在岗位上严于律己、行为正派。要求增城县全部按照在呈告中所说明的建议办。至于神像、牌位与祭祀时的用物等项，都应该具体斟酌办理，等到办好以后，把有关情况全部告知我。特此通知。

批参政张怀奏留朝觐官呈

据左参政张怀所呈，悯念兵荒，欲留府县正官，足见留心地方。但今岁应朝事体颇重。朝廷励精图治，必有维新之政，各该正官正宜一行，以快观感，似难通行奏留，仰各照例依期起程。况该道守巡既得贤能官员，各肯忧劳尽心。若此各府州县虽无正官，其各佐贰亦必警戒修省，自堪驱策。其间果有阘冗不才，不任委寄者，该道即行别委相应官员署管。仰即通行查照施行，毋再疑滞。缴。

译文

左参政张怀呈来报告说，考虑战事以及自然灾害交相袭击使得地方上的惨景目不忍睹，所以想让府、县的主要负责官员免去远道进京朝拜皇上的任务，多留心地方上的事。然而，今年上朝的事情颇为繁重。朝廷如今励精图治，肯定要推行一系列的改良政策，各级主要负责官员，正好应当一同前往朝廷面见皇上，我感觉到很难上奏要求把你们留驻在地方上。要求各有关官员，按照以往的惯例启程。况且该道的守巡，已经招聘了不少的人才，这些人才在自己的职位上尽心尽力，因此，各府、州、县虽然主要负责人一时不在任，那些辅佐的官员也必然会很好地推行各项措施、执行各项政策。假如在这些辅佐官员中真的有庸碌低劣，没有多少才能不值得委以重任的人，该道要立刻另行委任有关的官员进行管理。请立刻根据我的规定具体办理，不要再犹豫而止步不前了。特此通知。

经理书院事宜

八月

据参事吴天挺呈称："将南宁城东西二壕花利，通收府库，支与书院师生应用，剩银修理，仍置教官私宅号房，以为定规。"看得所呈事宜，足见该道官留心学校，兴起士习之美意，俱准照议施行。但事无成规，难垂久远，而管理非人，终归废坠。该道仍须置立文簿，将区处过事宜逐件开载，给付该府县学及管理书院官各收一本存照，相继查考举行，以防日后埋没侵渔之弊。仍于各教官内推举学行端方、堪为师范者呈来定委，专管书院诸务，训励诸生，庶几法立事行，人存政举，而今日书院之设，为不虚矣。仍行提督学校官知会，一体查督举行，及备行该府县学官吏师生查照施行，俱毋违错。此缴。

译文

参事吴天挺呈来了一份报告，说："我建议把南宁城东西两护城河周边田地等的收益全部收归到官府中，把这些钱拨给书院，以供应师生日常资费，剩下的银两用作维修整顿府学，并在书院中建造教官的私人住宅，把这些措施当作定例。"看到吴天挺呈报的事项，就可见他平时很留心学校事务，产生让读书人好好学习的良好愿望。我批准全部按吴天挺呈来的报告中的建议办理。但是做这些事情没有具体的规定，难以为后来人树立榜样，并且若管理学校的又不是正规的管理人员，这种情况最终要改变中止。该道仍旧需要设立文簿，把商议与处理的有关事项一件件地记录在文簿上，分别报给该府县学与管理书院的官员，让他们各留一份，按照文簿上记录的事项一件件进行办理，以防止日后时间一长产生埋没贪污的弊端。还要在各教官内推举那些品行好、有才学、能够为师生们树立良好榜样的人，把这些人名单呈报上来，以便任命他们专门管理有关书院的事，训诫劝导师生。至于其他制订法纪制度方面的事情，也可按照一定程序推行，只有得到人才，政事才能取得成果。如今设立学校，是实实在在的实干啊！还要让府县学校的负责人知道这些内容，一并检查督促进行，并要求学校的教官、教师、学生依照吴天挺的建议具体办理有关事务，不要违抗这个命令。此公文应收回。

牌行南宁府延师讲礼

八月

照得安上治民，莫善于礼，冠婚丧祭诸仪，固宜家谕而户晓者，今皆废而不讲，欲求风俗之美，其可得乎？况兹边方远郡，土夷错杂，顽梗成风，有司徒事刑驱势迫，是谓以火济火，何益于治？若教之以礼，庶几所谓小人学道则易使矣。近据福建莆田儒学生员陈大章前来南宁游学，进见之时，每言及礼，因而扣以冠婚乡射诸仪，果亦颇能通晓。看得近来各学诸生，类多束书高阁，饱食嬉游，散漫度日。岂若使与此生朝夕讲习于仪文节度之间，亦足以收其放心，固其肌肤之会，筋骸之束，不犹愈于博弈之为贤乎？为此牌仰南宁府官吏，即便馆谷陈生于学舍，于各学诸生之中，选取有志习礼及年少质美者，相与讲解演习。自此诸生得于观感兴起，砥砺切磋，修之于其家，而被于里巷，达于乡村，则边徼之地，自此遂化为邹鲁之乡，亦不难矣。诸生讲习已有成效，该府仍要从厚措置，礼币以申酬谢。仍备由差人送至广西提督学校官，以次送发各府州县，一体演习。其于风教，要亦不为无补。

译文

要让皇上放心，就得管理好百姓，而管理好百姓的最好方法是用各种礼仪去规范他们。成年加冠、婚丧嫁娶、祭祀等方面的礼节应当家喻户晓的，如今都被废弃了，未有人讲解、传授，这样追求社会风俗的淳朴，难道能够办得到吗？况且这里地属边境，远离中原，有各少数民族杂居，而这些少数民族野蛮、鄙陋，有关官员迫于一时混乱的形势用刑罚去追捕他们，这种措施就好像用火去救火，对治理地方有什么帮助呢？假如用礼仪来教化他们，那么过不了多久，这些下层的群众熟悉了那些礼仪，就可以很容易地对他们进行管理了。近来福建莆田有一个儒学生员叫陈大章，到南宁来求学。他来拜见我时，总要说到礼仪方面的事情，因此我就考问他成年加冠、嫁娶、射箭饮酒等方面的礼仪，他果然很是熟悉。我了解到近来一些学生，把书存放起来不读，吃饱了饭就到外面闲逛，无所事事地消磨时光。假如让这些学生与陈大章一起从早到晚都学习有关礼仪等方面的知识，那么也就可以使这些学生的注意力集中起来，收回他们放浪的心情，巩固他们亲密的情义，强化他们端正的行为，难道这样不比下棋更能体现德行吗？为此，向南宁府的有关官员发出令牌，要求他们立刻邀请儒生陈大章于学馆中，并提供食宿，从众多的学生中挑选那些有志于学习礼仪、年纪小、天资聪颖的人，跟随陈大章学习礼仪方面的知识。从此这些学生慢慢地就会有一种有关礼仪方面的感受，经过不断切磋，并将自己所学的有关礼仪方面的知识首先应用到自己家里的日常生活中，慢慢地再影响到邻里、附近的乡村。假如这样，这些遥远的边关之地要成为通晓和盛行礼仪的乡村也就不难了。等那些学习礼仪的学生们收到成效时，南宁府仍旧要准备好各种物品送给陈大章以表达对他的感谢，还要派人将他送到广西提督学府官员那里，然后再依次派到各府、州、县，让各地的学生都学习这些礼仪，这对于社会风俗的改善，也不是没有好处。

札付同知林宽经理田宁

照得思、田二府平复，议将田宁府改设流官，见今无官管理。看得化州知州林宽才识通敏，干办勤励，本爵巡抚江西，知其可用，近因改建府治，修复城垣，已经委令经理。即若升以该府同知，而使久于其职，必有可观。已经具题，奉有明旨。

译文

思恩、田州二府重新恢复安定以后，经商议决定在田宁府改立流官制度，如今一时还找不到合适的官员到这里赴任。我得知化州的知州林宽见多识广，思维敏捷，勤于政事，办事干练，我在巡抚江西时，就知道林宽可以担负重任，近来因为田宁改州为府，修补重建城墙，已经委派林宽负责。假如立刻把他提拔为田宁府的同知，并让他在这个职位上干一段时间，那么他肯定会有出色的业绩。这些我都已经上奏汇报了，已经接到了皇上的明确答复。

续该本院看得南宁自宣化县至于田宁，逆流十日之程，其间错以土夷村寨，奸弊百出。本爵近因躬抚南宁思龙诸图，乡民拥道控告，愿立县治，因为经理。相度得村名那久者，宽平深厚，江水萦迴，居民千余家，竹树森翳，且向武各州道路皆经由其傍，亦为四通之地，堪以设立县治。属之田宁，亦足以镇据要害，消沮盗贼，又经具题外。

译文

随后我又调查到从南宁府的宣化县到田宁，逆流而上有十天的航程，沿路错杂着一些夷族寨子，作奸犯科的事频繁发生。最近我因为亲自治理南宁的思龙等图镇，百姓们纷纷来到路边控诉着自己的境况，并表示愿意设立县级行政中心，进行管理。我沿河而上来到了一个叫那久的村庄，这里地势平坦开阔，土壤深厚，河水在这里萦回流过，村民有一千多户，竹子和其他树木枝叶繁茂，并且通向向武各州的道路都从那久村附近经过，算是重要的交通要道，当在这里设立县级行政中心，以便更好地对这一带进行治理。这里设立的新县城当归田宁管辖，以使田宁能够控制重要的地方，消除或阻击贼匪，把这些情况一一上奏。

为照新升知府张钺尚未到任，合就札仰本官即便管理府事，抚绥目民。其修筑城垣廨宇，及那久新立县治等项事宜，公同各该委官用心督理，务在修筑坚固，工程早完，以图经久。候知府张钺到任，仰本官专督思龙县治，务要清查所割图里钱粮明白，毋令奸民飞诡影射，致贻纷争。本官素有才识，志在建功立业，况奉新命，擢佐专城，远近土目人等侧耳注目，思有维新之政。本官务要竭心殚力，展布才猷，以仰答朝廷之恩，俯慰下民之望，中无负于军门之委托。如其因循玩愒，幕事废功，不但声名毁辱，抑且罪责难逃。

译文

除外，考虑到新任知府张钺还没有到任，合计下来要求林宽立刻管理府内的具体事务，安抚地方上的夷族百姓。至于修建城墙官舍，以及那久新设县衙等项事情，林宽公要和该府其他刚任命的官员齐心协力，务必将城墙修建得坚固结实，尽量早点完工，以图谋更久远的谋划。等到知府张钺到任后，要求林宽专门负责监督思龙县的管理情况，务必要将所划出去的图镇村里缴纳钱粮的情况调查清楚，不要让那些奸诈小人到处胡言乱语、煽风点火，从而给地方制造纷争。林宽向来有才干与卓识，立志于建功立业，况且接受新的任命，被选拔辅佐专个县城的治理，远近的民众，没有一个不侧着耳朵，睁着眼睛，关注着林宽的，他们都期盼能够推行革新时弊的政策。

林宽一定要尽心尽力，施展自己的雄才大略，以报答朝廷的恩情，不辜负百姓的厚望，也不辜负我对你寄予的重托。假如因循守旧，玩忽职守，成事不足，败事有余，不但让自己的名声遭到损坏，而且罪责难逃。

札付同知桂鏊经理思恩

照得思、田二府平复，已经具题将柳州府同知桂鏊经理思恩府事，休劳息困，当有所济。续该本爵看得岑濬新移府治，皆斩山绝壁，如处戈矛剑戟之中，况瘴雾昏塞，薄午始开。本爵近因督剿八寨，亲往相度，看得地名荒田，宽衍膏腴，可以建府治。而上林县地名三里者，乃在八寨之间，其地多良田茂林，村落相望，堪以移设风化县治，量筑城垣廨宇，招抚逃亡，可以成一方之保障，仍将上林一县通割，以属思恩，似于事势为便等因，又经具题外。

译文

按照思恩、田州二府的骚乱已经平定了，已经向上报告派遣柳州府的同知桂鏊前去管理思恩府的事务，使思恩一地休养生息，对恢复发展有所助益。我了解到岑濬新移的府治，周围全是断崖峭壁，好像处在戈、矛、剑、戟错杂的环境中，况且这里瘴气重，常常遮挡视线，只有到正午时分，浓雾才消散。我由于近来指挥围剿八寨一带的贼匪，亲自到那地方进行察看，发现有个叫荒田的地方，地势开阔，土地肥沃，是建立府治的好地方。而上林县有块名叫三里的地方，处在八寨中间，该地有很多肥沃的良田，茂密的森林，村庄相望，可以在此找个地方作为风化县的县治所在地，依据当地的情况，修筑城墙，建造官舍，招揽安抚逃亡的百姓，可以成为保护这一区域的屏障。还要把上林县全部划给思恩府，这样对于治理此地更为方便，把这些情况已向上级反映。

为照署掌府印，迁筑府城，新创县治，及盖廨宇等项，皆不可缺人督理，合就札仰本官即便星驰前去思恩府署掌印信，抚绥目民。其迁筑府城于荒田，移设县治于三里，及创建廨宇等项，一应事宜，公同各该委官用心督理云云。如其因循玩愒，隳事废功，岂徒身名毁辱，兼亦罪责难逃。

译文

除外，为了保证在治所转移搬迁的过程中，政务不中断以及保证在重新建造府县行政中心和官舍等事项时有负责人进行监督管理。要求你昼夜兼程，前往思恩府，主持那里的政务，安抚地方上的百姓。对于将思田府治所迁往荒田，在三里设立新的县治所，以及修建官舍衙门等项事务，一切具体事宜，你都应当与当地的官员一起尽心办理。假如因循守旧，玩忽职守，败事毁功，不仅是身败名裂，而且也难逃法纪的追究。

牌行南昌府保昌县礼送故官

照得保昌县县丞杜洞，久在军门，管理军赏，清介自持，贤劳茂著，郡属之中，实为翘然。今不幸病故，使人检其行橐，萧然无以为归殡之资，殊可伤悼！今寻常故官小吏，无洞一日之劳者，犹且有水手殡殓之例，况洞从征恶寇，跋涉险阻，冲冒瘴毒，又且平日才而且贤，所谓以死勤事者矣，焉可以不从厚待之！是贤不肖略无所辨也。为此牌仰本府官吏，即于库贮无碍官钱内，给与水夫二名，棺殓银十两，就行照例起关，应付船只脚力，查照家属名数，给与口粮，务要从厚资送还乡开报，及仰保昌县官吏，即便佥拨长行水手二名，棺殓银二十两，及将本官应得俸粮马夫银两，照数支给，亦付伊男，及差的当人役，护送还乡，毋致稽误。

译文

保昌县县丞杜洞，长期在总督府任职，掌管军队中的赏赐事宜，他洁身自好，勤勉工作，成绩卓著，在郡县之内，的确算得上数一数二的人物。但是现在杜洞不幸病逝，派人检查收拾他的行囊，冷清得竟没有送殡到家乡的费用，他的确值得我们沉痛悼念。如今平常去世的小官员，还没有杜洞一天的业绩多的人，尚且还有请水夫帮忙下棺埋葬的资费，更何况杜洞随军征伐残暴凶恶的寇匪，经历了许多艰难险阻，不畏南方瘴气的袭击，并且平时也表现出了卓越的才能与贤德，这就是人们常常所说的用自己的生命来从事自己工作的典型了，怎么能不隆重地对待他的丧礼呢！如此贤能的人不认真对待，那么以后贤能、不贤能无法辨别出来了。为此向南昌府的官员发布令牌，要求立刻从官库中支取闲银，雇佣两个水夫，花费十两银子置办棺材等葬品，并按照往常的惯例出关相送，派出船只、人力仆役，调查杜洞家庭人口的多少，发给他们口粮，一定要多加资助厚待杜洞家人，帮助他们将棺材运回家乡，并通告乡民。还要求保昌县的官员们立刻派遣两名远行的水夫，支出二十两银子作为下棺安葬杜洞的费用，并将杜洞应得的俸粮、马夫、银两，按照杜洞在世时的数目发给杜洞的儿子，派遣差役人等护送杜洞的灵柩回乡，不能有任何延误。

调发土兵

十月

照得各州土兵，征调频数，本非良法，非但耗费竭财，抑且顿兵剉锐，必须各州轮年调发，一以省供馈之费，一以节各兵之劳，庶几土人稍有休息之期，而官府亦获精锐之用。已经行仰该司遵照备行。南丹州官族莫振亨，即就拣选勇敢精锐目兵三千名，躬亲统领，照依克定日期，前赴广西省城听调杀贼，果能输忠报效，立有奇功，即与具奏，准袭该州官职。自今八月初一日为始，至下年八月初一日止，却调东兰州土兵依期更替。自今各州目兵，军门断不轻易调发，致令奔疲劳苦，亦决不姑息隐忍，纵令骄惰玩弛。但有稽抗迟误、违犯节制，轻则量行罚治，重则拿究革去冠带，又重则贬级削地，又重则举兵诛讨，断不虚言。通行各土官兵目知悉，俱仰改心易虑，毋蹈前非，自贻后悔去后。

译文

我们都非常清楚，各州的土兵征用调动频繁，这本不是什么好办法。这样做，不仅耗费大量的钱财，而且往往使军队驻扎到别的地方，大大降低了部队的士气，良好的办法是各州的土兵按年份轮流调动，一方面可以节省供应的大量费用，一方面可以减少士兵们不必付出的劳苦，这样也可以让土兵百姓稍得喘息的时间，而官府也能调集到精英队伍。我已经发布命令要求该司按照我的要求办理。南丹州有一官族子弟叫莫振亨，就挑选了三千名比较勇敢的精锐兵士，亲自统率，依照原来规定的日期前往广西省城，听候调遣，去进剿贼匪，如果他们真的能实现尽忠报效国家的愿望，建立了卓著的功勋，我立刻上奏获准莫振亨继承他父辈原来在南丹州担任的官职。从今年八月初一日开始，到明年八月初一日为止，调集东兰州的地方部队，按照规定的日期进行替换。从今往后，各州的武装力量与掌握管理武装力量的总督府，决不要轻易调动这些部队，以至于让他们在旅途中疲于赶路，艰难困苦，也不姑息纵容士兵，使他们好逸恶劳，轻忽懈怠。一旦查出有抗令不遵、迟到以至于造成损失的，或者违犯上下级之间统属关系的，轻的就依据情况进行适量的惩罚，严重的就捉拿问责，革免衣冠，假如比这还严重，则降级，削减管地，再严重就要派军队进行征伐了，以上所说的，决不是信口开河不算数的空洞话。应当告知各州的土目官兵知晓，请大家一定改变观念抛去疑虑，不要重犯类似于以往的过错，之后自己给自己留有遗憾。

今据所呈，为照本院军令既出，难再轻改，失信下人。但本官呈称雕剿缺兵，固亦一时权宜，况称原系本州先年自愿报效，不在秋调之数，亦合姑从所请，暂准取调。为此牌仰本官即便会同镇守太监傅伦，行仰该州土官韦虎林，照数精选目兵，前赴省城，听各官调遣剿贼。待三两月间事毕，随即撤放回州，遵照军门批行事理，依期更班听调，不许久留失信。其所呈雕剿事宜，悉听会同三司掌印、守巡、兵备等官依拟施行。事完之日，通将获过功次，用过钱粮数目，开报查考，俱毋违错。仍行总镇、总兵、镇巡等衙门知会。

译文

如今呈送来的要求调集土兵的请示报告，是在我发出军令以后送来的。军令都已经发出去了，不可轻易作改动，以免失去下级对我的信任。但是文书上说明的进行讨伐的出奇计谋缺乏士兵布阵，所以调兵也是一时的权宜之计。况且又称这是该州往年原本就有的自愿参加剿匪报效朝廷的惯例，不属于秋调的范围，因而也暂且批准请求，允许调动。为此向提出请求的官员发出令牌，要求他会同镇守太监傅伦，与该州的地方土官韦虎林，遵照准许的人数抽调兵丁前往广西省城，听从有关官员的指挥，努力剿杀盗匪。等到过两三个月，剿匪这一任务完成以后，立刻把所调的队伍撤回到原来的驻地。然后再依照总督府的批准的文书规定，按时轮换接替别的队伍，听候调遣，不能久留驻地、失掉信任。所呈送来的有关剿匪奇谋等事宜，全都要会同三司的主要负责官员、守巡、兵备等官制订具体措施，并按照这些措施执行办理。等到剿盗匪的任务完成以后，将战利品、过失、功绩大小与花费的钱、粮数目全部报告给我，以便检查核对，不要违反规定犯错。同时还要把这些情况报告给总镇、总兵、镇守、巡抚等衙门，让他们知晓。

犒奖儒士岑伯高

照得思、田之乱，上廑九重，命将出师，动调四省军马钱粮，汹汹两年，功未告成，而变日不测。本院前来勘处，是固仰赖皇上好生之仁格于天地，至诚动物、不疾而速，是以宣布威德，而旬月之间，诸夷即尔革心向化，翕然来归。然而奔走服役，固有效劳于下者，其间乃有深谋秘计之士，潜开默导，以会合事机，其功隐而难见，此惟主将知之。功成行赏，是所谓首功者也。

译文

按照思恩、田州一带发生叛乱，惊动了圣上，朝廷下令出兵进行征剿，从四省调集了军马、钱财和粮草，浩浩荡荡进行了两年，可是叛乱不仅没有被平定，形势反而变得更加不可预测。我奉命前来调查平定思恩田州一带叛乱的情况，多亏借着皇上爱惜生命的仁慈，推广到天地之间，真诚的心让天底下的万事万物都为之感动，不求快，但是进展神速，趁机到叛乱的地方去宣讲皇上的德行与威势，于是在不到一个月的时间里，叛乱的各夷族人立刻洗心革面，向好的方面转化，毅然地归附朝廷。然而在地方上奔波服务朝廷并取得一定业绩的人中，还有一些周密谋划、秘密设计的人物，这些人潜移默化地引导军队的动向，以让部队行动与时机相契合，他们的功绩隐秘、难以察觉，只有主将知道。功业完成后进行论功行赏时，这些人就是所说的功劳最大的人。

照得儒士岑伯高，素行端介，立心忠直，积学待时，安贫养母。一毫无所苟取，而人皆服其廉；一言不肯轻发，而人皆服其信。游学横州、南宁之间，远近士夫，及各处土官土夷，莫不闻风向慕，仰其高节。本院抚临之初，即用此生，使之深入诸夷，仰布朝廷之德，下宣本院之诚，是以诸夷孚信之速，至于如此，本生实与有力焉。当时平复奏内，即欲具列本生之功，而事变方息，深谋秘计，未欲张布于诸夷，但本生志在科第发身，不肯异途苟进，坚辞力请。本院不欲重违雅志，遂尔未及奏列。

译文

经查而得，读书人岑伯高，品行向来端正，为人耿直，诚实可靠，平日努力学习，积累了丰富的学识，一直在等待时机报效朝廷。他自己甘于贫困的生活，孝养自己的母亲。其没有一点从他处捞取财富的想法，因此当时的人们都佩服他的廉洁奉公。岑伯高不会草率地说话，因此当时的人都信服他的可靠、守信。岑伯高在横州、南宁一带云游学习期间，附近一带的士大夫，以及各地的土官土夷，没有不佩服他的，人们都敬仰他有高尚的节操与品德。我在安抚思恩、田州时，起初就任用了岑伯高，让他深入到各夷族那里，广泛地宣讲朝廷的恩德，同时还向各夷族讲明我解决地方问题的诚意，因此叛乱地的夷族百姓能够如此快速地相信我们，岑伯高为平定思恩、田州地区的叛乱的确是做了大贡献呀。当时在上奏讲明战功的奏折内，我就想将岑伯高的功绩列在里面，可是思恩、田州一带的叛乱刚刚平定，我仔细地权衡了一番，不想把这事的经过向叛乱地的夷族张扬，况且岑伯高是想通过科举考试来实现自己的理想，而不想通过其他的途径来达到自己的进阶，所以他坚决请求不要将功上奏。我也不愿意违背他的意愿，损害他的节操、声誉，因此没有把他的功绩列入奏折中。

今思、田既已大定，凡有微劳于兹役者，莫不开列，而本生之功泯然未表，其于报功劢忠之典，诚有未当。仰抄案回司，即于军饷银内动支一百两，及置买彩币羊酒礼送本生，以见本院慰赏犒劳之意。仍仰遵本院钦奉敕谕便宜事理，给与军功冠带，以荣其身。该司仍备给札付执照，并行原籍官司，以礼优待，免其杂泛差徭。明朝廷赏功之典，彰军门激励之道。既以遂其养母之愿，且以遂其高尚之心。是后本生志求科第，其冠带自不相妨。仍行两广总镇总兵镇巡等衙门知会。

译文

如今思恩、田州既然已经相当安定，在平定安抚思恩、田州的过程中，凡是做出过贡献的，不论大小，没有不登记向上奏报的，可是岑伯高的功绩却被湮没，没有对他进行表彰。遵照朝廷有关立功受奖这方面的法律制度的规定，应表彰有功人员以勉励他们更好地效忠朝廷，那么这样做的确是不妥的。所以我向布政司发了一道令文，要求从军饷中支出一百两银子，并购置财帛、羊肉、清酒，隆重地送给岑伯高，以此表示我对他功绩的奖励。还要遵照皇上赐给我的圣旨中规定的原则办理，给他记军功，授予他相应的礼服，让他本人得此荣誉。布政司还要向岑伯高所在地的地方政府发函，把岑伯高的情况通报给他们，要求他们以应有的礼遇好好地对待岑伯高，免除他的各项徭役，以表明朝廷对有功之人奖励的恩典，以彰显总督府对有功人员进行奖励以激发他们报效朝廷的愿望。这样既可以满足岑伯高孝顺、赡养母亲的心愿，也符合他的高尚节操的要求。这样，以后岑伯高顺利地通过了科举考试，授给他礼服与他考试及第一事也没有什么影响。还要把这些情况通报给两广的总镇、总兵、镇巡等衙门知晓。

征剿八寨断藤峡牌

七年三月，以下俱征八寨

据留抚田州、思恩等处地方右布政使林富，原任副总兵都指挥同知张祐连名呈称："田州、思恩平复，居民悉已各安生理，土夷亦皆各事农耕，地方实已万幸，惟八寨瑶贼云云。"合就仰遵敕谕事理，量拨官兵，协同卢苏、王受等士兵，分路进剿。除差官舍赍捧令旗令牌，分投督押士兵，本院亲至宾州思恩等处相机调度，面授方略外。为此牌仰右布政使林富，副总兵张佑即便督领官军，督发土目卢苏、王受等兵夫，从公尧、思恩取路，进剿后开寨分，务要声言各贼累年杀害良民，攻劫州县乡村之罪，歼厥渠魁，及其党与罪恶显著者，明正天讨，以绝祸根。除临阵擒斩外，其余胁从老弱，一切皆可宥免。今兹之举，惟以定乱安民为事，不以黩武多获为功。各官务要仰体朝廷忧悯困穷之心，俯念地方久遭盗贼屠戮之苦，督各官兵目兵人等，务歼真正恶目，二洗民冤，永除民患，以靖地方。仍禁兵马所过乡村，毋得侵扰民间一草一木，有犯令者，仰即遵本院钦奉敕谕事理，当即处以军法，俱毋有违节制方略，自取罪戾。

译文

据留在田州、思恩一带进行安抚地方民众的官员右布政使林富，原任副总兵的都指挥同知张祐连名呈送来的报告说："田州、思恩重新恢复平静，这一带的居民都已经从事自己的生计，当地的夷族也都从事于农业耕种，这的确是地方上的幸事，唯有八寨的贼匪等等。"应当遵照皇上给我的圣旨中规定的原则办理，调拨部队，协同卢苏、王受等带领的士兵，兵分几路联合进剿。除派遣有关官员持着令旗和令牌，分别督统军队外，我将亲自到宾州、思恩等地，根据战机进行指挥调度，同时当面传授具体的战略策略。这样，我向右布政使林富、副统兵张祐发布令牌，命他们立刻率领队伍，并监理土目卢苏、王受等领导的土兵，从公尧、思恩出发，向后开寨发动进攻。务必要声明各贼匪历年来杀害无辜百姓，骚扰、抢劫各州、县、乡村的罪恶，要求歼灭贼匪的头目，以及贼匪中那些罪大恶极、臭名昭著的人，顺应上天的意志，以铲除危害地方的祸根。除了在战斗中把这些人斩杀或者活捉之外，其他因这些人的恐吓、威胁而参加贼匪的老弱病残者，都可以将他们的罪责赦免。目前出兵讨伐这些贼匪的行动目的只在于平定叛乱，安定百姓，不是以杀多少贼匪或活捉多少人来评定功绩的。各位执行命令的官员，务必要理解朝廷怜悯百姓、消除地方贫困的心情，还要体谅地方上因长期遭受贼匪的烧杀、掳掠的祸害，要求各位官员督促各级官兵，务必要将那些真正作恶多端的贼匪头目杀尽，从此洗刷百姓的冤屈，永远铲除这个危害百姓的祸患，使地方得以安宁。在军队中还要有严明的军纪，军队所到之处，不得骚扰乡村的百姓，损坏百姓的一草一木，假如有违抗命令的，遵照皇上给我的圣旨中规定的原则处理，立刻把违抗命令的人处以军法。要求大家听从指挥，按照统一部属行动，不要违犯，自己为自己找罪受。

牌行领兵官

牌行左参将署都指挥佥事张经，会同该道守巡、守备官，及湖广督兵佥事汪溱，都指挥谢珮，督永顺宣慰彭明辅，统后进剿牛肠诸贼云云。及监都保靖宣慰彭九霄，统兵进剿六寺、磨刀等寨诸贼云云。未至信地三日之前，停军中途，候约参将张经，与同守巡各官集议，先将进兵道路之险易远近，各巢贼徒之多寡强弱，及所过良民村分之经由往复，面同各乡道人等逐一备细讲究明白，务要彼此习熟通晓，若出一人。然后克定日时，偃旗息鼓，寂若无人，密至信地，乘夜速发，务使迅雷不及掩耳，将各稔恶贼魁，尽数擒剿，以除民害，以靖地方。除临阵斩获外，其余胁从老弱，一切皆可宥免。今兹之举，惟以定乱安民为事，不以多获首级为功，各官务要仰体朝廷忧悯困穷之心，俯念地方久罹荼毒之苦，仍要禁约军民人等，所过良民村分，毋得侵扰一草一木，有犯令者，当以军法斩首示众。本官既有地方责任，兼复素怀忠义，当兹委用，务竭心力，大展才猷，以祛患安民。一应机宜，牌内该载不尽者，听公同各官计议，从便施行，一面呈报。事完之日，通将获过功次，开报纪功，御史衙门纪验，以凭奏报。仍密行总镇、镇巡等衙门知会，俱毋违错！

译文

向下列指挥官发布令牌：命左参将署都指挥佥事张经，应该会同该道守巡、守备官，以及湖广的督兵佥事汪溱，都指挥谢珮，督统永顺宣慰使彭明辅，率领队伍进剿牛肠等地的贼匪，等等。以及监督都统保靖宣慰使彭九霄，率领队伍进攻六寺、磨刀等贼寨，等等。在未到达目的地的前三天，暂时停止进军，等候会同参将张经，与其他的守巡各官员一起商量，首先要将进攻贼匪的路线的远近、险阻等情况，各巢穴盗匪的多寡、强弱情况，以及在进剿贼匪的途中要经过哪些良民聚集的村庄的情况，要求当面与各地熟悉情况的乡导了解清楚，让他逐一讲解清楚明白，务必要使各有关指挥官员对这些情况了如指掌，如同一人一样。然后就按照约定的日期，将军旗收藏起来，停止击鼓，使大军行进中保持寂静异常，秘密地来到约定的地方，乘着夜色迅速出击，一定要以迅雷不及掩耳的气势把罪大恶极的贼匪首领全部杀死或擒获，以清除百姓的祸害，使地方平定。除在战斗中把贼匪首领杀死之外，其他被胁迫而成为盗匪的老弱病残者，都可以免除他们的罪责。如今围剿贼匪的行动意在要平定地方上的叛乱、安抚地方上的百姓，而不是多多杀贼来赢得功绩。各位参加围剿的官员一定要理解朝廷忧虑怜悯百姓贫困艰苦状况的心思，必须体谅地方上长期遭受骚扰荼毒的痛苦。同时还要严格要求自己的队伍，军队所经过的良民集聚的村庄，不能损坏他们的一草一木，假如有违犯禁令的，立刻按军法严肃处理，斩首示众。各官还应承担管理地方的责任，你们向来就怀有忠诚仁义的节操，如今委派你们重任，一定要尽心尽力，大显身手，以消除地方上的祸患，安抚地方上的百姓。各种相关要务，令牌中都说得非常详细，假如还有没说到的，那么请你们与有关官员一起商议，根据具体情况实行，同时把执行情况向我报告。等到事情成功的时候，把各位将士的功过大小一一开报记录，由御史衙门登记核对，以便向上奏报。还要把以上情况秘密告知总镇、镇巡等衙门，请大家不要违犯命令以免招致失误。

戒谕土目

五月

案照先经行委副总兵张祐，督率官土目兵人等，进剿思恩八寨瑶贼，今据头目卢苏、王受等禀报，皆已攻破各寨，斩获贼级，虽未日久，苦亦无多，且又未见获有真正首恶，中间恐有容隐脱放情弊，合行戒谕督促。为此牌仰本官，上紧亲行督谕各头目及士兵人等，俱要协力齐心，竭忠报效，务图剿灭，以绝祸根，庶可以表明各目尽忠图报之真心。若是少有纵容，复留遗孽，亦是徒劳一场，不足为功，适足为罪，非惟不能仰报朝廷再生之恩，其于本院所以勤勤恳恳，不顾利害是非，务要委曲成就尔等之意，亦辜负矣。牌至，即以此意勉谕各目各兵，此举非独为除地方之害，亦为尔等建子孙久长之业，尽此一番辛苦，便可一劳永逸矣。发去良民，其榜可给则给，可止则止，一应事机，俱仰相机而行。其号色等项，已付思、田报效人役径自带回分俵，亦宜知悉。

译文

我先委派副总兵张祐率领土目兵丁去围剿思恩区域八寨一带的瑶贼，如今据头目卢苏、王受等人呈送的战报说，各寨都已经被攻破了，斩杀了不少贼匪，围剿没有经历太长的时间，军队也没有付出多少劳苦，况且又看见抓获真正的贼匪头目，我担心在这场围剿斗争中有把贼匪头目掩藏起来或让这些人逃脱等弊端。应该给这支队伍发布戒谕以便督促他们认真履行自己的职责。为此我向张祐发布令牌，要求亲自急速教育督促各土兵头目以及土兵等：都要同心协力，竭尽忠诚报效国家，务必要把这些地方的盗匪剿灭，以根绝危害地方的祸患，这样才能表明各头目报效国家的真心。假如对这些贼匪稍有纵容，又留下了祸患，也就枉费心血，不足以有功劳，反而有罪，不但不能以此报答朝廷让你们获得新生的大恩大德，也有负于我勤勤恳恳、不计较各种利害关系，想方设法来成就你们的盛情。等到令牌送到的时候，就立刻将这些意思告诉各土目官兵：剿杀盗匪这一行动不仅是为了根除地方上的祸患，也是为你们的子孙和长久的基业奠定坚实的基础，努力奋斗，付出这一次的艰辛，那么以后就可以永保地方上的平安了。发去良民榜，该给的就给，该不给的就不给，一切依据实际情况决定。其他旗号服色等项已经交给思恩、田州的报效朝廷的服役人员直接带回分发了，特此通知。

追捕逋贼

据同知桂鏊禀报："领兵土目卢苏、王受等，各已屯兵八寨，斩获贼首贼从数多，巢穴悉已破荡，即今方在分兵四路搜剿。"及称"附近上林县一十八村，俱搬移上山躲住。又访得铁坑、那埋二堡贼村，界连迁江、洛春、高径、大潘、思卢、北三、向北夷獞村分，今皆逃往潜住。又访得八寨贼徒，我兵未进之前，陆续出劫乡村，今皆不敢回巢，散入宾州、渌里，并贵县、凉伞、垒纸等夷僮村分藏躲，合行分兵搜捕"等因。

译文

据同知桂鏊禀报说："当地军队的头目卢苏、王受等人都已经在八寨一带屯兵，斩杀或活捉了贼匪的一些头目和为数不少的贼匪，贼匪的老巢已经全部被攻破。如今正在兵分四路搜索、追剿贼匪。"并且还说："上林县附近的十八个村庄，全部从原住地搬迁出来，躲藏到深山老林中去了，并且还得知贼匪的两个村落铁坑、那埋，与迁江、洛春、高径、大潘、思卢、北三、向北等壮族散居的村落相连，如今贼匪往这些地方逃窜，并在这些地方潜伏下来。又得知，在我们的部队到达之前，八寨的贼匪相继抢劫村庄，如今都不敢回到他们的巢中去了，因而他们分别散落到宾州、渌里以及贵县、凉伞、垒纸等少数民族的村庄藏匿起来。应当派兵进行搜查，追捕这些贼匪。”等情况。

看得八寨瑶贼，稔恶多年，攻劫乡村，杀害人民，掳掠财畜，百姓怨恨，痛入骨髓。今恶贯满盈，民怨神怒，巢穴破荡，分崩离析，如失林之枭，投置之兔，迷魄丧魂，正可蒐猎而尽，是乃上天欲亡此贼之秋。若不乘此机会，奉行天讨，以雪百姓之冤，以舒神人之怒，以除地方之祸。存其遗孽，复为他日根芽，此岂为民父母之心乎？及访得平日哨守八寨官兵人等，往往与贼交通者，据法俱应明正典刑。今且姑未拿究，容其杀贼报效，立功自赎。除各差官督剿外，为此牌仰指挥程万全，督率迁江所土官指挥黄禄，千户黄瑞，百户凌显等，各起集管下土兵人等，前去北三、思卢等处搜捕各贼。仍行晓谕各良善向化村寨，务将逃躲各贼，尽数擒斩，以泄军民之愤，获功解报，一体给赏。若是与贼通谋，容留隐蔽，访究得出，国宪难逃。如是各贼果有诚心悔罪，愿来投抚立功报效者，亦准免其一死，带来军门抚谕安插。各官务要尽忠竭力，上报国恩，下除民患，副军门之委托，立自己之功名。仍督平日与贼交通之人，令其向道追捕，痛加惩改，及此机会，立功自赎。果能奋不顾身，多获真正恶贼，非但免其既往之罪，抑且同受维新之赏。若犹疑贰观望，意图苟免，定行斩首示众，断不虚言。本院数日之后，亦且亲临地方，躬行赏罚，仰各上紧立功，毋自取悔！

译文

我得知八寨一带的贼匪长年作恶，攻打、骚扰、抢劫村庄，杀害无辜百姓，抢劫百姓的财产、牲畜，百姓对这帮贼匪恨之入骨。现在这帮贼匪恶贯满盈，百姓非常愤恨，天神也已经动怒了，这些贼匪的老巢已经被攻破、踏平了，贼匪土崩瓦解、分崩离析，就好像失去了树林的鸟、投进网兜的兔子，失魂落魄，正好可趁此时机把他们一网打尽，这就是天神要求消灭这帮贼匪的时候了。假如不抓住这个机会，遵照上天的旨意来讨伐这些贼贼，以洗刷百姓长久以来所遭受的冤屈，以消除上天的怒气，以便消除地方上的祸患。那么以后这帮贼匪又将聚集起来，再度危害乡里，这难道是作为百姓父母官的人所愿意看到的吗？我还得知平时驻守八寨一带的一些官兵，时常和贼匪通风报信的，按照有关的法律、制度，都应当将他们判处重刑。如今暂且不追究他们的过错，准许他们杀贼匪、立战功，以便将功赎罪。除分别派遣官员监督官兵剿杀贼匪之外，还向指挥使程万全发放令牌，要求他统率迁江卫所一带的地方土官指挥使黄禄、千户长黄瑞、百户长凌显等人发放令牌，命令他们调集自己所统领的队伍前往北三、思卢等地，搜捕逃窜的贼匪。还要告诉那些民风较好、百姓接受教化的村庄，要求村民一定将逃来的、躲藏在这一带的贼匪，尽可能地消灭，以发泄军民对贼匪的愤恨。若是村民获得功绩的，一定要上报给我，到时官兵民夫一同接受奖赏。假如村民和贼匪一起狼狈为奸，收留贼匪，并把贼匪隐藏起来，经查实后，那么很难逃脱国家的法令制度对他的惩处。假如那些贼匪中真的有诚心诚意悔过自新、愿意投靠官府，接受官府的招安，立功报效朝廷的，也可以免除这人的死罪，把这样的人带到总督府来，对他进行安抚训诫，让他听候安排。各位官员，务必尽忠竭力，向上报效国恩，对下根除民患，担负起我交给你们的重任，为自己建功立业。还要命令那些过去曾经和贼匪有过往来的人带路，追捕贼匪，要求他们痛改前非，告诉他们不要错过这千载难逢的机会，立功赎罪。假如真的能够舍生忘死，奋不顾身，多捉一些罪大恶极的贼匪，不仅要免除他以前的罪过，而且要给予他一定的奖赏。假如在这时还犹豫不决、持观望态度，希望苟且蒙混过去，务必要把这些人斩首示众，这绝不是吓唬人的话。我几天之后也要亲自到追剿贼匪的地方，亲自进行赏赐和治罪。请大家抓住机会建功立业，不要到时后悔。

牌行委官林应骢督谕土目

五月

看得田州、思恩领兵头目卢苏、王受等所领目兵，皆系骁勇惯战之人，今又各为身家子孙之计，自愿出力报效，立功赎罪，既已攻破贼巢，分屯其地，则其搜捕溃散之贼，当如探囊取物，数日可尽。今已半月有余，尚未见有成功，气势日见委靡，此必军中收有贼巢妇女等项，贪恋女色财物，不肯割舍脱离，奋勇杀贼，苟且偷安，遂致兵气日衰，军威不振。若诸贼闻此消息，乘此懈怠，掩袭不备，我军必致挠败。如此，则是各目此举，本欲立功而反败事，本欲赎罪而反增罪。非惟不能仰报朝廷之德，抑且有损军门之威矣。正名定罪，后悔何及！

译文

了解到田州、思恩的军队首领卢苏、王受等人所率领的官兵，都是非常勇敢、能征善战的人，如今他们又为自己的子孙着想，自愿效力，报效国家，以便立功赎罪，并已经攻破了贼匪的老巢，在贼匪老巢一带分兵驻扎，那么这些驻扎在这一带的队伍搜捕溃退逃窜的盗匪，就应当像取口袋中装的东西一样，几天之内就可把盗匪彻底地消灭干净。可如今已经有半个多月了，还没有见到有多少成效。军队的士气日益衰退，萎靡不振。这一定是队伍中收纳了贼匪老窝中的女子、财产等，官兵们贪恋女色，攫取财富，以至于不愿意放弃脱离这里，哪里还谈得上奋勇追杀贼匪呢？因此只求苟且偷生，这样官兵的精神面貌就一天不如一天，军队的威信一蹶不振。假如各地的贼匪得知军队中存在这些情况，趁着我们的队伍松懈的时候，出乎我们意料之外，偷袭我们，那么可以肯定地说，我们的队伍必定会失败。因此，各目此番举动，起初是想建立功业，可是结果却把剿杀贼匪一事弄糟了，原来本想立功赎罪，可是结果却加重了自己的罪行。这样不但不能报答皇上对你们的大恩大德，而且还损坏了总督帅府的威信尊严。若依据犯错的名目定他们的罪，到那时后悔也来不及了！

为此牌仰原任户部郎中、今降徐闻县县丞林应骢，赍执令旗令牌，会同总兵、监军等官，公同署田州府事知州林宽，身督领兵头目卢苏等，阅视各营，但有收得贼巢妇女财物者，通行搜出，俱各开纪名数，别立老营一所，选委老成头目，另拨谨实小心兵夫，昼夜管守。将各贪恋女色财物不肯奋勇杀贼头目兵夫，姑且免其罚治，责令即出搜山，果能多有擒斩，旬日之内功成班师，仍将前项妇女财物，照名给还，亦不追究前罪。若有贪恋女赃，违犯军令，仍前不肯效力者，仰即遵照军门号令，当时斩首示众，断毋姑息容忍，致败三军大事。

译文

这样，我向原来的户部郎中，如今贬职为徐闻县的县丞的林应骢发放令牌，命令他拿着令旗令牌，会同总兵、监军等官员，以及田州府的知州林宽，亲自监督带兵头目卢苏等人，视察各营寨，一旦发现有从盗匪巢穴中抢掠到的女人、财产等，要把这些人、物全部收集起来，按类别进行记录。另外设立一大本营，委派老成持重的人为他们的首领，另外再调集做事谨慎、心地诚实的士兵，昼夜看守此营。对于那些贪恋女色、不愿意奋力攻杀贼匪的官兵暂且免除对他们的处罚，命令他们立刻出动，搜查山林，假如真的能够活捉斩杀很多贼匪，十天以内将剩余的贼匪彻底剿灭，等到胜利回师的时候，仍旧将以前获得的女子、财产按照记录的多少赠送给他们，也不追究他们以往的罪过。假如有贪恋女色，违抗军令，依然不肯效力杀贼的，要求依照我制订的有关条例办理，立刻斩首示众，决不能对这种情况姑息纵容，否则将败坏整个军队的事业。

盖前日之招抚，专以慈爱恻怛为念者，乃是本院怜悯两府之民无罪而就死地，乃是父母爱子之心，惟恐一民不遂其生也。至于今日用兵，却须号令严明，有功必赏，有罪必戮者，乃是本院欲安两府之民，使之立功赎罪，以定其良家，而因以除去地方之患。是乃帅师行军之道，不如此不足以取胜而成功也。差去旗牌官员，务要星火催督，毋事姑息，若旬日之后再无成功，本院亲临分地，定先将监军、督军等官明正军法。其推奸避事，不肯奋勇杀贼头目，通行斩首，决不虚言。

译文

大概以前的招抚观念偏于慈爱、恻隐，那是我怜悯思恩、田州两府的百姓面临无罪而置死地的境地才这样做的，这就好像做父母的爱护自己的子女一样，心肠是那样仁慈，唯恐有一个百姓不能脱离死地而活过来。至于说到这次出兵剿杀贼匪，必须严明军纪，有战功的一定要给予赏赐，有罪过的一定要予以惩罚，这是我想安抚两府的百姓，让他们有立功赎罪的机会，以确保自身与家人良善的身份，从而消除地方上的祸患。这也是统率军队作战时的基本道理，如果不这样，就不算取得战争的胜利。我已派遣发送令旗、令牌的官员火速行动，你们务必要连夜启程催促监督他们，不要姑息纵容，假如十天之后，还没把贼匪彻底清除，那时，我将亲自来到这些地方，一定要先将监军、督军等官员按军法法办，对于相互推诿、逃避责任、不愿意奋勇杀敌的头目，都要全部斩首，决不是用虚言来吓唬大家。

牌委指挥赵璇留剿余贼

六月

牌仰指挥赵璇，前去督哨副总兵张祐处，查审各寨稔恶瑶贼曾否剿绝，各兵见住何处。闻已出屯三里，仰就各营土兵目夫，凡有疾病老弱者，俱令在营将息调理；其精壮骁勇目兵，仍仰本官务要三四日，或五六日，督令入山巡剿一番，出意外之奇，以示不测之武。须候各山果无潜遁之奸，各巢已无复归之贼，俟军门牌至，方许回兵。仍谕土目卢苏、王受等，以如此炎毒天气，如此暑雨连绵，各兵久在山中，辛勤劳苦，本院非不倦倦忧念，但一则欲为尔等立功，一则欲为地方除害，心虽不忍久劳尔等，而势有所不能已也。

译文

我发布令牌，要求指挥使赵璇，前往督领副总兵张祐那里，查清各地的穷凶极恶的盗匪是不是真的被彻底清除干净了，各支队伍如今驻扎在何处。听说已经退驻到三里了，要求各部队的土目官兵，凡是有疾病、年老、体弱的，都当在军营内休息、保养、治疗。那些精壮勇敢的目兵，我要求赵璇务必要每隔三四天或五六天，就统率他们深入崇山峻岭中巡察一次，剿杀一番，出其不意，以收奇功，用来表明不定期的没有规则的武力征讨。要等到各处山中的确没有逃跑藏匿的奸诈狡猾的贼匪了，各处盗匪的窝点也已经不再有逃回的盗匪了，等到我发布的令牌送达以后，才允许撤兵。还要告诉当地土目首领卢苏、王受等人：天气如此闷热，暑气不断，雨水不断，各部队还在山林中执行任务，勤勤恳恳，不是我不体贴这些官兵，其原因一是为了给你们提供立功的机会，二是为地方清除祸患。我心里虽然不想让那些你们过分劳苦，可是眼前的形势不允许呀。

尔等其务体本院之意，再耐旬日之苦，以成百年之功，毋得欲速一时，致贻后悔。事完之日，通至宾州，本院亲行犒赏，就领牌札，仰各知悉。

译文

你们一定要体谅我的苦衷，再忍受十来天的痛苦，以便建立长久的功业，不要总是想一时之快，以致给以后带来祸患，后悔莫及。等到征剿贼匪的大事取得彻底胜利时，请把部队全部调到宾州，我将到这里亲自犒劳部队，给予奖赏，大家分别领取令牌，要求都知道上述情况。

牌行副总兵张祐搜剿余巢

七月

访得上林相近地方，如绿茅等村，皆系阳招阴叛，与八寨诸贼里应外合，积年流毒地方。即其罪恶，尤有甚于八寨诸贼，若不剿灭，终遗祸根。为此今差指挥赵璇，赍牌前去督哨副总兵张祐处计议，仰即密召领兵头目卢苏、王受等，令各挑选精兵一千，或一千五百，以搜巡八寨为名，当日乘夜速发，分道夹剿后开各贼村分，务要歼除党与，荡平巢穴。若是各贼奔窜大名深山，各兵就可留屯其地，食其禾米六畜，分兵探贼向往追捕。本院先曾发有武缘乡兵，分搜大名诸山，遥计此时，各贼正回山下各村躲住，及今往剿，正合事机。仰谕各目，务要潜机速发，不得迟留隔宿，必致透漏消息，徒劳无功。发兵进剿之后，一面差人飞报。

译文

我调查得知上林附近一带，譬如说绿茅等村庄，都是在表面上接受官府的招安而实际上反叛官府，和八寨等地的贼匪里应外合，长年危害地方。就拿他们的罪恶来说，比八寨等地的贼匪罪恶更大。假如不把这些阳奉阴违的人清除掉，终究还是会给地方留下祸根。因此，我如今派遣指挥官赵璇拿着令牌前往督率副总兵张祐处，和他一起商议处理这些人的办法，要求他们秘密召见当地土目的首领卢苏、王受等人。要求他们分别挑选一千名或一千五百名的精兵，以搜巡八寨为借口进行掩护，当晚趁着夜色迅速出动，分道夹击，一司剿杀各处村庄中阳奉阴违的小人，必须要歼灭剪除那些贼匪的党羽，将贼匪据点彻底清除干净。如果各处的盗匪逃窜到大名的崇山峻岭中，那么各路剿杀贼匪的部队就可以驻扎在原来盗匪的据点，使用他们的粮米牲畜，分别派遣队伍去探悉贼匪逃跑的地方或逃跑的方向，然后再把这些贼匪追捕归案。我曾经先派遣了武缘的乡兵搜查大名等山区，我在远处估量，当前贼匪正返回到山下各村庄躲藏起来，如今到这些村庄去追剿这些逃窜的盗匪，正是千载难逢的好机会，请告诫各土目首领，要求他们一是要把自己的行军目的隐藏起来，迅速进兵，不得延误拖至第二天，否则，肯定会走漏消息，徒费劳力，没有功效。等发兵进剿贼匪以后，要派人立刻向我汇报。

计开：绿茅、通亲、绿小、批头、罗暖。其余各巢，不能尽开，须要量其罪恶大小，可剿则剿，可抚则抚，相机而应。

译文

统计情况：绿茅、通亲、绿小、批头、罗暖应当派兵进剿。其他的据点不能一一列出，应当依据这些地方作恶的多少、大小来决定，可以发兵追剿的，则发兵追剿，可以安抚的则进行安抚，视具体情况而定。

犒劳从征土目

八月

照得思、田二府头目卢苏、王受等，率领部下兵夫，自备衣粮，征剿八寨瑶贼，渠魁殄灭，群党削平，即今地方宁靖，旋师奏凯，实由各目兵夫不避炎蒸，奋勇效劳。但进兵以来，妨废一年耕种，况今青黄不接之时，部下兵夫家属，未免缺乏，相应量为赈给，以慰人心。为此牌仰同知桂鏊，即便会同南宁府掌印官，将该府军饷粮米鱼盐内照依开数，支给各头目受领。但念思恩、南宁道里相去隔远，粮米搬运不便，合就于武缘县见贮军饷米内支给，与各领用，以见本院体恤之心。仍开给散过数目缴报查考，毋得违错。

译文

那思恩、田州二府的头目卢苏、王受等人，率领着下属士兵，自己准备了衣服和干粮，进兵征伐八寨的瑶夷贼匪，歼灭了贼匪头目，荡平了贼匪党羽，现今地方上安宁平定，军队得以凯旋，这实在是由目士兵民夫不躲避暑热熏蒸，奋力勇敢地报效朝廷争取来的结果呀。但是发兵以来，战争妨碍耕种，所以荒废了一年的农业，况且现在正处于青黄未接全民饥荒的时刻，各目下属的士兵民夫的家里，不可避免地缺少粮食，应该适量地给予赈济，来宽慰人心。因为仰求同知桂鏊，立即与南宁府的掌印官一块儿商议，将该府贮藏的军饷、粮食、鱼肉、食盐按照规定制定标准，支付给各个头目收取。但是考虑到思恩、南宁各里道相距遥远，粮食搬运起来不方便，合计就从武缘县现在贮藏的军饷、粮米内支出供给，让各个头目领取，以体现我关照的情怀。仍然将支出散发的军饷粮食数目上报以便查阅考量，不得出现错误。

绥柔流贼

五月

据左江道参议等官汪必东等呈称："古陶、白竹、石马等贼，近虽诛剿，然尚有流出府江诸处者，诚恐日后为患，乞调归顺土官岑瓛兵一千名，万承、龙英共五百名，或韦贵兵一千名，驻扎平南、桂平冲要地方。"及该府知府程露鹏等亦申"量留湖兵，及调武靖州狼兵防守"等因。

译文

根据左江道参议汪必东等官员呈送来的报告说："最近虽然对古陶、白竹、石马等地的盗匪进行过剿杀，但是还有不少盗匪逃到府江等地，担心这些出逃的盗匪成为以后的祸患，要求调集归顺的地方首领岑瓛的士兵一千名，万承、龙英的士兵共计五百名，或者派韦贵的士兵一千名，驻扎在平南、桂平等重要的地方。"以及该府的知府程云鹏等官员呈来的报告中也说道："适当保存一部分湖广部队，并调集武靖州的狼兵部队进行防守"等情况。

始观论议，似亦区画经久之图；徐考成功，终亦支吾目前之计。盖用兵之法，伐谋为先；处夷之道，攻心为上。今各瑶征剿之后，有司即宜诚心抚恤，以安其心；若不服其心，而徒欲久留湖兵，多调狼卒，凭借兵力以威劫把持，谓为可久之计，则亦末矣。殊不知远来客兵，怨愤不肯为用，一也。供馈之需，稍不满意，求索赀詈，将无抵极，二也。就居民间，骚扰浊乱，易生仇隙，三也。困顿日久，资财耗竭，适以自弊，四也。欲借此以卫民，而反为民增一苦；欲借此防贼，而反为吾招一寇。各官之意，岂不虞各贼乘间突出，故欲振扬兵威，以苟幸目前之无事，抑亦不睹其害矣！前岁湖兵之调，既已大拂其情，乃今复欲留之，其可行乎？

译文

当初听到这些议论，也觉得好像是为地方的长治久安着想；如果从这件事情长久的成败考虑，最终是随便应付当前境况的计谋了。大凡用兵的方法，进军是首要计谋；处理有关少数民族的事务，收买人心是首选计谋。如今在对各地方的瑶贼进行征讨之后，各级官员就应当实实在在地对地方进行安抚，以便让当地百姓的情绪能够安定；如果没有使当地百姓内心臣服，而只是想多驻留一些湖广的部队，多集结狼兵，凭借军队的力量来威慑地方，认为这就是使地方长治久安的策略，那么这是最末流的策略。殊不知这远道调集来的士兵牢骚满腹，内心非常不满，不愿意听从指挥在异地效命，这是头一条。军队的供给，士兵们稍微不满意，那么就会责骂诋毁，提出各种各样的要求，并且这种要求没有止境，这是第二点。队伍驻扎在百姓中，常常骚扰老百姓引起混乱，这样容易在军民之间制造仇怨，这是第三点。士兵在驻扎地长年累月地操劳，资财消耗完毕后，很可能自生弊端，这是第四点。想借助部队的力量、威信来保卫百姓，反而因此而给百姓带来灾难；想借助军队的力量来防止贼匪，结果却给百姓带来兵寇。有关官员的意图，岂不是意料到各地的贼匪乘着间隙出来奔突，所以想发挥军队的威力，以求当下地方平安无事，但是没有看到这种策略带来的祸害呀！前年调集湖广的军队，那本身就违背了事情的本性，如今还想让湖广的部队留下来，这样难道行得通吗？

夫刑赏之用当，而后善有所劝，恶有所惩。劝惩之道明，而后政得其安。今稔恶各瑶，举兵征剿，刑既加于有罪矣，然破败奔窜之余，即欲招抚，彼亦未必能信。必须先从其傍良善各巢，加厚抚恤，使为善者益知所劝，而不肯与之相连相比，则党恶自孤，而其势自定。使良善各巢传道引谕，使各贼咸有回心向化之机，然后吾之招抚可得而行，而凡绥怀御制之道，可以次而举矣。

译文

如果惩罚、奖赏用得恰如其分，那么就可以勉励那些良善的行为，就可以惩罚那些罪恶的行为。惩罚、奖赏的方式明了了，然后各地的治理才能安定。如今各地罪恶深重的瑶贼，朝廷已经派兵进行了征剿，惩罚已经给予了有罪的人。而且那失败奔逃乱窜的余孽，即使现在想招抚他们，他们也不一定相信政府的诚心诚意。必须首先从原来的盗匪据点附近的社会风尚较好的乡村进行优厚的慰问安抚，使那些从善的人更了解政府对他们的勉励，因而再也不愿意与原来的盗匪来往，那么贼匪的头目和那些罪大恶极的人就被孤立了，他们的势力也就薄弱了。使那些归安的各据点民众相互传颂政府安抚他们的政策、恩德，使流窜到各地的贼匪都有回心转意、接受政府招抚的机会，那么朝廷安抚那些流窜盗匪的办法可以推行了。而但凡是安抚关切、诏书所作的道理，可以依次展开了。

夫柔远人而抚戎狄，谓之柔与抚者，岂专恃兵甲之盛，威力之强而已乎？古之人能以天地万物为一体，故能通天下之志。凡举大事，必顺其情而使之，因其势而导之，乘其机而动之，及其时而兴之，是以为之但见其易，而成之不见其难。此天下之民所以阴受其庇，而莫知其功之所自也。今皆反之，岂所见若是其相远乎？亦由无忠诚恻怛之心，以爱其民，不肯身任地方利害，为久远之图。凡所施为，不本于精神心术，而惟事补辏掇拾，支吾粉饰于其外，以苟幸吾身之无事，此盖今时之通弊也。

译文

对远方的少数民族施行怀柔安抚的政策，对于怀柔和安抚，哪能认为只靠军队的数量多、兵威盛大就能达到呢？以前的人能够把天、地、万物放在一起综合考察，所以他们能够对天下万物了如指掌。所以凡是要办大事，一定要根据事物本身固有的规律去办理，根据当时所处的环境情势，因势利导，抓住有利时机，及时地去办理有关事情。这就是做起来容易简单，而完成也不见得太复杂、艰难。所以普天下的百姓，都得到它的好处，而不能明白那些功效都是哪里来的。现在却恰恰相反，难道是表现出来的和实际情况相差很远吗？这其实是由于缺乏诚恳、恻隐的心绪来爱护自己的百姓，不愿意去体察地方的疾苦、考虑地方的利弊得失，为治理地方做长久打算。凡推行的各种措施，不是出于自己对地方的深刻认识、思考，只是图事情表面上能够迎合人意，勉强应付，粉饰外表，只求自己在治理这地方时暂且平安无事，这大约是目前较为普遍的时弊。

合就通行计处，仰抄案回道，即行知府程云鹏，公同指挥周胤宗，及各县知县等官，亲至已破贼巢各邻近良善村寨，以次加厚抚恤，给以告示，犒以鱼盐，待以诚信，敷以德恩。喻以朝廷所以诛剿各贼者，为其稔恶不悛，若尔等良善守分村寨，我官府何尝轻动尔等一草一木，尔等各宜益坚向善之心，毋为彼所扇惑摇动。从而为之推选众所信服，立为酋长，以连属之，优其礼待，厚其犒赏，以渐绥来调习，使之日益亲附。又喻以稔恶各贼，彼若不改，一征不已，至于再，再征不已，至于三，至于四五，至于六七，必使灭绝而后已。此后官府若行剿除，尔等但要安心乐业，无有惊疑。若各贼果能改恶迁善，实心向化，今日来投，今日即待以良善，即开其自新之路，决不追既往之恶。尔等即可以此意传告开喻之，我官府亦未尝有必欲杀彼之心。若彼贼果有相引来投者，亦就实心抚安招来之，量给盐米，为之经纪生业，亦就为之选立酋长，使有统率，毋令涣散。一面清查侵占田土，开立里甲，以息日后之争。禁约良民，毋使乘机报复，以激其变。如农夫之植嘉禾而去稂莠，深耕易耨，芸菑灌溉，专心一事，勤诚无惰，必有秋获。夫善者益知所劝，则助恶者日衰；恶者益知所惩，则向善者益众。此抚柔之道，而非专有恃于兵甲者也。

译文

综合考虑，从长远着想，给左江道发布令文，要求知府程云鹏立即会同指挥周胤宗，以及各县的知县等官员，亲自到已经被攻破的各贼匪据点及附近村寨，依次进行优加安抚，给百姓发出告示，赏给他们鱼盐，以真诚和讲求信用来对待他们，在百姓中广播恩德，告诉百姓：朝廷派兵征剿各处贼匪据点，目的是要惩处那些作奸犯科、作恶多端、顽固不化的人，对于你等民风淳朴、遵纪守法的村寨，官府哪里忍心去伤害你们呢？即使一草一木也不愿动，你们都应该更加坚定自己归顺朝廷的决心，不要因为一些盗匪煽动而受迷惑，以至于动摇了自己的信仰。并在这些百姓中推举出为众人所信赖的人作为首领，以便把这些百姓组织起来。用较高的礼信去对待他们，对他们进行重赏，以逐渐安抚他们，对他们进行调教训练，使他们越来越亲近归附朝廷。并告诫说："各地罪大恶极的贼匪惯犯，如果他们不思改悔，就派兵对他们进行剿杀，如果一次没有把他们清除干净，那么就再次征讨，如果第二次征讨还没有把他们清除干净，那么就进行第三次再征讨，第三次解决不了问题，就来第四次，第四次还解决不了问题，就来第五次、第六次、第七次，一定征讨到把贼匪彻底清除了之后才罢休。以后如果官府要动兵征剿贼匪，你们一定要安居乐业，不要担心害怕。如果各贼匪果真能够改恶从善，诚心诚意地要求归附官府，现在来投靠官府，当即就把他作为善良的百姓看待，为他改过自新提供出路，绝不追究以往的过错。你们现可以将此意图传播告诉他们，去开导他们，我们官府也不是一定要把他们杀掉。假如那些做恶多端的贼匪真有互相劝导来向官府投诚的，也就诚心诚意地去安抚这些投诚的人，酌情发给他们盐、米，为他们提供一条生路，依照原则为他们选择带头人，让他们有个统属，不使他们处于零散状态。官府还要一面清查贼匪侵占的田地，设立村里保甲，以平息以后的争端。那些平时一向遵纪守法的良善百姓，不要乘机进行报复，以免激怒这些刚投诚过来的人，从而发生新的叛乱。这好比农民种植好稼苗而除去杂草，深耕细做，及时除草，还要进行灌溉，专门从事种植，一心一意为种植服务，勤勤恳恳而不偷懒，这样等到秋收时肯定有好收成。"那从事善行的人更加知道官府对他们的勉励，那么帮助作奸犯科之辈的人就会越来越少。从事恶行的人就更加懂得官府对他们行为的惩处，那么向善行看齐的人就会更多。这就是安抚的道理，而并不是仅靠武力所能达到的。

至于本院近行十家牌谕，诚亦弭盗安民之良法，而今之有司概以虚文抵塞，莫肯实心推求举行，虽已造册缴报，而尚不知其间所属何意。所处地方，该道仍要用心督责整理，诚使此法一行，则不待调发，而处处皆兵；不待屯聚，而家家皆兵；不待蓄养，而人人皆兵。无馈运之劳，而粮饷足；无关隘之设，而守御固。习之愈久，而法愈精；行之弥广，而功弥大。其前项区处摘调之兵，有虚名而无实用，可张皇于暂时，而不可施行于永久者，劳逸烦简，相去远矣。惟有该府议欲散撤雇倩机快等项，调取武靖州士兵，使之就近防守一节，区画颇当。然以三千之众，而常在一处屯顿坐食，亦未得宜。必须分作六班，每五百名为一班，每两个月日而更一次。若有雕剿等项，然后通行起调，然必须于城市别立营房，毋使与民杂处，然后可免于骚扰嫌隙。盖以十家牌门之兵，而为守土安民之本；以武靖起调之兵，而备追捕剿截之用。此亦经权交济相须之意，合就准行。仰该道仍将行粮等项，再议停当，备行该州土目人等遵照奉行。自今以后免其秋调各处哨守等役，专在浔州地方，听凭守备参将调用。凡遇紧急调取，即要星驰赴信地，不得迟违时刻。守巡各官仍要时加戒谕抚辑，毋令日久玩弛，又成虚应故事。

译文

至于说到我近来推行的十家牌式法，真的是消除贼匪、安乐百姓的良好方法，可是如今不少官员往往只作表面文章，不能够认认真真、踏踏实实地推行，虽然已经按条目的要求登记造册，并且上交报告了，可是这些官员们还是不知道其中的意图到底是什么。各地方相应负责的道府仍旧要尽心尽力地督促这些地方仔细地编排好十家牌式法，使十家牌式法能够真正地实行。假如这样，那么不用调集其他地方的队伍，而处处都是兵员；不需要等待部队的驻屯，而每家每户都是兵员；不需要国家提供给养，而人人都随时可以成为士兵。没有供给运输的劳苦，而粮饷却非常充足；不需要在险要地段设置关隘进行防守，然而防守却非常坚固。推行十家牌式法时间越长，就越能体会到十家牌式法的精妙；十家牌式法的适用领域越广泛，其功效就越大。至于前面一些官员要求调集部队，徒有虚名，而不能发挥出其真正的作用，可在短时间内运作，但是不能够长时间的发挥功效，一个是劳民伤财，一个是清闲自在；一个是各种事务非常繁杂，一个是非常简练。两者对照，它们之间相差实在太远了。只是该府商议的想撤销临时募集的机兵捕快等项，以及调集武靖州的地方部队，让这支部队在附近防守等议案，商议得非常恰当。可是把三千士兵驻屯在一起不劳而获，又显得不恰当，应当把这三千人分成六班，五百人为一班，每两个月轮换一次。如果碰上征讨盗匪等紧急情况，应当把他们及时全都调集起来，然而必须在城市别的地方为这些士兵修筑营房，不要使士兵与百姓杂居在一起，这样可以减少军队对百姓的骚扰，减少他们之间的猜疑。应当把十家牌式法中对军事方面的规定作为保卫地方、使地方安宁的根本；把从武靖州调集的队伍作为追捕、截击贼匪的力量。这也是经过多方面权衡，可使正规力量和民众力量相互配合，理应实行这样的办法。要求左江道仍旧要将粮饷等事项商议妥当．要求各州地方上的头目遵照指示行事。从今以后，免除他们秋季征调到各哨守去的徭役，只在浔州一地，听从守备、参将等官员的调动。一旦遇到紧急情况，需要紧急调遣的，那么就要星夜急驰，迅速赶往指定地点，不得拖延。巡守的各位官员，仍旧要时常告诫安抚他们，不要让他们因长久的懈怠，导致战斗力下降，使得这一举措又不能达到它本有的效用。

本院疏才多病，精力不足，不能躬亲细务，独其忧悬地方，欲为建立久安长治一念，真切自不能已，是以不觉其言之叨叨。各官务体此意，毋厌其多言，而必务为细绎；毋谓其迂远，而必再与精思。务竭其忠诚，务行其切实，同心协德，共济时艰。通行总镇、总兵、镇巡等衙门知会。仍行三司各道守巡、守备等官，事有相类者，悉以此意推而行之。发去鱼盐，或有不足，再行计处定夺。

译文

我才疏学浅，体弱多病，精力不足，不能事必躬亲，一一仔细检查考核，我只能有一个为了地方的长久发展，为他们想出一个长治久安的办法的念想，真诚得我自己都不能控制自己，故此我的言辞也难免有些啰唆了。各有关官员一定要体谅我的良苦用心，不要对我说的话感到厌烦，请你们对这些事情必须先理出一个头绪，不要说这些很迂腐，还要再进行详尽周密的考虑。大家务必尽忠竭力，一定要踏踏实实地工作，同心同德，和衷共济，渡过难关。要把有关情况通报给总镇、总兵、镇巡等官府，还要告诫布政、按察、指挥三司以及各道的守巡、守备等官员，如果有与这相类似的事件，那么就请依照类似的办法去处理。给地方发放的鱼、盐等物．很可能不够，那么到时再想办法予以解决。

告谕村寨

近年牛肠等寨，积年稔恶，是以举兵征剿。尔等良善村寨，我官府自加抚恤，决无侵扰，各宜益坚为善之心，共享太平之乐。其闩平日纵有罪犯，从今但能中心改过，官府决不追论旧恶，毋自疑沮，或为彼所扇惑，自取灭亡，后悔无及。就使已剿余党，果能悔罪自新，官府亦待以良善，一体抚恤。若是长恶不悛，一剿、十剿至于百剿，必加殄灭，断不虚言。尔等各寨，为善为恶，日后自见，各宜知悉。

译文

近些年，牛肠等村寨里的人长年作恶，干坏事，因此派兵对这些地方实行征剿。你等归顺行善的村寨，官府自会优加安抚，绝不会侵袭骚扰这些村寨的百姓。你们应当更加践行为善的决心，更好地遵纪守法，共同享受社会太平带来的欢乐。你们中间曾经犯有过失的人，如果从今以后能够下定决心痛改前非，官府决不会去追究其以往的过失，不用自我怀疑沮丧，如果被盗匪所煽动迷惑，自己走向灭亡，那么到时后悔也没用。即使是曾经被征剿过而趁乱逃离的那些罪恶深重的人，如果他们真的能悔过自新，官府也会把他们重新当作遵纪守法的人看待，和他人一样，对他们进行安抚。如果是长期行为不轨，顽固不化，那就一次、十次、百次地对他们进行征讨，一定要把这些人消灭，这绝不是虚言谎话。你们这些村寨的百姓是遵纪守法还是作奸犯科，不久你们自己就会明白了。大家都应当知道这篇告谕。

议立县卫

看得八寨瑶贼，稔恶为患，巢穴连络千里，实为广西众贼之渊薮。近该本院进剿，扫荡巢穴，若不及今设置军屯卫县，据其心腹要害，以扼塞各贼呼吸之咽喉，断绝各贼牵引之脉络，不过数年，又将屯聚生息，祸根终未剪除。本院身亲督调各兵，看得周安堡正当八寨之中，而三里堡亦当八寨之隘，俱各山势回抱，堪以筑立城郭，移卫设县。但未经广询博访，详审水土之善恶，民情之逆顺，中间有无利害得失，拟合再行查访。为此牌仰分巡右江道兵备副使翁素，会同该道分守官，即便督同同知桂鏊，指挥孙纲等，带领高年知识，亲至其地，经营相度。若果风气包完，水土便利，即行料理规制，景定方向，各另画图贴说。仍要咨访父老子弟通晓贼情、习知民俗者，即今移立卫县，其于四远贼巢果否足能控制，民情有无便益妨损，务在人心乐顺，足为经长永久之计，然后备由呈来，以凭会奏。就将筑立城垣，合用木石、砖灰、人夫、匠作、料价、工食等项，议估停当，具揭呈来，以凭先行，一面委官分督办理，及时兴工，毋得忽意苟且，玩愒迟延，致误事机。

译文

我考察了八寨的那些瑶夷贼匪，长年作恶多端，危害地方，窝点相互联络，达千里之远，实际上已成为广西各处贼匪的发源地。近来，我统兵扫荡了这些盗匪的据点，假如不趁现在这样的大好时机设置县卫，屯驻军队，占据这些地方的险要地段，来扼住各处盗匪通气的咽喉，断绝各处盗匪联络的途径，那么不过几年，盗匪又将在这里聚集壮大，那么造成危害地方的祸源并没有根除。我曾经在亲自调兵遣将征讨盗匪时，看到周安堡正处在八寨的中央，而三里堡也处在八寨的重要地段，这两个地方四周群山环绕，可以在这些地方建立城镇，把卫所移驻到这里，在这里建立县城。但是没有经过详尽的实地调查、广泛的采访，也没有详细地了解这些地方的水土情况，民心的背向情况，其他的利弊得失情况，我打算再对这些情况作具体了解。因而，向分巡右江道兵备副使翁素发令牌，要求他会同该道的分守官，立即督率同知桂鏊、指挥官孙纲等官员，率领一些年纪较大、知识丰富的人亲自到这些地方，对这些地方进行全面的考察、了解。如果这些地方风气完好、水利土壤良好，那么就立刻具体办理有关设立县卫的事宜，选定县卫建立的方向位置，并另行绘图，标明位置所在，并作具体说明。同时还要向当地的熟悉这一带盗匪出没的详细情况，熟悉当地风土民情的父老乡亲了解情况，即官府在此地设立县卫，对这一带的盗匪据点能否进行有效的控制，当地的民情对县卫的设立有没有帮助或者有没有妨碍，主要是能使百姓安居乐业，尽忠于朝廷，可以达成长治久安的谋略，然后请把这些情况详细地呈报上来，以便我向上奏报。并把建立县城需要的木头、石料、砖瓦、泥灰、帮夫、工匠、材料价格、工薪等项，一一估算好，把这些情况报告给我，以便我考虑怎样施行。同时委派官员分别办理有关建立县城的事项，及时动工兴建，不能疏忽大意，得过且过，旷废时日，因而错过大好时机。

抚恤来降

八月

据参将张经呈称：“武靖州耕守黄璋等一十四名，被十冬总甲黄邓护等妄捏窝贼，乞行释放，仍给榜谕。”看得本院屡经牌仰该道该府等官，将各向化良善村寨，加意抚恤怀柔，以收其散亡之势，而坚其向善之心，庶使远近知劝，而恶党自孤。各官略不体承本院勤勤恳恳之意，肆志妄行，轻信十冬奸民之言，辄便推求往事，为之报复旧仇，沮抑归向之望，惊疑反侧之心。听其所为，必成激变，后虽寸斩奸民之骨，固亦何救地方之患！所据违法各官，即合治以军法，姑且记罪，再行饬谕！仰将见监黄璋、李举等一十四名，即行释放，仍加慰谕，令其复业宁家。其十冬黄邓护等，监候本院抚临，解赴军门发落。今后仍要备细开谕该府该县十冬里老人等，各要守法安分，务以宁靖地方为重，不得乘机挟势，侵剥新旧投抚之人，协取财物，泄愤报怨，及至酿成变乱，却又贻累地方，劳烦官府。今后有违犯者，体访得出，或被人告发，决行拿送军门，治以军法，断不轻恕。仍将发去告示，即行刊刻，给赴十冬里老人等遵照奉行。具遵行过缘由缴报。

译文

据参将张经呈来报告说："武靖州兼耕种防守的人员黄璋等十四人，被十冬的总甲黄邓护等人随便捏造贼匪的罪名，请求把他们释放，并且还要发文榜进行告谕。"我曾经发令牌，仰求该道以及该府的有关官员对各地归服善良的村寨，特意安抚慰问，以便收拢他们想要逃散流亡的趋势，更加坚定他们归附从善的信心，使远近的人都知道官府对他们的劝勉，从而使那些罪大恶极的犯罪党羽自行消解孤立。有些官员还未能体谅我的良苦用心，肆意妄为，轻易相信十冬的一些不怀好意的小人的话语，动不动就要追究一些人过去的罪行，为十冬的小人报复以往的仇怨，减少了他们对归顺官府所抱的信心，使他们对官府招抚他们的政策产生了疑虑。如果任凭这些官员胡作非为，一定会带来新的叛乱，以后即使把那些不怀好意的人斩尽杀绝，也无法消除因此而给地方带来的祸患！那些违犯法律的官员就应该按军法进行处罚，但首次犯错，暂且把这些官员的罪过记录下来，然后再发布告诫文书！要求现在立即把关押的黄璋、李举等十四人全部释放，还要对他们给予慰问，让他们继续从事他们的职业，使他们的家庭安宁。至于十冬黄邓护等人，把他们收监起来，等候我亲临这些地方安抚百姓，并且把这些人解赴总督府听候发落。今后还要对该府、该县十冬里的尊长进行耐心细致的教导，要求他们要遵纪守法，行事一定要以地方的安宁为重，不能乘机相互侵害或进行报复，侵略剥夺以前或现在投靠官府的人，凭借势力掠夺财富，泄私愤报旧怨，以至于酿成叛乱，因而又给地方带来灾难，总为官府增添麻烦。今后如果有违犯法纪的，一经查出，或者被人告发，一定要把违法乱纪者押送到军门，按军法进行处罚，决不轻易饶恕。还要向这些地方发布告示，并立即刻印出来，要求十冬里的尊长遵命执行，不得违抗。要求把这些地方的执行情况写出报告呈交给我。

批广东市舶司提举故官水手呈

看得广东市舶司提举已故钱邦用，平日果系清白自守，足称廉能。乃今客死远乡，情殊可悯！仰广州府即与量拨水手，起关资送还乡。其原领文凭，发该衙门转缴。此缴。

译文

了解到广东市舶司提举已经去世的钱邦用，平时清正廉洁，操行很好，确实称得上是廉洁有能力的人。如今身死异地，远离故乡，这种情况确实值得同情。要求广州府立即根据实际情况派遣一些水手，出关出资相送回乡。钱邦用原来掌管的文件，要求市舶司把它们上缴。特此通知。